Wolfgang Trilling · Der zweite Brief an die Thessalonicher

EKK
Evangelisch-Katholischer Kommentar
zum Neuen Testament
XIV

Herausgegeben von
Josef Blank, Rudolf Schnackenburg,
Eduard Schweizer und Ulrich Wilckens

in Verbindung mit
Otto Böcher, François Bovon, Norbert Brox, Gerhard
Dautzenberg, Joachim Gnilka, Erich Grässer, Ferdinand
Hahn, Martin Hengel, Paul Hoffmann, Traugott Holtz,
Günter Klein, Gerhard Lohfink, Ulrich Luck, Ulrich Luz,
Rudolf Pesch, Wilhelm Pesch, Wolfgang Schrage,
Peter Stuhlmacher, Wolfgang Trilling und Anton Vögtle

Band XIV

Der zweite Brief an die Thessalonicher

Benziger Verlag
Neukirchener Verlag

Wolfgang Trilling

Der zweite Brief an die Thessalonicher

Benziger Verlag
Neukirchener Verlag

CIP-Kurztitelaufnahme der Deutschen Bibliothek

EKK: evang.-kath. Kommentar zum Neuen Testament/
hrsg. von Josef Blank ... in Verbindung mit
Otto Böcher ... – Zürich, Einsiedeln, Köln:
Benziger; Neukirchen-Vluyn: Neukirchener Verlag.
NE: Blank Josef (Hrsg.); Evangelisch-
Katholischer Kommentar zum Neuen Testament
Bd. XIV – Trilling Wolfgang: Der zweite Brief
an die Thessalonicher

Trilling, Wolfgang
Der zweite Brief an die Thessalonicher. –
Zürich, Einsiedeln, Köln: Benziger;
Neukirchen-Vluyn: Neukirchener Verlag. 1. Aufl. 1980
  (EKK; Bd. XIV)
  ISBN 3-545-23109-7 (Benziger)
  ISBN 3-7887-0625-2 (Neukirchener Verl.)

Zum Gedenken an
Propst Wilhelm Beier,
viele Freunde
und an das Inferno
von Dresden am
13./14. Februar 1945

Inhalt

Vorwort

Der letzte wissenschaftliche Kommentar zu den beiden Thessalonicherbriefen in deutscher Sprache erschien im Jahr 1909. Es ist das bedeutsame Werk von Ernst von Dobschütz, das 1974 nochmals nachgedruckt worden ist. Dieser lange Abstand wirkte, als ich die Aufgabe einer neuen Auslegung des 2. Thessalonicherbriefes für die Reihe des Evangelisch-Katholischen Kommentars zum Neuen Testament übernahm, besonders anspornend. Es war vor allem auch die von Ernst von Dobschütz letztlich offengelassene Verfasserfrage, die nochmals angegangen werden mußte. Mit diesem Problem habe ich mich in einer größeren Arbeit, den »Untersuchungen zum 2. Thessalonicherbrief« (1972), befaßt.

In den Bänden des EKK sollte nach Möglichkeit die Wirkungsgeschichte einzelner Texte oder auch ganzer Schriften beachtet werden. In diesem Fall stellte sich damit eine äußerst reizvolle, aber auch schwierige Aufgabe. Sind doch die eschatologischen Aussagen des 1. und vor allem des 2. Kapitels in ganz ungewöhnlicher Weise für die Kirchen- und Weltgeschichte bedeutsam geworden. Es gibt eine umfangreiche und weit verzweigte Literatur dazu. Gemessen an meinen frühen Vorstellungen und Plänen ist davon allerdings nur wenig in den Kommentar eingegangen. Es wurde mir bald klar, daß hier eine straffe Beschränkung nötig war, sollte die *Auslegung* des Textes nicht durch ausführliche Darstellung seiner Wirkungen überwuchert werden. Die Hinweise auf die Auswirkungen der eschatologischen Anschauungen treffen vielleicht nach den tiefen Umbrüchen und Bewußtseinswandlungen, die seit 1909 geschehen sind, auf stärkere Sensibilität und auf mehr Verständnis als in früherer Zeit.

Da die Ausarbeitung viel mehr Zeit brauchte, als ich anfangs gehofft hatte, bin ich nun dankbar, sie mit diesem Vorwort endlich abschließen zu können. Ich danke ganz besonders den beiden Verlagen für ihre Großzügigkeit in der Gestaltung der Arbeitstagungen und dem Benziger Verlag für die Sorgfalt bei der Herstellung. Ferner danke ich herzlich dem Mitarbeiterkreis des EKK, darunter vor allem Herrn Prof. Eduard Schweizer, Zürich, der mir ein freundlicher Begleiter über die ganze Zeit hin war und mir manche gute Hinweise gab. Mit Prof. Traugott Holtz, Halle, verbindet mich seit Jahren eine erquickend freundschaftliche und kritische Zusammenarbeit, die sich auf alle

Etappen der Entstehung des Kommentars auswirkte. Manche Lücken an Literatur half mir bereitwillig Herr Prof. Gerhard Lohfink, Tübingen, zu schließen. Meine Sekretärin, Frau Barbara Kny, schrieb mit großem persönlichem Einsatz und mit gewohnter Akribie das ganze Manuskript. Zusammen mit den Genannten sei auch manchen Ungenannten recht herzlich gedankt.
Die Widmung soll die Erinnerung an die Zerstörung meiner Heimatstadt Dresden wachhalten.

                                                                Wolfgang Trilling

Leipzig, im Februar 1980

Schippers, R., Mythologie en Eschatologie in 2 Thessalonicenzen 2,1–17, Assen 1961.

Schmid, J., Der Antichrist und die hemmende Macht (2Thess 2,1–12), ThQ 129 (1949) 323–343.

Schmidt, J. E. Chr., Vermuthungen über die beiden Briefe an die Thessalonicher, in: Bibliothek für Kritik und Exegese des Neuen Testaments und älteste Christenge-schichte II/3, Hadamar 1801 (Text abgedruckt in: Trilling, Untersuchungen 159–161).

Schmidt, P., Der erste Thessalonicherbrief, neu erklärt, nebst einem Excurs über den zweiten gleichnamigen Brief, Berlin 1885.

Schmithals, W., Die Thessalonicherbriefe als Briefkompositionen, in: Zeit und Geschichte (FS R. Bultmann), hrsg. E. Dinkler, Tübingen 1964, 295–315.

–, Paulus und die Gnostiker. Untersuchungen zu den kleinen Paulusbriefen, 1965 (ThF 35).

Schweizer, E., Zum Problem des zweiten Thessalonicherbriefes, ThZ 2 (1946) 74f.

–, Replik, ThZ 1 (1945) 286–289.

–, Der zweite Thessalonicherbrief ein Philipperbrief?, ThZ 1 (1945) 90–105.

Sirard, L., La Parousie de l'Antéchrist, 2Th 2,3–9, in: Studia Paulina II, Rom 1963, 89–100.

Spadafora, F., I e II lettera ai Tessalonicesi, RevBib 1 (1953) 5–24.

Spicq, C., Les Thessaloniciens »inquiets« étaient-ils des paresseux?, StTh 10 (1956) 1–14.

Stählin, W., Die Gestalt des Antichristen und das κατέχον (2Thess. 2,6), in: Glaube und Geschichte (FS J. Lortz), hrsg. E. Iserloh und P. Manns, II, Baden-Baden 1958, 1–12.

Stephenson, A. M. G., On the Meaning of ἐνέστηκεν ἡ ἡμέρα τοῦ κυρίου in 2 Thessaloniens 2,2, StEv IV (1968) 442–451 (TU 102).

Stępień, J., Eschatologia św. Pawła (Die Eschatologie des hl. Paulus), STV 1 (1963) 32–171.

–, Problem wzajemnego stosunku literackiego listów do Tessaloniczan i próby jego rozwiazania (Das Problem der gegenseitigen literarischen Beziehungen der Thessalo-nicherbriefe und dessen Lösungsversuche), RBL 13 (1960) 414–435.

–, Autentyczność listów do Tessaloniczan (Die Echtheit der Thessalonicherbriefe), CoTh 34 (1963) 91–182.

–, Pawłowy charakter nauki dogmatycznej i moralnej listów do Tessaloniczan (Der paulinische Charakter der dogmatischen und moralischen Lehre in den Thessaloni-cherbriefen), RBL 13 (1960) 243–268.

–, De conaminibus solvendi quaestionem mutuae relationis litterariae utriusque Epistolae ad Thessalonicenses, RBL 13 (1960) 414–435.

Trilling, W., Antichrist und Papsttum. Reflexionen zur Wirkungsgeschichte von 2Thess 2,1–10a, in: Begegnung mit dem Wort, FS H. Zimmermann (hrsg. J. Zmijewski-E. Nellessen), 1980, 250–271 (BBB 53).

–, Die beiden Briefe des Apostels Paulus an die Thessalonicher. Eine Forschungsüber-sicht, in: ANRW II, Rubrik »Religion«, hrsg. W. Haase, Berlin/New York 1979f (mit ausführlicher Bibliographie).

–, Literarische Paulus-Imitation im 2. Thessalonicherbrief, in: Paulus-Rezeption im Neuen Testament, hrsg. K. Kertelge, 1980 (QD 89).

–, Untersuchungen zum 2. Thessalonicherbrief, 1972 (EThSt 27).

Ubbink, J. Th., ὡς δι᾽ ἡμῶν (2Thess 2,3). Een exegetisch- isagogische Puzzle?, NedThT 7 (1952/53) 269–295.

Wrede, W., Die Echtheit des zweiten Thessalonicherbriefs, 1903 (TU 9,2).

Wrzoł, J., Die Echtheit des zweiten Thessalonicherbriefes, 1916 (BSt[F]).

–, Sprechen 2Thess 2,3 und 3,7 gegen paulinischen Ursprung des Briefes?, in: Weidenauer Studien 1 (1906) 271–289.

Zimmer, F., Zur Textkritik des zweiten Thessalonicherbriefes, ZWTh 31 (1888) 322–342.

Zorn, C. M., II Thess. 3,6.14.15, ThQ 123 (1926/27) 236–239.

3. Übrige Literatur

Aland, K., Das Problem der Anonymität und Pseudonymität in der christlichen Literatur der ersten beiden Jahrhunderte, in: Studien zur Überlieferung des Neuen Testaments und seines Textes, 1967, 24–34 (ANTT 2).

Althaus, P., Die letzten Dinge. Lehrbuch der Eschatologie, Gütersloh 1956.

Andresen, C., Zum Formular frühchristlicher Gemeindebriefe, ZNW 56 (1965) 233–259.

Balz, H. R., Anonymität und Pseudepigraphie im Urchristentum. Überlegungen zum literarischen und theologischen Problem der urchristlichen und gemein-antiken Pseudepigraphie, ZThK 66 (1969) 403–436.

Bauer, W., Rechtgläubigkeit und Ketzerei im ältesten Christentum, 1934 (BHTh 10).

Baumgarten, J., Paulus und die Apokalyptik. Die Auslegung apokalyptischer Überlieferungen in den echten Paulusbriefen, 1975 (WMANT 44).

Baur, F. Chr., Paulus, der Apostel Jesu Christi, Stuttgart 1845.

Berger, K., Apostelbrief und apostolische Rede. Zum Formular frühchristlicher Briefe, ZNW 65 (1974) 190–231.

Bjerkelund, C. R., Parakalō. Form, Funktion und Sinn der parakalō-Sätze in den paulinischen Briefen, Oslo 1967.

Bousset, W., Der Antichrist in der Überlieferung des Judentums, des Neuen Testaments und der Alten Kirche, Göttingen 1895.

Bousset, W./Greßmann, H., Die Religion des Judentums im späthellenistischen Zeitalter, Tübingen ³1926.

Braun, H., Qumran und das Neue Testament I/II, Tübingen 1966.

O'Brien, P. Th., Introductory Thanksgivings in the Letters of Paul, 1977 (NT.S 49).

Brox, N., Die Pastoralbriefe, ⁴1969 (RNT 7,2) (Nachdruck Leipzig 1975).

–, Der erste Petrusbrief, 1979 (EKK XXI).

–, Pseudepigraphie in der heidnischen und jüdisch-christlichen Antike, 1977 (WdF CDLXXXIV).

–, Falsche Verfasserangaben. Zur Erklärung der frühchristlichen Pseudepigraphie, 1975 (SBS 79).

–, Zeuge und Märtyrer. Untersuchungen zur frühchristlichen Zeugnisterminologie, 1961 (StANT 5).

Bultmann, R., Theologie des Neuen Testaments (1958), Tübingen ⁵1965 (Nachdruck Berlin ³1959).

Cerfaux, L., Christus in der paulinischen Theologie, Düsseldorf 1964.

–, Recueil Lucien Cerfaux I/II, 1954 (BEThL VI/VII).

Coppens, J., Le »mystère« dans la théologie paulinienne et ses parallèles qumrâniens, in: Littérature et théologie pauliniennes, Rech Bib 5 (1960) 142–165.

Dahl, N. A., Welche Ordnung der Paulusbriefe wird vom muratorischen Kanon vorausgesetzt?, ZNW 52 (1961) 39–53.

Dautzenberg, G., Urchristliche Prophetie. Ihre Erforschung, ihre Voraussetzungen im Judentum und ihre Struktur im ersten Korintherbrief, 1975 (BWANT 104).

Deichgräber, R., Gotteshymnus und Christushymnus in der frühen Christenheit. Untersuchungen zu Form, Sprache und Stil der frühchristlichen Hymnen, 1967 (StUNT 5).

Delling, G., Studien zum Neuen Testament und zum hellenistischen Judentum. Gesammelte Aufsätze 1950–1968, hrsg. F. Hahn u. a., Berlin 1970.

Denis, A.-M., Introduction aux Pseudepigraphes Grèces d'ancien Testament, Leiden 1970.

Duchrow, U., Christenheit und Weltverantwortung. Traditionsgeschichte und systematische Struktur der Zweireichelehre, Stuttgart 1970.

Dupont, J., Σὺν Χριστῷ. L'Union avec le Christ suivant Saint Paul, Bruges 1952.

Ernst, J., Die eschatologischen Gegenspieler in den Schriften des Neuen Testaments, 1967 (BU 3).

Feiner, J./Löhrer, M. (Hrsg.), Mysterium Salutis. Grundriß heilsgeschichtlicher Dogmatik V: Zwischenzeit und Vollendung der Heilsgeschichte, Zürich 1976.

Fischer, J. A., Die Apostolischen Väter. Griechisch und deutsch, München 1956.

Fischer, James A., Pauline Literary Forms and Thought Patterns, CBQ 39 (1977) 209–223.

Gnilka, J., Der Philipperbrief, 1968 (HThK X,3) (Nachdruck Leipzig 1968).

Gunkel, H., Schöpfung und Chaos, Göttingen 1894.

Guntermann, F., Die Eschatologie des hl. Paulus, 1932 (NTA 13,4–5).

Hahn, F., Das Verständnis der Mission im Neuen Testament, 1963 (WMANT 13).

Harder, G., Paulus und das Gebet, 1936 (NTF 1,10).

Harnack, A. von, Mission und Ausbreitung des Christentums in den ersten drei Jahrhunderten (1902), Leipzig [4]1924.

Harnisch, W., Verhängnis und Verheißung der Geschichte. Untersuchungen zum Zeit- und Geschichtsverständnis im 4. Buch Esra und in der syr. Baruchapokalypse, 1969 (FRLANT 97).

Hartman, L., Prophecy Interpreted. The Formation of some Jewish Apocalyptic Texts and of the Eschatological Discourse Mark 13 par., Lund 1966.

Hartman, S. S. u. a., Antichrist, TRE III, 20–50.

Hauck, F., Die Stellung des Urchristentums zu Arbeit und Geld, 1921 (BFChTh 3).

Hengel, M., Judentum und Hellenismus. Studien zu ihrer Begegnung unter besonderer Berücksichtigung Palästinas bis zur Mitte des 2. Jh.s. v. Chr., 1973 (WUNT 10).

Holtzmann, H. J., Lehrbuch der historisch-kritischen Einleitung in das Neue Testament, Freiburg [3]1892.

Jewett, R., The Form and Function of the Homiletic Benediction, AThR 51 (1969) 18–34.

Jülicher, A./Fascher, E., Einleitung in das Neue Testament, Tübingen [7]1931.

Kliefoth, Th., Christliche Eschatologie, Leipzig 1886.

Kraft, H., Clavis Patrum Apostolicorum, München 1963.

Kramer, W., Christos, Kyrios, Gottessohn, 1963 (AThANT 44) (Nachdruck Berlin 1969).

Lanczkowski, G. u. a., Apokalyptik/Apokalypsen, TRE III, 189–289.

Lohse, E., Die Texte aus Qumran. Hebräisch und deutsch, München 1964.

Lührmann, D., Das Offenbarungsverständnis bei Paulus und in paulinischen Gemeinden, 1965 (WMANT 16).

Marxsen, W., Einleitung in das Neue Testament. Eine Einführung in ihre Probleme, Gütersloh ²1964.

Molland, E., Das Paulinische Evangelium. Das Wort und die Sache, Oslo 1934 (Abh. d. Norw. Akad. Oslo, II. Hist.-Phil. Klasse 1934, Nr. 3).

Moule, C. D. F., An Idiom Book of New Testament Greek, Cambridge 1953.

Moulton, J. H., Einleitung in die Sprache des Neuen Testaments, Heidelberg 1911.

Mußner, F., Der Galaterbrief, 1974 (HThK IX) (Nachdruck Leipzig 1974).

Nägeli, Th., Der Wortschatz des Apostels Paulus, Göttingen 1905.

Osten-Sacken, P. von der, Gott und Belial. Traditionsgeschichtliche Untersuchungen zum Dualismus in den Texten aus Qumran, 1969 (StUNT 6).

Oswald, J. H., Eschatologie, das ist die letzten Dinge dargestellt nach der Lehre der kath. Kirche, Paderborn ⁵1893.

Pesch, R., Naherwartungen. Tradition und Redaktion in Mk 13, Düsseldorf 1968.

Plöger, O., Das Buch Daniel, 1965 (KAT) (Nachdruck Berlin 1969).

–, Theokratie und Eschatologie, 1968 (WMANT 2).

Rießler, P., Altjüdisches Schrifttum außerhalb der Bibel, Augsburg 1928.

Rigaux, B., L'Antéchrist et l'opposition au royaume messianique dans l'Ancien et le Nouveau Testament, Paris 1932.

Sanders, J. T., The Transition from Opening Epistolary Thanksgivings to Body in the Letters of the Pauline Corpus, JBL 81 (1962) 348–365.

Schelkle, K. H., Die Petrusbriefe. Der Judasbrief, ²1963 (HThK XIII,2) (Nachdruck Leipzig 1965).

–, Spätapostolische Briefe als frühkatholisches Zeugnis, in: Neutestamentliche Aufsätze (FS J. Schmid), hrsg. J. Blinzler u. a., Regensburg 1963, 225–239.

Schlier, H., Der Römerbrief, 1977 (HThK VI) (Nachdruck Leipzig 1968).

Schmaus, M., Von den Letzten Dingen, Regensburg 1948.

Schmithals, W., Zur Abfassung und ältesten Sammlung der paulinischen Hauptbriefe, ZNW 51 (1960) 225–245.

Schnackenburg, R., Die Johannesbriefe, ²1962 (HThK XIII,3) (Nachdruck Leipzig 1963).

Schrage, W., Die konkreten Einzelgebote in der paulinischen Paränese, Gütersloh 1961.

Schubert, P., Form and Function of the Pauline Thanksgivings, 1939 (BZNW 20).

Schürer, E., Geschichte des jüdischen Volkes im Zeitalter Jesu Christi I–III, Leipzig 1901–1909 (Nachdruck Hildesheim 1970).

Schulz, A., Nachfolgen und Nachahmen. Studien über das Verhältnis der neutestamentlichen Jüngerschaft zur urchristlichen Vorbildethik, 1962 (StANT 6).

Sevenster, J. N., Paul and Seneca, 1961 (NT.S 4).

Sint, J. A., Pseudonymität im Altertum. Ihre Formen und ihre Gründe, Innsbruck 1960 (Commentationes Aenipontanae 15).

Speyer, W., Fälschung, literarische, RAC VII (1969) 236–277.

–, Die literarische Fälschung im heidnischen und christlichen Altertum. Ein Versuch ihrer Deutung, 1971 (HKAW I,2).

–, Religiöse Pseudepigraphie und literarische Fälschung im Altertum, JAC 8/9 (1965/66), Münster 1967, 88–125.

Strobel, A., Untersuchungen zum eschatologischen Verzögerungsproblem auf Grund der spätjüdisch-urchristlichen Geschichte von Habakuk 2,2 ff, 1961 (NT.S 2).

Stuhlmacher, P., Erwägungen zum Problem von Gegenwart und Zukunft in der paulinischen Eschatologie, ZThK 64 (1967) 423–450.

Suhl, A., Paulus und seine Briefe, 1975 (StNT 11).

Synofzik, E., Die Gerichts- und Vergeltungsaussagen bei Paulus, 1977 (Göttinger theol. Arbeiten 8).

Tillmann, F., Die Wiederkunft Christi nach den paulinischen Briefen, 1909 (BSt[F]14,1–2).

Trilling, W., Das wahre Israel. Studien zur Theologie des Matthäus-Evangeliums (Leipzig 1959), München³1964 (Nachdruck Leipzig 1975).

Volz, P., Die Eschatologie der jüdischen Gemeinde im neutestamentlichen Zeitalter, Tübingen 1934.

Wegenast, K., Das Verständnis der Tradition bei Paulus und in den Deuteropaulinen, 1962 (WMANT 8).

Wendland, P., Die urchristlichen Literaturformen, Tübingen ²/³1912.

(Wikenhauser, A.-)Schmid, J., Einleitung in das Neue Testament, Freiburg ⁶1972 (Nachdruck Leipzig 1973).

Wilckens, U., Der Brief an die Römer I, 1978 (EKK VI/1).

Zahn, Th., Einleitung in das Neue Testament I, Leipzig ³1906.

A   Einleitung

Der 2. Thessalonicherbrief ist unter den Paulusbriefen, die unser Kanon enthält, der zweitkleinste. Nach der geläufigen Zählung umfaßt er 47 Verse. Liest man ihn in einem Zug durch, so fällt sofort ein Thema in die Augen, das tatsächlich das Hauptthema des Schreibens bildet. Es sind die Ausführungen zum »Tag des Herrn« in 2,1–12, die durch die Ansage einiger Leute veranlaßt sind, daß der Tag der Parusie Christi »da sei« (2,2). Neben diesem Teil des Briefes wirken alle anderen merkwürdig allgemein, ja teilweise farblos, so daß es schwerfällt, sich eine konkrete Situation in einer dem Apostel bekannten Gemeinde vorzustellen.

Diese Beobachtung vertieft sich bei einem eindringenderen Studium. Ja, sie läßt den Brief in vieler Hinsicht als rätselhaft erscheinen. Schwer zu begreifen ist zunächst, daß der Apostel an die gleiche Gemeinde, der sein erster Brief galt, ein zweites Mal schreibt, ohne erkennbar auf den ersten Brief Bezug zu nehmen. Zwar finden sich vielfältige Berührungen, ja Übereinstimmungen, aber an keiner Stelle wird ausdrücklich ein Thema aus dem ersten Schreiben aufgenommen und weitergeführt.[1]

Zu den Merkwürdigkeiten gehört ferner die eigentümliche Sprachform. Eine vokabelstatistische und stilistische Untersuchung des 2Thess führt zu folgenden Feststellungen. Einerseits ist das *Vokabular* des Briefes allgemein paulinisch, von wenigen Besonderheiten abgesehen, die nicht ins Gewicht fallen. Das vokabelstatistische Argument hat jedoch selten allein Durchschlagskraft, sondern erhält meistens erst im Zusammenhang mit anderen Bedeutung. Anderseits zeigt eine umfassendere *stilistische* Untersuchung, daß sich eine erhebliche Differenz zu den authentischen paulinischen Texten ergibt. Der Stil »hat so viele Verschiedenheiten gegenüber dem paulinischen Stil und so viele Charakteristika, daß er als eigener und selbständiger Stil angesehen werden muß«.[2] Wichtig ist dabei die Erkenntnis, daß sich die typischen Stilmerkmale über den ganzen Brief erstrecken. Schon von daher wird die Annahme von späteren Einschiebungen (Interpolationen) oder von

---

[1] Diese Beobachtung hatte auch zu dem Vorschlag geführt, die Reihenfolge der beiden Briefe umzustellen; so von H. Grotius bis T. W. Manson: vgl. die Einleitungen ins NT und Trilling, Untersuchungen 33 f.

[2] Trilling, Untersuchungen 66; vgl. den ganzen Teil ebd. 46–66.

sekundären Kompositionen ursprünglich selbständiger Briefe oder Brieffragmente nicht wahrscheinlich.

Positiv kann man sagen, daß sich weithin paulinische Gedanken und typische Ausdrucksformen, die uns vom Apostel her geläufig sind, finden, daß sie aber durchweg merkwürdig »versetzt« erscheinen. In der Auslegung wird zu zeigen sein, daß es gerade diese Verschiebungen im Sinngefüge und in der Verwendungsweise paulinischer Anschauungen und Begriffe sind, die dem Brief seine unverwechselbare Eigenart geben.

Die merkwürdigste Erscheinung sind allerdings die eigenartigen und im Neuen Testament singulären Beziehungen zu 1Thess. Wir treffen auf eng verwandte Formulierungen, ja zum Teil wörtliche Übereinstimmungen, die beim gleichen Verfasser und vor allem bei einem so schöpferischen Denker und originellen Schriftsteller wie Paulus als äußerst auffällig gelten müssen. Diese enge und auch unbezweifelte *literarische* Verwandtschaft der beiden Briefe hat zu den unterschiedlichsten Erklärungsversuchen geführt. Das Problem spitzt sich noch dadurch zu, daß man nach allgemeiner Auffassung für die Zeit zwischen der Abfassung beider Briefe nur eine kurze Spanne ansetzen kann, wenn man Paulus für den Verfasser hält. Das ergibt sich schon aus dem Eingangsgruß, in dem die beiden Mitarbeiter, Silvanus und Timotheus, erwähnt werden, zwei Mitarbeiter, die nach unserer Kenntnis nur auf der zweiten Missionsreise Paulus begleiteten. Anderseits werden die genannten Verschiebungen und charakteristischen Verformungen original paulinischer Gedanken gerade dann zum Problem, wenn man an dieser kurzen zeitlichen Distanz festhält.

Hinzu treten die viel behandelten und im 19. Jahrhundert im Vordergrund der Diskussion stehenden eschatologischen Anschauungen in 2,1–12. Zwischen diesem Text und vor allem 1Thess 4,13–18; 5,1–11 sowie 1Kor 15,20–28 fand man tiefgreifende Differenzen. Zum Beispiel: Während 1Thess 5,1–3 die Plötzlichkeit und Unerwartetheit des »Tages des Herrn« behaupte, nenne 2Thess 2,3–8 bestimmte »Vorzeichen«, also Ereignisse, die diesem Tag vorangehen müßten und die als solche von den Christen auch erkannt werden könnten.

1.   Authentizität

Einige dieser Probleme führten bereits im Jahre 1801 zu der Vermutung, daß 2Thess nicht von Paulus stammen könnte.[3] Die Debatte um die »Echtheitsfrage« wurde seitdem intensiv vorangetrieben. Die genauere Darstellung der Kontroverse kann hier fortbleiben, da sich darüber ausführliche Berichte finden.[4] Die Debatte verlief nicht gleichbleibend konzentriert, sondern in

3   J. E. Chr. Schmidt, Vermuthungen 169.
4   Vgl. für die ältere Zeit besonders Bornemann 400–459. 492–537, die Einleitungsbücher ins NT von H. J. Holtzmann, Lehrbuch
212–217; J. E. Belser, Einleitung in das NT, Freiburg ²1905, 436–444; Th. Zahn, Einleitung in das NT, Leipzig ⁴1924, 160–183; für die neuere besonders Rigaux 308–340; ders., Pau-

Phasen oder Schüben. Höhepunkte bildeten einzelne Arbeiten, die bestimmte Fragepunkte scharf und oft einseitig herausstellten. Das trifft besonders für die Arbeit von F. H. Kern[5], die scharfsinnige Untersuchung von W. Wrede[6], die Beiträge von W. Lütgert[7], W. Hadorn[8] und W. Schmithals[9] zu. Die Lösungsversuche, die mit diesen Namen verbunden sind, stellen zugleich auch je eines der bedeutenderen Modelle dar, die entwickelt worden sind. Dabei werden verschiedene Positionen hinsichtlich der »Echtheit« bezogen. Von anderen Versuchen, das »Rätsel« des 2Thess zu lösen, etwa durch die Annahme verschiedener, namentlich benannter Verfasser (wie Timotheus), anderer Bestimmungsorte (wie Beröa, Philippi), oder verschiedener Adressierung einzelner Briefteile u. ä. können wir hier absehen. Sie werden in der genannten Literatur besprochen.

Überblickt man die Forschungsgeschichte, so hat sich als Kern der Problematik um den 2Thess und zugleich als Ansatzpunkt für eine Lösung das literarische Verhältnis beider Briefe zueinander herausgeschält.[10] Eine befriedigende Antwort für diese und für alle anderen Fragen kann daher nur erwartet werden, wenn dieses singuläre Verhältnis einleuchtend gemacht werden kann. Dort laufen alle Fäden zusammen, und von dorther ist allein eine tragfähige Lösung zu gewinnen.

In den »Untersuchungen zum 2. Thessalonicherbrief« habe ich diese Hauptfrage als Ausgangspunkt bestätigt gefunden. Der heutigen Forschungssituation entsprechend wurden dort zu den stilistischen und literarkritischen Beobachtungen noch formgeschichtliche und theologische Fragestellungen einbezogen.[11] Als Ergebnis hat sich dabei herausgestellt, daß die von verschiedenen methodischen Ansätzen her vorgenommenen Untersuchungswege konvergieren. Das heißt: Alle nach je eigenen methodischen Regeln unternommenen Befragungen weisen in die gleiche Richtung, und zwar in diese: Der 2Thess kann als ein originales Schreiben des Apostels Paulus nicht hinreichend verständlich gemacht werden, wohl aber als pseudepigraphisches Schreiben eines unbekannten Autors späterer Zeit. Das bedeutet, daß für die

lus und seine Briefe 141f; Ernst, Gegenspieler 69–79; O. Kuß, Paulus. Die Rolle des Apostels in der theologischen Entwicklung der Urkirche, Regensburg 1971, 97–107; Laub, Verkündigung 146–157; Trilling, Untersuchungen 11–45; Best 37–59; dazu alle neueren Einleitungsbücher in das NT, vor allem W. G. Kümmel, Einleitung in das Neue Testament, Heidelberg [18]1976, 226–232; (A. Wikenhauser) J. Schmid, Einleitung 404–409; H. M. Schenke – K. M. Fischer, Einleitung in die Schriften des NT I, Berlin 1978 (Gütersloh 1978), 191–198.

[5] F. H. Kern, Über 2Thess 2,1–12 (1839); zu Anm. 5–9 vgl. Lit.-Verz.

[6] W. Wrede, Die Echtheit des zweiten Thessalonicherbriefs (1903).

[7] W. Lütgert, Die Vollkommenen in Philippi und die Enthusiasten in Thessalonich (1909).

[8] W. Hadorn, Die Abfassung der Thessalonicherbriefe in der Zeit der dritten Missionsreise des Paulus (1919).

[9] W. Schmithals, Die Thessalonicherbriefe als Briefkompositionen (1964); ders., in: Paulus und die Gnostiker (1965), 89–157.

[10] Dies möchte ich auch gegen den Einwand von Demke, Theologie 123f., Anm. 59, weiter festhalten.

[11] Die »Untersuchungen« werden hier vorausgesetzt; viele Einzelheiten brauchen daher nicht wiederholt zu werden. Dennoch muß im Kommentar etliches nachgetragen werden, auch sind in einigen Fällen Korrekturen anzubringen.

Lösung der Probleme des Briefes die antike und biblische Pseudepigraphie in ihren Intentionen, mit ihrer Technik und in ihrem erstaunlichen Reichtum an Variationen herangezogen werden muß.[12] Dieser Hypothese wurde abschließend folgende Fassung gegeben: »Die Beweislast liegt beim Bestreiter der Echtheit. Geht man auch im Fall von II (= 2Thess) davon aus, so ergibt sich nur dann ein einsichtiges Ergebnis, wenn die einzelnen Argumente sowohl in ihrer Summe wie in ihrer Konvergenz zusammengesehen werden. Danach ergibt sich für II: Die Annahme der Echtheit ist als unwahrscheinlich, die der Unechtheit aber in der Zusammenschau aller Argumente und Einzelbeobachtungen als sicher zu bezeichnen.«[13].

Damit drängt sich die Frage auf, warum der Verfasser gerade einen *Thessalonicherbrief* schrieb, warum er diesen und keinen anderen Adressaten wählte. Die radikalste Antwort darauf lautet: Der Verfasser habe seinen Brief abgefaßt, um durch ihn 1Thess *zu ersetzen.* Diese ältere, von A. Hilgenfeld[14], O. Pfleiderer[15] und H. J. Holtzmann[16], aber auch von O. Holtzmann[17] vertretene These wurde jüngst von A. Lindemann mit neuen Argumenten aufgenommen[18]. Lindemann vertritt die Auffassung, 2Thess sei bewußt als eine Fälschung konzipiert worden, um die dem Verfasser anstößige Eschatologie von 1Thess zu ersetzen und die des 2Thess dafür als die authentisch paulinische auszugeben. Der Brief sei kein »Kommentar« zum 1Thess, »sondern er ist geradezu als dessen Widerlegung bzw. ›Rücknahme‹ konzipiert worden«.[19] Ja, der neue Brief solle die »Unechtheit« des 1Thess erweisen.[20] Als Hauptstütze dienen Lindemann jene Stellen, an denen »ein Brief« bzw. »Briefe« genannt sind (2,2; 2,15; 3,14; dazu 3,17). In 2,2 sei sehr wahrscheinlich 1Thess gemeint, und 3,17 werde als Indiz für die Verdrängung des 1Thess dadurch einleuchtend, daß gerade 1Thess kein solches »Echtheitszeichen« aufweise. Hier, in 2Thess, liege der echte Brief an die Thessalonicher vor! Diese stringent durchgeführte These ist m. E. überzogen und unwahrscheinlich.[21]

---

12 Vgl. dazu aus der reichhaltigen Literatur besonders N. Brox (Hrsg.), Pseudepigraphie in der heidnischen und jüdisch-christlichen Antike, 1977 (WdF 144).

13 Trilling, Untersuchungen 158.

14 Hilgenfeld, Die beiden Briefe 249–251.

15 O. Pfleiderer, Das Urchristentum I, Berlin ²1902, 95–101.

16 H. J. Holtzmann, Einleitung 216; ders., Thessalonicherbrief 105f.

17 O. Holtzmann 476.

18 Lindemann, Abfassungszweck.

19 Lindemann, ebd. 39.

20 Lindemann, ebd. 40.

21 Vgl. die Einzelauslegung zu den genannten Stellen. Abgesehen davon, daß die benannten Indizien nicht so einleuchtend sind, wie sie zunächst erscheinen (vgl. Einzelauslegung zu

2,15), seien nur die folgenden Fragen gestellt: Ist es sinnvoll, anzunehmen, daß der *ganze* 1Thess wegen der beanstandeten VV 4,15.17 »aus dem Verkehr gezogen« werden solle, um eine Berufung auf die dort vertretene Naherwartung unmöglich zu machen? Kann man die Meinung durchhalten, daß 2Thess »die Eschatologie« von 1Thess verdrängen wolle? Müßten dann nicht auch die anderen Einzelaussagen von 1Thess 4,14–17; 5,1–11 angesprochen werden? Und umgekehrt: Kann die ganze dramatische und ausladende Darstellung von 2Thess 2,3–12 allein unter der genannten Zielsetzung begreiflich gemacht werden? Mußte der Verfasser dafür soweit ausholen und sich zudem noch eine Menge neuer Schwierigkeiten aufladen?

Auch die von Vertretern der Unechtheit ausgesprochene Meinung, 2Thess solle die Eschatologie bzw. die Naherwartung des 1Thess »korrigieren«, dürfte nicht das Richtige treffen.[22] Besser geht man davon aus, daß der zweite Brief eine bestimmte Auffassung zurückweist, für die sich deren Vertreter auf 1Thess berufen *konnten* und dies wohl auch taten, daß sich darin aber die Intention des Autors nicht erschöpft. Er möchte sein Schreiben als eine als notwendig empfundene *weiterführende Unterweisung* verstanden wissen. Der mögliche und auch wahrscheinliche Bezug von 2,2 auf 1Thess ist somit ein erstes Indiz dafür, daß der Brief als ein Thessalonicherbrief konzipiert worden ist. Vielleicht lassen sich noch weitere Indizien gewinnen, die das Verständnis dafür stützen könnten. Ich möchte drei *Konvenienzgründe* nennen, die zu bedenken wären:

a) Unser Brief behandelt im strengen Sinn nur *ein* Thema. Dafür legte es sich nahe, einen *kurzen* Paulusbrief als Vorbild zu nehmen.

b) 1Thess behandelt die Parusiethematik ausdrücklich, und zwar ausführlicher als jeder andere Paulusbrief. In 1Thess 4,13ff; 5,1ff wird eine Parusiebelehrung gegeben, an die relativ leicht anzuknüpfen war, wenn ein Verfasser sich vornahm, gleichsam eine zweite Stufe *paulinischer* Belehrung darüber folgen zu lassen und die Fragen seiner eigenen Zeit dadurch zu beantworten.

c) Mit der Entscheidung für einen Brief an die Gemeinde zu Thessalonich ergab sich die weitere Chance, die erste Unterweisung durch eine zweite auch insofern fortzuführen, als dadurch die *apostolische Autorität* paulinischer Weisungen, auch der in seinen Briefen enthaltenen, untermauert werden konnte. Im 2Thess wird bereits »das Apostolische« als eine fundamentale Wirklichkeit der frühen Kirche thematisiert. Der Brief ist eines der ältesten Zeugnisse dafür, daß paulinische Aussagen als spezifisch »apostolisch« im Verständnis der »nachpaulinischen« Zeit qualifiziert erscheinen. Das kommt vor allem in dem »Traditionstext« 3,6–12 und noch stärker in den drei Verweisen auf einen, auf diesen Brief oder auf Briefe überhaupt (2,2; 2,15; 3,14) zum Vorschein.[23] Auch dafür lieferte 1Thess Anknüpfungspunkte.

Es sind »Konvenienzgründe«. Sie haben weder für sich allein noch zusammen eigentliche Beweiskraft. Aber sie mögen dazu helfen, Einsicht in das Verfahren des Verfassers und für die Wahl dieses Adressaten zu wecken. Geht man von einer späteren Zeit und von der Verfasserfiktion aus, so ist zu verstehen, daß der Autor von den ihm zeitgenössischen Verhältnissen in der Gemeinde zu

---

[22] Häufig vertreten, z.B. schon von Rauch, Zum 2. Thess: »Der zweite Thessalonicherbrief bezweckt die Richtigstellung der paulinischen Eschatologie im Sinn und Geist des Judenchristentums« (460); »Ein halbes Jahrhundert nach dem Tode des wirklichen äußert der vermeintliche Paulus im Sinn und Geist des gemilderten Judenchristentums οὕτως γράφω, um die ehemalige Verkündigung des Evangeliums einer anders gearteten Zeit anzupassen« (464f).

[23] E. Schillebeeckx, Christus und die Christen. Die Geschichte einer neuen Lebenspraxis, (1977), dt. Übers. Freiburg 1977, 206–211, hat bereits die Auffassung als eines Pseudepigraphons übernommen und die Idee des Apostolischen als tragend für 2Thess herausgestellt; vorher vor allem von *Dautzenberg*, Theologie (104), betont.

Thessalonich keine bestimmten Kenntnisse zu haben brauchte, die sich in dem Brief hätten niederschlagen müssen. Umgekehrt konnte er – einen anderen Raum als Makedonien/Achaia vorausgesetzt – die Verhältnisse in seinem eigenen Gebiet und in dessen Gemeinden nicht deutlicher eintragen, so daß der Brief mehr Farbe und Konkretion gewonnen hätte, ohne die Adressatenfiktion zu gefährden.

2. Situation

Anhaltspunkte für eine geschichtliche Situierung des Briefes gibt es nur wenige. Sie sind aber deutlich genug, um Anlaß und Hauptintention erkennen zu lassen. Dennoch entsteht der Eindruck, daß in eine allgemein-christliche Situation und Gegenwartserfahrung hineingesprochen wird, die charakteristische Züge der neutestamentlichen Spätzeit aufweist.

Für die Situationserhellung kommen vor allem drei Momente in Betracht. Der sicherste Anhaltspunkt ist in 2,1–12 zu sehen. Die Aufregung, die durch die Ankündigung von der *Präsenz des Parusietages* ausgelöst worden ist, soll aufgefangen werden. Zu diesem Zweck zieht der Verfasser geläufige apokalyptische Anschauungen heran, wie den »Abfall« und das Auftreten des »Antichrist«, dazu noch die geheimnisvolle Größe der »aufhaltenden Macht«. Das Argumentationsverfahren erscheint sehr einfach: Die Behauptung von der Gegenwart des Parusietages kann schon deshalb nicht richtig sein, weil vorher der Abfall kommen soll und der »Antichrist« auftreten muß. Da dies offenkundig noch nicht geschehen ist, kann die Parusieansage nicht zutreffen. Nun finden sich diese apokalyptischen Größen an keiner anderen Stelle der paulinischen Briefe. Noch wichtiger ist jedoch, daß eine hochgespannte Naherwartung dadurch gedämpft wird, daß zwischen Antichrist-Auftritt und Gegenwart noch eine Frist zu veranschlagen ist, in der die »aufhaltende Macht« wirkt. Damit gehört der Brief zu den frühchristlichen Zeugnissen, in denen die *Verzögerungs*-Thematik reflektiert wird (vgl. u. a. 2Petr 3,1–13; 1Cl 23). Nicht läßt sich jedoch sagen, ob jene »Verwirrung« auf eine Gemeinde oder auf wenige Gemeinden beschränkt zu denken ist, oder ob sie ein weiteres Kirchengebiet erfaßt hat wie in der montanistischen Bewegung.

Ein zweiter Anhaltspunkt wird in dem Verweis auf *Verfolgungen* in 1,4 sichtbar. Doch ist diese Stelle nicht sehr aussagekräftig. Denn sie ist einmal im Zuge einer Steigerungstendenz gegenüber 1Thess 1,2f am Beginn der Danksagung zu sehen, zum anderen bleibt sie auch in sich vage, da nicht zu erkennen ist, um welche Art von »Verfolgungen« es sich handelt, von welcher Seite sie geschehen, welches Ausmaß sie erreicht haben usw. Dennoch darf 1,4 mit zur Situationserhellung benutzt werden.

Der dritte Anhaltspunkt legt sich von der Erörterung über die »Unordentlichen« in 3,6–12 her nahe. Doch auch an dieser Stelle ergeben sich Fragen. Daß das Auftreten und Un-wesen jener »Unordentlichen« mit der Parusieerregung

von 2,2 ursächlich zusammenhängen, ist häufig, ja fast regelmäßig vermutet
worden. Es ist aber aus dem Text selbst auch nicht andeutungsweise
herauszulesen. Hinzu kommen andere Beobachtungen, die in der Auslegung
genannt werden, die es mindestens als fraglich erscheinen lassen, ob es sich
wirklich um einen massiven Mißstand in der Gemeinde bzw. in den
Gemeinden des Verfassers handelt, oder ob die Hauptintention dieser Passage
nicht in andere Richtung weist. Der Wert der dortigen Angaben dürfte
jedenfalls für eine Aufhellung der Situation nur gering anzusetzen sein.

Dieses Ergebnis kann verschieden gedeutet werden. Am sinnvollsten scheint es
mir zu sein, anzunehmen, daß der Verfasser aus einer Situation heraus und
auch für Gemeinden (oder für eine Gemeinde) schreibt, für welche die
genannten Merkmale zutreffen, daß er aber seinen Brief nicht für die
Gemeinde von Thessalonich bestimmte.[24] Damit wäre, was für die Auslegung
hilfreich ist, historisch zwischen der Gemeinde von Thessalonich und der
Situation des Verfassers zu unterscheiden.

3. *Verfasser, Zeit, Ort*

Der uns unbekannte und auch nicht identifizierbare *Verfasser* stammt wohl
nicht aus einer »paulinischen Schule«, wie es für den Autor der Pastoralbriefe
mit Recht angenommen wird. Mindestens ist dies unsicher, mir selbst aber
eher unwahrscheinlich. Nirgendwo zeigt sich eine kreative Aufnahme oder
Fortentwicklung paulinischer Gedanken. Das theologische Profil des Schreibens ist stärker vom allgemein-christlichen Gemeindeglauben späterer Zeit,
insbesondere auch von bestimmten Zügen alttestamentlicher Denkweise
geprägt. Die wichtigste theologische Leistung des Autors ist darin zu sehen,
daß er eine Notsituation in seinem kirchlichen Bereich dadurch aufzunehmen
und zu beantworten suchte, daß er ein Grundmodell für das christliche Leben
entwarf, das sich auch später bewährte. Es kann stichwortartig so gekennzeich-
net werden: »Absage an jede Schwärmerei, die dem Willen Gottes und seiner
›Zeit‹ ... vorgreifen möchte – und die Aufmerksamkeit auf die gegenwärtige
Zeit mit der Mahnung zur ausdauernden Erfüllung des täglichen Auftrags.«[25]
Ob man die schriftstellerische Leistung, den 1Thess und andere paulinische
Formulierungen so geschickt zu verwenden, daß die Verfasserfiktion erhalten
bleiben konnte und dennoch etwas in sich Selbständiges entstand, als
bedeutend ansehen mag, bleibe dahingestellt.

Für die Bestimmung der *Zeit* der Abfassung kommen nur wenige Indizien in
Betracht. Von den Momenten äußerer Bezeugung liegt der Kanon des Marcion
vor. Er »bestätigt jedoch nur, daß 2Thess um die Mitte des zweiten
Jahrhunderts als paulinisch anerkannt war, was niemand bestreitet«.[26] Die

---

24 So schon Schmiedel 11: »Bestimmungsort
braucht bei Unächtheit des Briefs nicht Th(es-
salonich) zu sein, wo derselbe überdies leicht
als unpaulin(isch) erkannt werden konnte.«

25 Trilling, Untersuchungen 92.
26 Lindemann, Abfassungszweck 42.

beiden vieldiskutierten Textanklänge im Polykarpbrief 11,3f sind m. E. zu unsicher, um eine Benutzung des Briefes durch Polykarp sichern zu können.[27] Zieht man eine Benutzung des 2Thess durch Polykarp in Betracht, bleibt immer noch ein weiter Spielraum, auch über die Grenze des 1. Jahrhunderts hinaus. Von den Paulusbriefen ist, soweit es unser Brief erkennen läßt, mit Sicherheit nur 1Thess, mit Wahrscheinlichkeit auch 1Kor dem Autor bekannt. Die Möglichkeit, daß er schon eine Sammlung von Paulusbriefen kannte, ist gegeben, aber nicht erweisbar.

Innere Kriterien sind einzeln nur vermutungsweise ausfindig zu machen. Gäbe man 1,4 mehr Gewicht, als es eben geschehen ist, könnte man etwa die Situation annehmen, die sich in 1Petr spiegelt. Jene Momente, die für die Anschauung des »Apostolischen« zu erheben sind, könnten in die Nähe der Abfassung des lukanischen Doppelwerkes weisen. Die mit 2,2 angesprochene Erscheinung schwärmerischer Aufbrüche kann an verschiedenen Orten und zu verschiedenen Zeiten geschehen sein. Unsere Kenntnis darüber ist aber zu gering, um genauere Fixierungen gewinnen zu können. Über solche einzelnen vagen Ansatzpunkte führt nur ein Urteil über den Charakter des Briefes im ganzen hinaus.[28] Dafür muß wohl eine so weite Zeitspanne von ca. 80 n. Chr. bis in das frühe 2. Jahrhundert offengelassen werden.

Diese Unsicherheit haftet auch der Frage nach dem *Abfassungsort* an. Auch dafür finden sich keine einigermaßen tragfähigen Anhaltspunkte. Von den genannten Indizien her ist es mir wahrscheinlicher, daß der Brief nicht in Thessalonich, in seinem Umkreis oder überhaupt in Makedonien/Achaia entstanden ist, sondern in weiterer Entfernung. Dabei wäre wohl zuerst, ohne eine neue Hypothese aufstellen zu wollen, an Kleinasien zu denken.

4.   *Hermeneutische Problematik*

Dieser Kommentar muß auf der Grundlage der »Untersuchungen zum 2. Thessalonicherbrief« die »Probe aufs Exempel« sein. Es war nicht meine Absicht, Vollständigkeit in der Erörterung der Einzelprobleme und in der Auseinandersetzung mit den Auslegungen, die 2Thess als paulinisch behandeln, zu erreichen. Jede Auslegung ist begrenzt und kann nur einiges bringen. Jede läßt sich auch von einer bestimmten Perspektive leiten und verfolgt spezifische Interessen. Die großen Kommentare der letzten hundert Jahre, besonders die von W. Bornemann, E. v. Dobschütz, J. E. Frame und B. Rigaux, behalten je ihren Wert und ihr Gewicht auch weiterhin, besonders für eine Fülle von Informationen und von Beleg- und Vergleichsmaterial, auch wenn sie alle 2Thess als Paulusbrief voraussetzen.

---

[27] Vgl. mit Recht kritisch dazu Lindemann, Abfassungszweck 42f; vorsichtig auch Best 37f., positiv gewertet bei Rigaux 116f (Lit.); Schweizer, Der zweite Thessalonicherbrief 91f.

[28] Vgl. dazu Trilling, Untersuchungen 109–132.

a) Die Besonderheit dieser Kommentierung ist durch den hermeneutischen Ausgangspunkt gegeben, den Brief als *Pseudepigraphon* zu behandeln. Es soll vor allem versucht werden, unter diesem Aspekt den Text bis in die Einzelheiten jedes Verses hinein verständlich zu machen. Auch wenn sich dabei nicht alles als restlos klärbar erweist, muß ein solcher Versuch unternommen werden, um die Tragfähigkeit der Hypothese zu erproben.[29] Ist es doch seltsam, daß bis in die jüngste Zeit alle bedeutenden wissenschaftlichen Kommentare von der paulinischen Verfasserschaft ausgegangen sind, obgleich die Kontroverse stets nebenher lief und sich auch in älteren Einleitungsbüchern die These von der Unechtheit findet.[30] Bisher wurde nur von wenigen Kommentatoren, deren Auslegung jedoch überwiegend für weitere Leserkreise bestimmt ist, die Auslegung unter der Voraussetzung nichtpaulinischer Verfasserschaft vorgenommen. Dies geschah nach meiner Kenntnis nur in folgenden Fällen: in recht knapper Weise durch P. W. Schmiedel und O. Holtzmann, weniger entschieden durch Ch. Masson und neuerdings eindeutig durch G. Friedrich.[31] Eine ausführliche und im engeren Sinne wissenschaftliche Kommentierung steht daher noch aus.

b) Hier zeigt sich eine Schwierigkeit, die wohl nur im praktischen Vollzug der Auslegung angegangen werden kann. Da das Phänomen biblischer und besonders neutestamentlicher Pseudepigraphie erst in jüngster Zeit umfassend untersucht und als theologisches Problem reflektiert wird, fehlt uns eine eindringende *Hermeneutik* für die Exegesierung solcher Texte und Schriften. Die früher dominierenden Methoden historischer und literarischer Kritik reichen dafür nicht aus, da sie überwiegend auf die Feststellung des Faktischen gerichtet sind, darauf, die historischen Entstehungsverhältnisse und die literarischen Beziehungen bzw. Abhängigkeiten zu beschreiben. Die heute in den Vordergrund rückende Frage ist jedoch, wie Pseudepigrapha im ganzen und im einzelnen als Zeugnisse frühchristlichen Glaubens und als Teile des

---

[29] Ich halte daran fest, die Unechtheitsannahme weiter und solange als »Hypothese« anzusehen, als sich nicht ein stärkerer Konsens unter den Exegeten gebildet hat. Noch sind die Stimmen dafür, aufs Ganze gesehen, spärlich und fast auf den deutschen Sprachraum beschränkt. Im englisch-, französisch-, italienisch-, spanischsprachigen Raum sowie in der polnischen Exegese herrscht eine durchgehende Reserve bis Ablehnung, wenn auch da und dort Zweifel anklingen (z. B. bei Best, Aus; doch für Unechtheit jetzt Bailey, Who wrote). Stark fallen einige klare Stellungnahmen katholischer Neutestamentler ins Gewicht, wie etwa die von G. Dautzenberg (Theologie 96–105), die unabhängig von meiner Arbeit entwickelte von F. Laub (Verkündigung 96–157; vgl. bes. 156f. XII, Anm. 1), die Korrektur seiner früheren Auffassung von K. H. Schelkle (Theologie des NT IV/1, Düssel-

dorf 1974, 31, Anm. 6.73 f), ebenso die von Ch. H. Giblin (CBQ 35 [1973] 413 ff); F. Mußner (Kairos 18 [1976] 305 f); vgl. auch (A. Wikenhauser –) J. Schmid, Einleitung 406–409.

[30] H. J. Holtzmann, Einleitung 214 ff., dort weitere Vertreter; A. Jülicher – E. Fascher, Einleitung in das NT, Tübingen [7]1931, 62–67; vgl. dazu Trilling, Untersuchungen 43 ff, Anm. 101.

[31] Einzelangaben im Lit.-Verz. Ernste Fragen und Zweifel begleiten die Auslegung vor allem bei Dobschütz und Lueken, aber auch bei Bornemann. Das hat Best 52 (vgl. auch die Besprechung meiner »Untersuchungen« in Bib 55 [1974] 446–449) nicht bedacht, wenn er es als »kurios« bezeichnet, daß die meisten Kommentatoren 2Thess als paulinisch behandeln, daß aber die Unechtheit (nur) in Einleitungsbüchern vertreten werde.

neutestamentlichen Kanons zu verstehen und zu exegesieren sind. Warum werden bestimmte Namen wie Paulus, Petrus in Anspruch genommen? Wie sind die Beziehungen zwischen »echten« Paulusbriefen und Deuteropaulinen zu bewerten, wie literarische Entlehnungen, Abhängigkeiten, theologische Weiterentwicklungen, Interpretationen paulinischer Gedanken zu beurteilen? Gibt es Maßstäbe für »höheres« und »niedrigeres« Niveau eines Schriftstücks und seiner Theologie? Wie sind Ausfallserscheinungen und Defizite jüngerer Zeit im Vergleich mit Zeugnissen der älteren Zeit einzuschätzen? Gilt da einfachhin die verbreitete Gleichung von alt = wertvoll und jung = minderen Wertes? Kann neutestamentliche Pseudepigraphie allein nach den literarischen Gepflogenheiten und Praktiken der antiken Schriftstellerei beurteilt werden, oder gelten für sie auch spezifisch christliche Motive und hermeneutische Leitbilder? Solche und ähnliche Fragen sind nur schwer abstrakt zu beantworten. Sie müssen im Vollzug der Exegese, in der Bemühung um die Texte selbst und in mehreren Anläufen geklärt werden.[32]

In welcher Weise kann man dem Gesamttenor und den Aussagen des Briefes gerecht werden, wenn er von einem uns unbekannten Mann, der sich aber als »Paulus« vorstellt, abgefaßt ist? Hier versagen die Möglichkeiten, die uns beim Apostel selbst aus seiner Biographie, aus seinem missionarischen Werk, aus der ihm eigenen Verbindung von persönlichem Geschick, Zeugnis und seiner Glaubenseinsicht mit seinem »amtlichen« Auftrag und seiner Verkündigung zur Verfügung stehen. Unser Verfasser ist uns nur in einer Hinsicht bekannt, nämlich durch den Text, den er uns hinterließ. Aber gerade dieser Text ist so sachlich-distanziert und unpersönlich gehalten, daß er den Autor eher verbirgt als erkennbar macht. Die oft künstlich wirkende Übernahme paulinischer Gedanken und vor allem die Entlehnungen aus 1Thess lassen ihn nur undeutlich sichtbar werden. Auch in dieser Hinsicht ist unser Brief ohne Parallele im Neuen Testament.

Dieser Besonderheit habe ich durch eine ebenso »distanzierte« Auslegung Rechnung zu tragen versucht. Kraft der Gedanken, Intensität und Wärme des Gefühls, Leidenschaft im Argumentieren, Tiefe von Erkenntnis u. ä. kann man nur dort zur Sprache bringen, wo sie zu bemerken sind. Anderseits erhalten jene Aussagen, die von Paulus scheiden, eigenes Gewicht, dem die Kommentierung gerecht werden muß.

Verzichtet man darauf, bestimmte Besonderheiten als »paulinisch möglich«, als »nicht unpaulinisch« usw. zu qualifizieren, gewinnt der Brief erst sein eigentümliches Relief.[33] Den näheren Kontext bilden dann nicht die »echten«

---

[32] Die intensivsten Bemühungen um ntl. Texte verdanken wir einigen Arbeiten und zwei Kommentaren von N. Brox; vgl. ders., Falsche Verfasserangaben. Zur Erklärung der frühchristlichen Pseudepigraphie, 1975 (SBS 79); ders., Die Pastoralbriefe, 1969 (RNT 7/2); ders., Der erste Petrusbrief, 1979 (EKK XXI);

vgl. früher schon K. H. Schelkle, Die Petrusbriefe. Der Judasbrief; zur Sache vgl. auch Trilling, Untersuchungen 133–155.
[33] Vgl. Marxsen, Einleitung 44: »Man könnte geradezu formulieren: Nun ›bekommen‹ wir den Brief überhaupt erst richtig.«

Paulinen, sondern Spätschriften des Neuen Testaments, vor allem die Pastoralbriefe, 1 und 2Petr. Dieser Kommentar ist als ein Versuch zu sehen, Hermeneutik neutestamentlicher Pseudepigrapha »im Vollzug« zu erproben.[34]

c) Die hermeneutische Frage stellt sich auch und anders im Blick auf die *Wirkungsgeschichte* des Briefes, vor allem hinsichtlich des apokalyptischen Teils 2,1–12, ein. Zusammen mit Dan 7–12, Offb 13 ; 17, Mt 24 gehört dieses Textstück zu den Bausteinen, aus denen hauptsächlich der gigantische Bau einer christlichen Endzeitlehre und einer »Antichristologie« aufgeführt worden ist, einer Lehrtradition, die von unabsehbarer Wirkung für die frühchristliche, die mittelalterliche und neuzeitliche Geschichte, vor allem in der westlichen Kirche, wurde. Der »Antichrist« und die »aufhaltende Macht« gewannen kirchen- und weltgeschichtliche Bedeutung.[35] In beiden Fällen zeigt sich eine geradezu groteske Diskrepanz zwischen den sparsamen und undeutlich-geheimnisvollen Angaben im 2Thess und dieser gewaltigen Wirkung. Der Text erfuhr ein Eigenleben und Dimensionen von Bedeutsamkeit, die uns heute meilenweit von der ursprünglichen Intention seines Verfassers und von den zeitgeschichtlich gebundenen Anschauungen, die er sich zu nutze machte, entfernt erscheinen. Er muß in dieser Hinsicht sogar als einer der einflußreichsten Texte des Neuen Testaments angesehen werden. Davon kann in diesem Kommentar nur ein schwacher Eindruck vermittelt werden. Auch fehlen uns das elementare Interesse und das leidenschaftliche Engagement, die besonders in Umbruchszeiten der christlichen Kirche die Geister bewegten und nach zeitgenössischen Konkretisierungen der »Vorzeichen« des Endes Ausschau halten ließen. Die »Entdeckung« Martin Luthers, im Papsttum als solchem den Antichrist erkannt zu haben, eine Identifizierung, an der er zeitlebens unbeirrt festhielt und die ihm eine Bestätigung für die Nähe des Endes war, stützte sich hauptsächlich auf 2Thess 2.[36]

Die religionsgeschichtliche Forschung hat den entscheidenden Anteil an der Aufklärung der motivlichen Zusammenhänge und damit an einer heilsamen Ernüchterung in der Einschätzung von 2Thess 2 und verwandter Texte. Neben diesem 2. Kapitel sind es nur wenige Aussagen, deren Wirkungsgeschichte zu würdigen lohnt, darunter 3,6–12 in seiner Bedeutung für das christliche Arbeitsethos.

In dem Maß, in dem das theologische und das geschichtsmetaphysische Interesse an den apokalyptischen Größen in Kapitel 2 zurücktrat und fast gänzlich schwand, scheint auch die Bedeutung des 2Thess innerhalb der Theologie reduziert worden zu sein. Heute begegnet man vielen exegetischen

---

[34] Vgl. auch N. Brox, Tendenz und Pseudepigraphie im ersten Petrusbrief, Kairos 20 (1978) 110–120, bes. 118f.

[35] Zum Antichrist vgl. S. S. Hartman u. a., Antichrist, TRE III, 20–50 (Lit.) ; den Exkurs S. 105–109 ; zur »aufhaltenden Macht« vgl. den Exkurs S. 94–102.

[36] Vgl. H. Preuß, Die Vorstellungen vom Antichrist im späteren Mittelalter, bei Luther und in der konfessionellen Polemik, Leipzig 1906 ; G. Seebaß, TRE III, 28–43 ; Trilling, Antichrist und Papsttum.

Arbeiten zur Theologie des Paulus und des Neuen Testaments, in denen der Brief überhaupt nicht oder nur am Rand erwähnt wird, sei es, daß die Autoren wegen ihrer Unsicherheit in der Echtheitsfrage ihn stillschweigend ausklammern, sei es, daß sie ihm keine große Bedeutung zumessen. Demgegenüber gewinnt die Aufgabe, auch diesem Text als einem Zeugnis spätneutestamentlicher Glaubensgeschichte gerecht zu werden, besonderen Reiz.

B   Kommentar

I. Eingangsgruß (1,1–2)

**1 Paulus und Silvanus und Timotheus an die Gemeinde der Thessalo-
nicher, (die) in Gott unserem Vater und (in) dem Herrn Jesus Christus
(ist): 2 Gnade euch und Friede von Gott dem Vater und dem Herrn
Jesus Christus.**

Der Briefeingang deckt sich mit dem des 1Thess, bis auf zwei Erweiterungen,   Analyse
wörtlich. Das ist vor allem deshalb auffällig, weil Paulus im Präskript stets
variiert. In seinen authentischen Briefen gleicht kein Text so stark einem
anderen wie in unserem Fall. Hier fällt ferner ins Auge, daß alle Eigentümlichkeiten der Formulierung von 1Thess ebenfalls begegnen. Dies sind die drei
Absendernamen, die bei Paulus singuläre Bezeichnung der Adressaten als
»Gemeinde der Thessalonicher« (nicht »in Thessalonich«)[37], die Verbindung
der Empfängergemeinde mit Gott und Christus, das Fehlen des Aposteltitels.
Die fast völlige Übereinstimmung der beiden Präskripte ist schon ein erstes
Indiz für die literarische Verwandtschaft beider Briefe.[38] Die Erwähnung des
Silvanus nötigt dazu, die Entstehungssituation des 2Thess eng mit der des
1Thess zu verbinden, wenn beide Briefe von Paulus stammen sollen, da
Silvanus nach unserer Kenntnis nur auf der zweiten Missionsreise Paulus
begleitet hat.
Wirken die Übereinstimmungen mit 1Thess überraschend, so vermitteln die
Abweichungen einen eher konventionellen Eindruck. In V 1 ist zu »Vater« ein
»unser« hinzugefügt und wird der in 1Thess kurz wirkende Gnadenwunsch
durch »von Gott dem Vater und dem Herrn Jesus Christus« erweitert. In dem
knappen Gruß ergibt sich somit eine Parallelität in Form und Aussage von »in
Gott unserem Vater ...« und »von Gott dem Vater ...«, eine Doppelung der
Prädikationen, die schwerfällig und überladen wirkt.[39] Nun entspricht aber die
Formel »von Gott dem (bzw. unserem) Vater und von dem Herrn Jesus
Christus« der Normalform beim späteren Paulus.[40] In 1Thess ist sie (noch)
nicht angewendet. Sie konnte aus der Kenntnis anderer Paulusbriefe leicht
eingefügt werden.
Beide Feststellungen, die Übereinstimmungen und die Abweichungen betref-
fend, legen den Schluß nahe, daß das Präskript in bewußter literarischer
Anlehnung an das des 1Thess gestaltet worden ist. Der Brief soll gleich am
Anfang als an die gleiche Gemeinde gerichtet erscheinen und als Fortsetzung
der »Korrespondenz« mit ihr gelten.[41]
Das Präskript ist zweigliedrig wie das des 1Thess. Im ersten Teil sind Absender   Erklärung
und Empfänger genannt, der zweite Teil enthält den Gruß als Gnadenwunsch.

---

[37] Vgl. nur Kol 4,16; vgl. Apg 20,4; 27,2.
[38] Vgl. Wrede, Echtheit 4.
[39] Vgl. Dobschütz 234.
[40] Vgl. G. Delling, Zusammengesetzte Got-
tes- und Christusbezeichnungen in den Paulusbriefen, in: Studien 417–424 (417f).
[41] Vgl. im einzelnen Trilling, Untersuchungen 68f.

Die paulinische Ausprägung dieses Teils des antiken Briefformulars ist uns erstmals in 1Thess zugänglich.[42]

Die enge Anlehnung an 1Thess setzen der Auslegung Grenzen. Dürfen wir annehmen, daß sich der Autor mit den paulinischen Gedanken einig wußte, daß er sie dann auch mit den vorgefundenen Formulierungen seinen Adressaten vermitteln und damit ins Gedächtnis der späteren Zeit einprägen wollte? Das ist schwer zu beantworten. Doch finden sich vielleicht Indizien aus dem ganzen Brief.

1   Entsprechend dem Vorbild von 1Thess steht »Paulus« ohne Amtsbezeichnung als Apostel.[43] Das dürfte aber nicht als Mangel empfunden worden sein. Ist doch der Verfasser des 2Thess insgesamt darum bemüht, die apostolische Autorität und Verbindlichkeit seiner Äußerungen, vor allem auch der Weisungen im ethischen Bereich und für die Ordnung des Gemeindelebens zu betonen.[44]

Silvanus und Timotheus sind im ersten Brief von Paulus wohl als Mitabsender genannt, um das Schreiben »mit unter die Autorität dieser seiner Mitarbeiter und Mitbegründer der Gemeinde« zu stellen.[45] Dies soll auch für den vorliegenden Brief gelten. Das in ihm wie auch in 1Thess reichlich verwendete »wir« spricht nicht dagegen. Es meint in der Regel Paulus selbst (vgl. 1Thess 3,1) und kennt nur wenige Ausweitungen auf andere Personen.[46] Sollten beide Männer aber als bedeutende Personen aus der Frühzeit der Kirche der Spätzeit eigens vorgestellt werden? Diese Frage stellt sich ein, da beiden an anderen Stellen des Neuen Testaments eine eigene Rolle für diese Spätzeit zugewiesen wird. Der Jerusalemer Silas/Silvanus[47] tritt am Ende des 1Petr hervor: Der Verfasser habe »euch durch Silvanus, den – wie ich meine – treuen Bruder geschrieben« (1Petr 5,12). Nimmt man den 1Petr als pseudepigraphisches Schreiben, kann in dieser Erwähnung die zusätzliche Berufung auf eine führende Person der ersten Generation gesehen werden.[48]

Programmatisch wird Timotheus als Gestalt und Typ der Frühzeit, vor allem als der Reisebegleiter, der Vertraute des großen Apostels und als der Empfänger seiner kirchenordnenden Weisungen, ja seines Testaments, gesehen. Außer den Erwähnungen in Röm 16,21; Kol 1,1; Hebr 13,23 kommen

---

[42]   Zur antiken und frühchristlichen Epistolographie ältere Lit. bei Dobschütz 57, Anm. 3; neuere bei Berger, Apostelbrief.

[43]   Der Titel findet sich in folgenden Paulusbriefen nicht: 1Thess 1,1; Phil 1,1; Phlm 1.

[44]   Vgl. vor allem zu 3,6–12.

[45]   Dobschütz 57; vgl. 2Kor 1,19 für die korinthische Gemeinde.

[46]   Vgl. den Exkurs bei Dobschütz 67f; ferner N. Baumert, Täglich sterben und auferstehen. Der Literalsinn von 2Kor 4,12–5,10, 1973, 23–36 (StANT 24).

[47]   Als Mitabsender in 1/2Thess genannt; als Mitverkünder in Korinth 2Kor 1,19; in Apg von 15,22 an, im Missionsteam mit Paulus von

Apg 16,19 an mit der letzten Erwähnung in Apg 18,5.

[48]   Zur Deutung der Wendung »schreiben durch« zur Bezeichnung des Briefüberbringers, nicht etwa des Sekretärs, vgl. N. Brox, Zur pseudepigraphischen Rahmung des ersten Petrusbriefes, BZ 19 (1975) 78–96; ders., Der erste Petrusbrief 241–243; E. G. Selwyn, The first Epistle of St. Peter, London (²1947) 1952 stellt auf S. 382–284 Parallelen zwischen 2Thess 2,13f.16f und 1Petr 1 zusammen, um die Abfassung des 1Petr durch Silvanus zu stützen. Die Verwandtschaft dürfte sich besser aus einer gemeinsamen christlichen Sprache in beiden Briefen erklären.

unter dieser Rücksicht die Pastoralbriefe in Betracht. Timotheus ist der Adressat zweier dieser Schreiben (1Tim 1,2; 2Tim 1,2; vgl. 1Tim 1,18; 6,20), vor allem aber ist er der Empfänger und der bevollmächtigte Garant der paulinisch-apostolischen Überlieferung und wird in dieser Funktion in 1Tim 1,18; 6,20 erwähnt.

In unserem Brief gibt es keine Anzeichen dafür, daß die beiden Männer neben Paulus in einer besonderen traditionsgebundenen Funktion gesehen würden; 3,17 spricht eher dagegen. Paulus selbst ist die entscheidende Person und Autorität (vgl. 2,15; 3,7ff.14). Dann ist die Erwähnung von Silvanus und Timotheus allein als literarisch bedingt, d. h. als Übernahme aus 1Thess ohne zusätzliche Absichten zu verstehen.

Vorgegeben war auch die Wendung, daß die Gemeinde »in Gott (unserem) Vater und im Herrn Jesus Christus« sei.[49] Ob auch der paulinische Inhalt der Formulierung, die sich bei Paulus nur in 1Thess 1,1 findet, davon miterfaßt wurde, die Aussage nämlich, daß der Thessalonicher Gemeinde »in« Gott und »in« dem Kyrios ihren Grund und ihren Bestand habe?[50] Wenn ich recht sehe, ist die Gemeinde/Kirche in unserem Brief weniger als geistliche Wirklichkeit, denn als Gemeinschaft von Glaubenden gesehen, die *unter* der Autorität ihres Herrn steht und die an die Weisungen des Apostels gebunden wird. Allzu weitgehende Schlüsse sind aus dem Brief gewiß nicht zu ziehen. Doch findet sich eine zu dem »In Gott« und »Im-Kyrios-sein« (»In-Christus-Sein«) der Gemeinde analoge Aussage nicht. Allein 3,12 läßt sich vergleichen, doch in charakteristischer Verschiedenheit zu Paulus' Konzeption: »Diesen befehlen wir und ermahnen sie im Herrn Jesus Christus . . .«.[51] Daß im ganzen Brief von den 13 Stellen mit »Jesus (Christus)« nur 3,5 ohne die Kyrios-Prädikation vorkommt und damit das Kyriostum Christi bedeutsam herausgestellt wird, sei hier schon vermerkt.[52] Selbständig wird dagegen die Vater-Aussage noch einmal von Gott gebraucht (2,16).

Die knappe Grußformel »Gnade euch und Friede« (1Thess 1,1b) ergänzt der 2 Verfasser durch »von Gott dem Vater[53] und dem Herrn Jesus Christus«. Diese fülligere Form weisen sämtliche anderen Paulusbriefe auf, ebenso Eph und mit der Zufügung von »Erbarmen« 1/2Tim.[54] Gnade und Friede als Segensgüter haben einen zweifachen Ausgang und zwei Bewirker: Gott und Jesus, den Herrn. Paulus wahrt in strenger Konsequenz dennoch das monotheistische Grundbekenntnis und vermag mit ihm spannungsreich die Christus-Aussage

[49] Beide Male artikellos, vgl. Rigaux 350; 2Joh 3.
[50] Vgl. dazu Frame 69f; Dobschütz 58f; Kramer, Christos 179.
[51] Zu 1,12 s. unten z. St.
[52] Weiteres dazu S. 57.
[53] Ob ἡμῶν hinter πατήρ zum ursprünglichen Text gehört, ist nicht sicher, jedoch zweifelhaft; so Metzger, Commentary 635, der die Entscheidung für die LA ohne ἡμῶν begründet. ἡμῶν könnte aus stilistischen Gründen später fortgelassen oder auch in Angleichung an die stereotype Formel zugefügt worden sein. Weitere Varianten im GNT 714; für ἡμῶν war Zimmer, Textkritik 323, eingetreten.
[54] Verkürzt in Kol 1,2; zur paulinischen Grußformel vgl. H. Conzelmann, ThWNT IX, 384; Berger, Apostelbrief 191–207; ebd. 202, Anm. 55 weitere frühchristliche Belege für die Formel »von Gott dem (unserem) Vater und dem (unserem) Herrn Jesus Christus«.

zu verbinden. In Gott und seinem Vatersein liegt der Ursprung allen Heils, in Christus kommt es zur Auswirkung.[55]

Gnade und Friede bezeichnen je für sich umfassend die eschatologische Heilsgabe. Diese eine Gabe, die als Friede und als Gnade ausgelegt wird, wird den Empfängern zugewünscht. Die von Paulus wohl selbst ausgebildete Grußformel vertieft das antike Grußwort des Briefeingangs. Unser Verfasser dürfte sie bereits als zum christlichen Bestand gehörige Gebets- und Bekenntnissprache empfunden und gekannt haben. Bei der Ergänzung übersah er jedoch die Struktur des Präskriptes in 1Thess, die diese Doppelung auf engem Raum schwer ertrug.[56]

Zusammen- Das apostolische Wort, das der Brief sein will, setzt mit einer Eröffnung ein, die
fassung der des 1Thess fast wörtlich entspricht. Die Imitation ist zunächst durch das Vorhaben der literarischen Fiktion bedingt. Da gewinnen gerade die auffälligen Details wie die drei Absender-Namen und die Wendung »Gemeinde der Thessalonicher« Bedeutung. Sie verstärken den Eindruck der Echtheit. Doch muß auch bedacht werden, daß der Verfasser mit diesem Mittel faktisch paulinische Gedanken aufnahm, konservierte und ihnen ein Weiterwirken sicherte. Das betrifft insbesondere zwei Momente.

Einmal den Kirchengedanken, der 1,1 zugrunde liegt und der allen Nachfolgenden, die sich an ihm als apostolischer Überlieferung orientieren, maßgebend werden kann: in der Betonung der primären ekklesialen Wirklichkeit der Ortsgemeinde[57] und in der typisch paulinischen Sicht, nach der das geistliche Gegründetsein der Gemeinde in Gott und im Herrn Jesus Christus deren eigentliche Existenz ausmacht.

Zweitens bewahrte er im Verein mit den anderen Paulusbriefen den Gnadenwunsch an die Gemeinde (V 2). Als wirkkräftiger Zuspruch und als darin geschehende Mitteilung von »Gnade und Frieden« hielt er tragende Anschauungen des Apostels präsent. Der Gruß wird vielfältig aufgenommen, besonders in frühchristlichen Schriften verschiedener Art.[58] Er wurde erneuert in der Liturgie der röm.-kath. Kirche als eine der Begrüßungswendungen der Eucharistiefeier.[59]

---

[55] Vgl. zum Ganzen: W. Thüsing, Per Christum in Deum, Münster 1965 (NTA.NF 1) ; zur Formel Kramer, Christos 149–153 ; textkritisch wird der Zusatz für 1Thess 1,1b durchweg als sekundär abgelehnt; vgl. Rigaux 346.

[56] Kramer, Christos 151, vermutet, daß die Doppelbezeichnung von »Gott« und dem »Herrn Jesus Christus«, die in 1/2Thess singulär mit der Gemeinde verbunden steht, später in die Grußformel gewandert sei; Berger, Apostelbrief 191–207 möchte den Zusammenhang mit dem antiken Briefstil reduzieren und den Eingangsgruß als »Segensworte« aus atl.-jüdischer Tradition ableiten; vgl. auch Anm. 58.

[57] Vgl. W. Beinert, Die Kirche Christi als Lokalkirche: Una Sancta 32 (1977) 114–129.

[58] Vgl. Berger, Apostelbrief 197 f, Anm. 31 ; 202, Anm. 55.

[59] Gratia vobis et pax a Deo Patre nostro et Domino Jesu Christo: Missale Romanum, Rom 1970 ; »Gnade und Friede von Gott, unserem Vater, und dem Herrn Jesus Christus sei mit euch«: vgl. A. Läpple (Hrsg.), Neues Meßbuch für Sonn- und Feiertage, Aschaffenburg 1975, 3.

II. Eingangsteil (Proömium):
Danksagung. Das gerechte Gericht Gottes (1,3–12)

3 Danksagen müssen wir Gott allezeit für euch, Brüder, wie es sich ziemt, daß euer Glaube sich reichlich mehrt und die Liebe zueinander bei jedem einzelnen von euch allen zunimmt, 4 so daß wir selbst uns eurer unter den Gemeinden Gottes rühmen wegen eurer Ausdauer und Treue in all euren Verfolgungen und Bedrängnissen, die ihr ertragt –, 5 (die) ein Anzeichen des gerechten Gerichtes Gottes (sind), damit ihr des Reiches Gottes gewürdigt werdet, für das ihr auch leidet, 6 da es gerecht ist bei Gott, denen, die euch bedrängen, mit Bedrängnis zu vergelten 7 und euch, den Bedrängten, zusammen mit uns, Ruhe (zu verschaffen), bei der Offenbarung des Herrn Jesus vom Himmel her mit den Engeln seiner Macht, 8 in flammendem Feuer, wenn er Bestrafung vollzieht an denen, die Gott nicht kennen und die dem Evangelium unseres Herrn Jesus nicht gehorchen, 9 welche als Strafe ewiges Verderben erleiden vom Angesicht des Herrn und von der Herrlichkeit seiner Kraft, 10 wenn er kommt, um verherrlicht zu werden unter seinen Heiligen und bewundert zu werden unter allen Glaubenden – denn geglaubt wurde unser Zeugnis bei euch – an jenem Tag. 11 Dafür beten wir auch allezeit für euch, daß unser Gott euch würdig mache der Berufung und (daß er) machtvoll vollende allen guten Willen der Rechtschaffenheit und das Werk des Glaubens, 12 damit der Name unseres Herrn Jesus unter euch verherrlicht werde, und ihr in ihm (verherrlicht werdet), gemäß der Gnade unseres Gottes und Herrn Jesus Christus.

1. Stilistisch   Analyse

Die VV 3–12 bilden einen einzigen voluminösen, locker gefügten Satz. Die im Neuen Testament beispiellose, »verquickte und unbequeme Periode«[60] wirkt wegen ihrer komplizierten grammatischen Struktur geschraubt und künstlich. Sie ist mit Substantivierungen und Substantivverbindungen befrachtet und erhält durch hebraisierenden Stil und Ketten von synonymen Parallelismen einen gehobenen, hymnisch wirkenden Charakter. Für eine Gliederung der kompakten Einheit muß die Fügung der Gedanken zuerst dienen. Als enger geschlossene Aussage-Einheiten lassen sich die VV 3f, 5–10 und 11f voneinander abheben. Der erste Anlauf V 3 (Danksagung) kommt zunächst mit V 4 zum Ende. V 5 setzt mit der Apposition »ein Anzeichen des gerechten

---

60 Wrzoł, Echtheit 92; vgl. Holtzmann, 2. Thess 98: »ein Ungetüm von Satzbildung«; wenig freundlich auch Friedrich 258: »ein Satzungeheuer«; vgl. Schubert, Form 28; die obige Übersetzung versucht, dem Rechnung zu tragen.

Gerichtes« neu an und zieht eine Kette von Sätzen bis V 10 einschließlich nach sich. V 11 nimmt den Gedanken des Gebetes auf und fügt ihn samt dem Ausblick in V 12 durch den relativischen Anschluß noch dem ganzen Satz an. Die Gedankenbewegung läuft nach dem Eingang auf die VV 5–10 zu und von dort wieder zurück zum Beginn. Schon dadurch legt es sich nahe, das Mittelstück auch als das Zentrum der Aussage und als Höhepunkt der Periode aufzufassen (vgl. zur Formkritik). Das ist gut von Bornemann ausgedrückt: »Durch die relativische Anknüpfung (εἰς ὅ) wird vielmehr auch noch V 11 und 12 dem Satzgefüge eingegliedert, so daß nun der Schluß der Periode (V 11 und 12) inhaltlich gewissermaßen ihre Mitte anwendet und belegt und in ihren Anfang (VV 3.4) zurückkehrt.«[61] Trotz des weitschweifenden und schwülstigen Charakters dieses Satzes heben sich bestimmte Gedanken und bevorzugte Wörter dadurch heraus, daß sie mehrfach wiederholt oder auch in Variationen aufgegriffen werden.[62] Der Verfasser ist auf einige Kern-Gedanken konzentriert, was zu dem oft beobachteten monotonen Stil beiträgt.

2. Formkritisch[63]

Das literarische Genus ist zunächst allgemein die bei Paulus übliche Eingangseucharistie. Sie findet sich mit reichen Variationen im einzelnen in Röm 1,8–13(17); 1Kor 1,4–9 (Lob der Gemeinde, beschlossen vom Ausblick auf das Ende); Phil 1,3 ff (ebenfalls mit eschatologischem Ausblick in V 10 f); Phlm 4–7.[64] Gegenstand des Dankes sind die Gaben und das Wirken Gottes im einzelnen Christen (Phlm) oder in der Gemeinde. Besonders die Situation der Gemeinde, deren Fragen und Probleme kommen schon am Anfang in den Blick, desgleichen die Beziehungen des Apostels zur Gemeinde, seine Sehnsucht nach ihr, Besuchswünsche, Reisepläne oder auch Hindernisse für Kontakte und ähnliches. Paulus benutzt diese Gelegenheit der eröffnenden Danksagung gern, solche konkreten und persönlichen Bemerkungen anzubringen (vgl. 1Thess, Röm, 2Kor, Phlm). Im 2Thess fehlt gerade das Konkrete und Persönliche völlig.[65] Der Text könnte für andere Gemeinden ebenso gelten. Hinzu kommt folgendes.

[61] Bornemann 328.
[62] Ich nenne besonders die Wortgruppen ἄξιος/ἀξιοῦν, θλῖψις/θλίβειν, δίκη/ἐκδίκησις/δίκαιος, δόξα/δοξάζειν; vgl. Trilling, Untersuchungen 69–75.
[63] Grundlegend für die stilistisch-formkritische Untersuchung der Danksagungen bei Paulus: Schubert, Form and Function; O'Brien, Thanksgivings (Lit., bes. 10 f). In beiden Arbeiten ist 2Thess als paulinisch behandelt. – Vgl. H. Conzelmann, ThWNT IX, 397–405; J. M. Robinson, Die Hodajot-Formel in Gebet und Hymnus des Frühchristentums, in: Apophoreta (FS E. Haenchen), Berlin 1964 (BZNW

30), 194–235. Robinson präzisiert und korrigiert Schuberts These vom brieflichen und hellenistischen Charakter der paulinischen Danksagungen und weist eine Verbindung, vor allem von dessen Typ Ib »mit jüdischen – besonders heterodox-jüdischen – und frühchristlichen Gebeten« nach (202).
[64] 2Kor 1,3 beginnt mit εὐλογητός; vgl. V 11; vgl. auch Eph 1,3; 1Petr 1,3; dazu Robinson (Anm. 63) 202–213; G. Delling, in: Studien 402 f.
[65] Zu VV 3.4 siehe unter Literarkritik; auch V 10b macht das Unpersönliche deutlich.

Paulus steht als Briefschreiber in hellenistischer Tradition[66], aber er steht vor allem als Beter in der Tradition der alttestamentlich-jüdischen Gebetssprache. Diese Sprache hat er aus dem Grund seiner Christusverbundenheit eigenwillig neu gestaltet. Das Danksagen wächst bei ihm aus dem erinnernden und vergegenwärtigenden »Gedenken«[67], in dem der Apostel im Pneuma bei den Gemeinden ist und sie bei ihm sind (vgl. 2Kor 11,28). Dieses alles tragende *Gedenken* äußert sich dann im ausdrücklichen Gebet, in der gegenseitigen Fürbitte und in der formulierten Danksagung. Das Gedenken ist der Untergrund, der die einzelnen Gestalten des Gebetes hervorbringt oder der das öfter ausdrücklich erwähnte Gebet beim Gedenken des Apostels trägt.[68] So heißt es in Phlm 4 auf den einzelnen bezogen: »Ich danke meinem Gott allezeit, wenn ich bei meinen Gebeten deiner gedenke«, und fast gleichlautend im Hinblick auf die Gemeinde in 1Thess 1,2. Dieser lebendige Zusammenhang von Gedenken – Danken – Beten/Bitten ist gerade in 2Thess nicht mehr zu spüren. Erst in dem Neuansatz von V 11 ist vom Gebet die Rede, doch durch das ausladende Zwischenstück VV 5–10 von der Danksagung abgetrennt.[69]

Erhellend ist der Vergleich mit 1Thess. Auch dort wird der Verfasser von dem Dank zu Beginn weitläufige Wege geführt bis zum Abschluß mit V 10.[70] Doch ist der gesamte Text mit seinem reichen Inhalt von dem »euer gedenkend« in V 3 innerlich getragen.[71] Der *ganze* Text ist eine aus dem Gedenken aufsteigende Danksagung an Gott. Wiederum: Gerade dies kann man von 2Thess nicht sagen. Es ist unmöglich, die markanten Aussagen über Gericht und Parusie noch in dieser Linie zu verstehen. Ja, noch mehr: Die mit V 5 anhebende Passage insgesamt durchbricht den Rahmen einer Eucharistie

---

[66] Dies hat vor allem Schubert, Form, aufgewiesen; vgl. Wilckens, Römer I, 76f.

[67] Vgl. O. Michel, ThWNT IV, 682: Betonung der atl. Grundlage an den ntl. Stellen; W. Schottroff, ThHAT I, 507–518; bei Paulus das schon formelhafte μνείαν (σου, ὑμῶν) ποιούμενος (-οι) / ποιοῦμαι ἐπὶ τῶν προσευχῶν μου u. ä. in 1Thess 1,2; Phlm 4; Röm 1,9f; besonders reich Phil 1,3ff; vgl. auch Eph 1,15f; Kol (ohne μνείαν π.); 2Tim 1,3f; anders nur 1Kor 1,4ff; zu 2Kor vgl. Anm. 64; vgl. die Tabelle bei Schubert, Form 54f; der innere Zusammenhang zwischen Danksagung – Gebet – Gedenken wird auch von Schubert erkannt: vgl. 67 und bei der Analyse der Texte.

[68] Der alttestamentliche Untergrund von זכר reicht tiefer als es die griechische Übersetzung mit (jmd.) »erwähnen« ausdrückt; doch kann in den paulinischen Stellen das ausdrückliches Erwähnen – beim Gebet – mitgemeint sein. – Bei den ApostVät (vgl. auch schon 2Petr) findet sich diese paulinische Besonderheit nicht mehr; vgl. nur 1Cl 56,1. Die Phrase gehört zum hellenistischen Briefstil: Schubert, Form 160f, zitiert das Brief-Beispiel aus PLond

42 mit der Wendung διὰ παντὸς μνείαν ποιούμενοι (168 v. Chr. datiert); vgl. ebd. 168; weitere Belege bei Liddell-Scott 1139; Mayser II/2, 211 als »stehende Phrase« c. gen. oder mit περί τινος, vgl. Dibelius, Exkurs zu 1Thess 1,2.

[69] Auch Schubert, Form 28, erkennt in ἔνδειγμα κτλ V5 den Beginn einer neuen Satzperiode.

[70] 1Thess 1,2–10 wird überwiegend als eine Einheit verstanden; anders O'Brien, Thanksgivings 143, der diesen Teil im engeren Sinn nur bis V 5 rechnet und das Ende nicht bestimmt (261). Demke, Theologie, dem der ganze Abschnitt 1,2–2,1b Verdacht auf nachpaulinische Abfassung erweckt, geht auch von 1,2–10 als einer Einheit aus. Diese Teile stünden nach ihm besonders wegen der Vermittlung zwischen Wort und Glaube durch den Mimesisgedanken in der Nähe des Lk bzw. des (nicht authentischen) 2Thess (vgl. 123).

[71] μνημονεύοντες V 3 nimmt μνείαν ποιούμενοι V 2 auf und entfaltet es zunächst in V 3, dann weiter durch εἰδότες V 4 usw.

und verselbständigt sich zu einer Belehrung der bedrängten Christen über das
kommende Gericht bei der »Offenbarung« Jesu Christi (VV 7b–10).

Formkritisch ist nur das *Schema* der paulinischen Danksagung angewendet
und in VV 3f ausdrücklich ausgefüllt. Das Mittelstück erhält das Hauptgewicht. Ein Vergleich mit allen paulinischen und deuteropaulinischen Danksagungen deckt die Sonderstellung von 2Thess auf.[72] Bornemann schlug vor, die
VV 6(7b)–10a als eingeschobenen Teil eines Hymnus oder Psalmes zu
begreifen.[73] Nach Dibelius sei der Text »offenbar aus jüdischem Material, der
Schilderung einer Gerichtstheophanie … gebildet und durch Einschiebungen
verchristlicht«[74], und Oepke fragt, ob für den Mittelteil »vielleicht eine
jüdische Apokalypse benutzt« worden sei.[75] Solche Vorschläge versuchen, den
für Paulus ungewöhnlichen Inhalt – es gibt bei ihm keine Parallele zu einer
solchen Gerichtsschilderung – und die rhythmisch-gebundene Form des Textes
zu erfassen. Dagegen spricht allerdings, daß der Stil mit seinen Besonderheiten
im ganzen 2Thess gleich bleibt.[76] In der Einzelerklärung wird versucht, ohne
eine solche Annahme auszukommen und die Passage als selbständige
Konzeption des Verfassers zu verstehen.[77]

3. Literarkritisch

1Thess dient für 2Thess auch in der Danksagung zu Beginn und sehr
wahrscheinlich in der Einfügung einer zweiten Danksagung (1Thess 2,13 ;
2Thess 2,13 f) als literarisches Vorbild. Zu unserem Text findet sich in 1Thess
keine solche schlagende Übereinstimmung wie im Präskript und in 2Thess 3,8
zu 1Thess 2,9. Einige deutliche Bezüge und mehrere mögliche Anklänge sind
dennoch aufzudecken. Davon sei hier nur das Wichtigste genannt. Weiteres
folgt in der Einzelerklärung. Auffällig ist die Parallelität am Beginn zwischen
2Thess 1,3 und 1Thess 1,2f, besonders dann, wenn sich die in 2Thess
abweichenden Formulierungen einleuchtend erklären lassen (Motiv der

---

[72] Schubert, Form 35 u. ö. hatte »gemischte
Formen« in den Danksagungen beobachtet und
dazu auch 2Thess 1,3 ff. gerechnet ; O'Brien,
Thanksgivings 167, knüpfte daran an. Damit
ist jedoch nur eine Mischung aus den struktu-
rell-formalen Elementen gemeint, die nach
Schubert zwei verschiedene Typen (Ia und Ib)
konstituieren (vgl. 43 ff), und nicht die »gemischte Form« in formkritischer und theologi-
scher Hinsicht, die ich hier meine, getroffen.
Schubert, Form 28 f, hält trotz der stilistischen
Probleme den ganzen Text für durchsichtig
gegliedert und versteht VV 5–10 als Vorbereitung für VV 11–12.

[73] Bornemann 328 f ; vgl. 336 u. ö. ; vgl. auch
Lueken 22.

[74] Dibelius 42.

[75] Oepke 178.

[76] Vgl. Trilling, Untersuchungen 46–66 ; ab-
lehnend zu solchen Vorschlägen auch Rigaux
625.

[77] O'Brien, Thanksgivings 167–196 (bes.
193–196), behandelt exegetisch ausführlich
nur VV 3–4 und VV 11–12, obgleich er den
ganzen Text VV 3–12 als einleitende Danksagung faßt. Damit wird die von mir angenommene Struktur der Passage, und vor allem die
relative   Selbständigkeit   der   VV
3–4.5–10.11–12, bestätigt. Faktisch gewinnt
die Auslegung O'Briens doch wenig Profil, da
er versucht, die Teile VV 3–4.11–12 vom
Kontext des ganzen Briefes (bes. der Kap. 1.2)
und von der Voraussetzung paulinischer Autorschaft her zu deuten (vgl. dazu 169).

Steigerung, Zweigliedrigkeit von »Glaube« und »Liebe« gegenüber der Dreigliedrigkeit in 1Thess 1,3, Konzentration im dortigen dritten Glied »Ausdauer der Hoffnung« auf »Ausdauer«).[78]

Hinzu kommen Entsprechungen im einzelnen, die sich an anderer Stelle finden: »Werk des Glaubens« 1Thess 1,3 klingt in 2Thess 1,11 an, die bei Paulus seltene Wendung »die Gott nicht kennen« in 2Thess 1,8 verbindet mit 1Thess 4,6, und der wiederum gesteigerte Gedanke der Vorbildlichkeit der Gemeinde in 2Thess 1,4 ist mit 1Thess 1,7f verwandt. Für sich genommen haben die Entsprechungen keine Beweiskraft, was Wrede bereits in aller Klarheit ausgesprochen hat.[79] In unserem Text wird aber auch sein Urteil gut illustriert, daß »die Anklänge an den ersten« (Brief) »den ganzen (2.) Brief« durchziehen. »Wörtlich genaue Übereinstimmungen auf kleinstem Raum finden sich nur selten. Die Parallelen ... sind vielmehr meist über größere Abschnitte wie verstreut.«[80] Im Zusammenhang mit einer von vielen Seiten her gewonnenen Einsicht über die Abfassungsverhältnisse gewinnen solche Einzelheiten ihre Bedeutung.[81]

1. Danksagung (1,3–4)   Erklärung

Der Dank an Gott muß »jederzeit« dargebracht werden, auch in schwierigen   3
Verhältnissen, wie es für die Adressaten zutrifft. Dieses »jederzeit« ist bei Paulus Ausdruck seiner ständigen Nähe zu den Gemeinden, seiner Verbundenheit mit ihnen, seiner Sorge für sie. Hier klingt es schon wie eine »kirchliche Regel«, hervorgerufen durch den Plural, die gemessenen Formulierungen und den liturgischen Klang dieses Anfangs.

Das »müssen«[82] bei »danksagen« findet sich nochmals, nur mit Umstellung der Verben, am Beginn der zweiten Danksagung (2,13). Das ist gezielt formuliert und verrät vielleicht schon feste Tradition.[83] Im Neuen Testament begegnet diese Wendung nicht mehr, wohl bei den Apost. Vätern.[84] Das »müssen«

---

78 Auch Bornemann 330 stellt für die VV 3.4 »nach Form und Inhalt eine große Ähnlichkeit mit 1Thess 1,2.3« fest.

79 Wrede, Echtheit 12ff.

80 Wrede, Echtheit 13.

81 Vgl. zu den Tabellen von Wrede auch die von Frame 46ff mit den Erläuterungen. Die mehr suggestive Wirkung der Tabellen bei Wrede hat gegen dessen eigene Intention zu unnötigen Attacken geführt; vgl. etwa Wrzoł, Echtheit 90–111.

82 Der Plural in der Eingangs-Danksagung findet sich bei Paulus nur noch 1Thess 1,2 (vgl. 2,13); sonst immer der Singular; vgl. noch Eph 1,15f; Kol 1,3 von der Gemeinde. Der Singular findet sich überhaupt nur 2mal in 2Thess: 2,5;

3,17, an zwei besonders motivierten Stellen; vgl. die Einzelauslegung.

83 Der »kühlere« Ton, den viele Ausleger und auch ich bei diesem Eingang empfinden, ist ohne Zweifel wahrzunehmen im Vergleich mit den authentischen *Paulus*-Texten (gegen Aus, Background 438). Er ist eine Folge der liturgischen Sprache, die hier anklingt. Für die Annahme eines Pseudepigraphons ist die Verwandtschaft mit *jüdischer* liturgischer Tradition ein weiteres Indiz; vgl. Anm. 84.

84 Barn 5,3 ὑπερευχαριστεῖν ὀφείλομεν τῷ κυρίῳ, ὅτι ...; 7,1 ᾧ κατὰ πάντα εὐχαριστοῦντες ὀφείλομεν αἰνεῖν; 1Cl 38,4 zum doxologischen Schluß überleitend ὀφείλομεν κατὰ πάντα εὐχαριστεῖν αὐτῷ; vgl. Aus,

bringt zum Ausdruck, daß »Danksagung« Gott gegenüber nicht ins freie Belieben gestellt, nicht Angelegenheit besonders Frommer ist, sondern die angemessene und verpflichtende Antwort auf das Geschenk Gottes, wie es die christliche Gemeinde erfährt. Der kühlere und strengere Klang (»wir müssen«, »wir sind verpflichtet«) soll nicht fordernd wirken, sondern die Danksagung als zu den Ordnungen und Lebensäußerungen der Gemeinde gehörig bezeichnen.[85] Was bei Paulus ursprünglich quillt, ist zur Lebensordnung der Christen geworden und bis heute geblieben.

Sofort folgt die in 2Thess stereotype Anrede »Brüder«[86], die nur einmal (in 2,13) erweitert wird in »vom Herrn geliebte Brüder« (vgl. 1Thess 1,4), und die als Indiz für das Gliederungsprinzip des Briefes dienen kann (1,3; 2,1.13.15; 3,1.6.13).[87] Dies ist allerdings nicht im Sinne einer beabsichtigten systematischen Gliederung, sondern mehr als Anzeichen für einen neuen Gedankenansatz zu verstehen. Die urchristliche und paulinische Anrede mit dem Selbstverständnis der Christen, das darin ausgedrückt wird, lebt fort.[88] Allerdings stehen ihr im ganzen Brief keine anderen Bezeichnungen wie »Heilige«, »Berufene«, »Erwählte« u. ä. zur Seite oder werden damit verbunden (vgl. Kol 1,2), so daß sie im ganzen Brief etwas steif und auch unpersönlich wirkt.[89]

Die Interjektion »wie es sich ziemt«[90] wirkt, zumal nach »Brüder«, retardierend. Sie führt das »danksagen müssen wir« fort, und zwar in der angegebenen Richtung: auch das klingt nach liturgisch geformter Sprache.[91] Betont das »müssen« die selbstverständliche Verpflichtung zur Danksagung, so das »wie

---

Comfort 42–50; verwandte Beispiele bei den ApostVät bei Aus, Background 435, Anm. 20.

[85] Aus, Background, nimmt das Material von Harder, Paulus und das Gebet, auf und sieht in zahlreichen vergleichbaren Wendungen bei Philo, Josephus, in den Apostolischen Konstitutionen und in rabbinischer Literatur liturgisch geprägte Sprache. Nahe verwandt ist tatsächlich Pesach X 5c: »Deshalb sind wir verpflichtet zu danken, zu preisen ... usw.« (Gießener Mischna, Pesachim, hrsg. G. Beer, Giessen 1912, 196 f; vgl. auch IX, 5a, ebd. 92 f). Aus hält εὐχαριστεῖν ὀφείλομεν für eine direkte Übersetzung dieser jüdischen Phrase (436); unpassend sind als Parallelen Ber. 1,1; 3,1, die von der Verpflichtung, das Sch^ema aufzusagen, handeln, da es sich hier um Pflicht im rechtlichen Sinn handelt.

[86] Friedrich 212.258 übersetzt mit »Geschwister«; ἀδελφοί begegnet in Danksagungen nur in 1/2Thess: O'Brien, Thanksgivings 172.

[87] Vgl. Trilling, Untersuchungen 76f.98; ἀδελφός nur noch 2mal (3,6.15) außerhalb der Anrede; auch hier dürfte 1Thess mit seinen zahlreichen Stellen Pate stehen.

[88] Vgl. K. H. Schelkle, RAC II, 631–640.

[89] Paulus verwendet die Anrede »sonst immer erst später, oft erst bei dem zweiten Abschnitt ... (1Thess 1,4; 1Kor 1,10; 2Kor 1,8; Gal 1,11; Röm 1,13; Phil 1,12)«: Dobschütz 235; als Anrede kennen ἀδελφός nicht: Eph, Kol, Past, 1Petr, 2Petr nur in 1,10; in diesem Fall bleibt 2Thess enger bei der paulinischen Tradition.

[90] Vgl. Phil 1,7 καθώς ἐστιν δίκαιον ἐμοί; zum liturgischen Stil vgl. Deichgräber, Gotteshymnus 50; vergleichbare Texte aus Philo bzw. aus Rabbinica bei Aus, Background 433 f.436 f.

[91] Vgl. Const Ap 7,35,8 σοὶ ἡ ἐπάξιος προσκύνησις ὀφείλεται und die Einleitung der lateinischen Präfationen: »Das ist würdig und recht« (Dignum et iustum est), als Antwort zur Aufforderung: »Laßt uns danksagen dem Herrn, unserm Gott« (Gratias agamus domino Deo nostro); vgl. Aus, Background 437, der auf den Einfluß jüdischer Gebetssprache mit Recht verweist; so schon Harder, Paulus und das Gebet 62 f.

es sich ziemt« die Angemessenheit und innere Rechtheit. Gleichwohl ist die Phrase wenig betont und inhaltlich gefüllt.

Daß der Gegenstand des Dankes sofort mit »daß« angeschlossen wird, wäre »ganz ungewöhnlich«[92] für Paulus. Einsichtig wird sie bei unserem Autor, der die innere Verflochtenheit von Gedenken – Danksagen – Gebet/Fürbitte bei Paulus nicht erkennen läßt und ausdrückt.[93]

Die pleonastische Fassung der Prädikate geht von der dreigliedrigen Form von 1 Thess 1,3 mit »Glaube – Liebe – Hoffnung« aus. Von dieser werden nur die ersten beiden Glieder übernommen, das dritte wird inhaltlich in V 4 nachgetragen.[94] Daß der Glaube »sich reichlich mehrt«[95] und die Liebe »zunimmt«, erklärt sich zunächst aus der fingierten Situation. Das zweite Schreiben an dieselbe Gemeinde denkt an Mehrung und Fortschritt und formuliert steigernd gegenüber dem ersten Brief. Das vermehrte Lob steht im Zusammenhang mit der Bedrängnis, die V 4 vor Augen hat und die ebenfalls verschärft beschrieben ist.

Es wird für die Liebe »zueinander bei jedem einzelnen von euch allen« gedankt. Es ist die »Bruderliebe«, die so stark betont und damit auch im Unterschied zum Glauben hervorgehoben wird (vgl. 1 Thess 4,9b.10a).[96] An der Liebe zeigt sich die Kraft des Glaubens und des Christentums.[97] Daß die Liebe allen, auch den Nichtchristen, zu gewähren sei, wird nicht gesagt (anders 1 Thess 3,12; 5,15). Gewiß »beweist« das »gegenüber 1 Thess 4,9 f nichts«[98], es wird aber zum Indiz für den Horizont, in dem der Autor denkt (vgl. 1,8). Zur Aussage selbst muß man allerdings zweierlei fragen: Wie paßt dieses überschwengliche Lob zu dem insgesamt düsteren Eindruck, den der ganze Brief von der Gemeindesituation vermittelt?[99] Zum anderen: Kann sich der Leser eine solche Gemeinde realistisch vorstellen, oder wäre eine einfachere Formulierung anstelle dieser schwülstigen nicht überzeugender?[100] Oder umgekehrt gefragt: Sollten nicht bereits solche Formulierungen die Vermutung aufkommen lassen, daß der Autor überhaupt keine bestimmte Gemeinde vor Augen hat?[101]

Das Lob des Christenstandes wird zum nächsten Gedanken der »Rühmung«   4

---

[92] Dobschütz 235; doch vgl. Röm 1,8; 1 Thess 2,13.

[93] Vgl. S. 41 f.

[94] Die Gruppierung zu zweien ist für 2 Thess charakteristisch; vgl. Trilling, Untersuchungen 54 f; die »Hoffnung« wird wohl nicht deshalb »weggelassen, weil dies der problematische Punkt in der Gemeinde ist (2 Thess 2,2)«, so Friedrich 259; vgl. dagegen zu V 4.

[95] ὑπεραυξάνειν Hapaxl. ist intrans. bezeugt; vgl. Pr-Bauer s. v.; zur Vorliebe des Paulus für Komposita mit ὑπέρ vgl. Milligan 86; daß »der Glaube wächst« (Simplex), bei Paulus nur 1mal, 2 Kor 10,15; formal vgl. 1 Tim 1,14 ὑπερπλεονάζειν, Hapaxl., von der χάρις.

[96] εἰς ἀλλήλους ist mit dem Verbum zu verbinden, Dobschütz 237.

[97] Daß hier eine »durchaus schief geratene Aussage« entsteht, da εἰς ἕκαστος in logischem Widerspruch zu εἰς ἀλλήλους stehe (Holtzmann, 2. Thess 100), ist überscharf gesehen.

[98] Dobschütz 237.

[99] Vgl. dazu Trilling, Untersuchungen 121–132.

[100] Darin hat Holtzmann, 2. Thess 100 recht: »Das ist künstliche oder vielmehr verkünstelte Nacharbeit …«

[101] Vgl. oben die Einleitung S. 26 f.

unter den Gemeinden Gottes fortgeführt.[102] In 1Thess 1,7 heißt es, daß die
Gemeinde zum Vorbild für alle Glaubenden in Makedonien und Achaia
geworden sei, daß von ihnen her sich der Glaube ausbreitete (1,8), ja, daß man
»*von* uns« (Paulus) berichtet, welchen Eingang er bei ihnen gefunden hatte
(1,9). Das ist reichliches Lob, das Paulus austeilt, wenn er auch den Ausdruck
»rühmen« nicht verwendet (doch vgl. 2Kor 7,14; 9,2). Daß unser Verfasser
sich auf diese Passage bezieht, liegt nahe. Aber wie verändert erscheint hier die
Aussage![103] Ob man dazu einen Gegensatz benötigt[104], nämlich entweder
andere Leute oder Gemeinden oder die Thessalonicher selbst, die dieses Lob
nicht teilen, bzw. es nicht auf sich beziehen möchten, ist fraglich.[105] Dafür legt
sich eine einfachere Erklärung nahe.

Der Autor steigert auch hier gegenüber 1Thess, wenn er das Lob der
Thessalonicher nicht nur von anderen Gemeinden erzählen, sondern ausdrücklich auch von ihrem Gründer Paulus aussprechen und dadurch bestätigen
läßt.[106] Daß der Verfasser damit auch Paulus ein peinlich wirkendes Selbstlob
aussprechen läßt, mag ihm nicht bewußt gewesen sein, wenn er sich von einem
schon typisierten Paulusbild leiten ließ. Paulus spricht davon, daß seine
Gemeinden sein Ruhm bei der Parusie Christi sein werden[107], so wie sie jetzt
schon sein Ruhm sind und er ihr Ruhm ist – beides allerdings nur »in Gott«
(Röm 5,11), »im Herrn« (2Kor 10,17), in »Christus Jesus« (Phil 3,3; vgl.
1,26)[108]. Auch jetzt schon rühmt der Apostel seine Gemeinden, er ist vor
anderen stolz auf sie und freut sich, wenn sein Urteil bestätigt worden ist, wie
im Fall des Titus in Korinth (2Kor 7,4.14; 9,2f). Diese Sicht ist Paulus nicht
fremd. Unser Text wirkt wie eine Verallgemeinerung solcher Äußerungen.[109]
Schließlich geschieht dieses Rühmen »unter den Gemeinden Gottes«. Das ist
wiederum eine generalisierende Aussage, die bei Paulus mindestens nicht
geläufig (vgl. nur 1Kor 11,16), für den Verfasser des Briefes aber kennzeich-
nend ist.[110] Geht man von dessen angenommener Situation aus, kann man

---

102   ὥστε mit Inf der Folge wie klassisch; vgl.
1Thess 1,7.9; 2,14; Kühner-Blaß-Gerth II,
501ff.

103   αὐτοὺς ἡμᾶς ist nicht einfaches Reflexiv,
sondern stark betontes »Wir«, wie αὐτὸς ἐγώ;
Bl-Debr 288,1; Milligan 86; Frame 224; Rigaux 614; Dobschütz 237f; O'Brien, Thanksgivings 174; dem Sinn nach richtig Vg: Et
nos ipsi; zur Textkritik (für die Reihenfolge
αὐτοὺς ἡμᾶς, gegen ADGKL Chr Theod)
Zimmer, Textkritik 323f.

104   So Dobschütz 238.

105   Die von Dobschütz genannten Stellen
erweisen das Gegenteil: Außer 1Kor 12,13
haben alle verstärkenden, keinen konträren
Sinn: 1Kor 10,4; Röm 8,25; 9,3; 15,14; mit
ἡμεῖς αὐτοί (1Kor 7,35 trifft nicht zu) vgl.
noch 1Kor 11,13.

106   So schon Auberlen-Riggenbach 102:

»Also daß wir selbst, nicht nur andere, uns euer
rühmen«; vgl. Lünemann 180.

107   Vgl. 1Thess 2,19; 2Kor 1,14; Phil 2,16.

108   Dazu Gnilka, Philipper 94f; ferner 2Kor
5,12; 8,24; 11,10; zum Ganzen R. Bultmann,
ThWNT III, 650–653; Synofzik, Gerichts- und
Vergeltungsaussagen 62f.

109   Bei ἐγκαυχᾶσθαι wirkt wohl LXX-Stil
ein, nach Ps 51,3; 73,4; 96,7; 105,47, die
einzigen Stellen dafür in LXX; klassisch ist die
Wendung selten: s. Liddell-Scott s. v.; R.
Bultmann, ThWNT III, 653; vgl. O'Brien,
Thanksgivings 174.

110   Vgl. Dobschütz 238f; die Einengung auf
die korinthische und die übrigen Gemeinden
Griechenlands (Bornemann 333 u. a.) ist daher
unnötig und verfehlt die Eigenart der
Wendung.

noch einen Schritt weitergehen und sagen: Der »Ruhm« der Gemeinde von Thessalonich ist vom Apostel selbst in dem eindrucksvollen Bild, das 1Thess zeichnet, begründet worden. Dieses Bild wird hier aufgenommen und bestätigt. Eine solche Gemeinde kann als apostolisches Werk auch »unter den Gemeinden« späterer Zeit als Vorbild und zur Orientierung dienen.[111] Dies gilt besonders angesichts der Nöte und Bedrängnisse, von denen 1Thess 1,6; 2,14 sprach und die 2Thess ebenfalls erwähnt. Gerade unter dem Leidensdruck kam diese reiche Frucht hervor.

Der zweite Teil des Folge-Satzes nennt als Grund dieses Rühmens die Ausdauer und die Treue (den Glauben?), die sie in allen Nöten, in denen sie stehen, erwiesen haben. Zwar schreitet der Gedanke von V 3 zu V 4 fort. Er hebt mit dem Dank an und steigert ihn zum öffentlichen Rühmen (»sogar wir...«). Doch ist nicht zu verkennen, daß der Grund zum Dank und der Grund zum Rühmen in eine Parallelität geraten, die sich auch in der Zweigliedrigkeit bemerkbar macht (Glaube/Liebe, Ausdauer/Treue). Dadurch wirken die VV 3.4 ab stilistisch schwerfällig. Versuchen wir, die Intention des Autors aufzuspüren, so muß das Fortschreiten des Gedankens bedacht werden. Dann würde V 3 das allgemein-christliche Fundament benennen, aber die hauptsächlich angezielte Aussage stünde in V 4bc. Da in dem durch einen Artikel zusammengeschlossenen Paar von V 4b die »Ausdauer« voransteht, trägt sie wohl das Hauptgewicht.

Die Beiordnung des zweiten Substantivs, welche die »vollere Wendung«[112] bewirkt, und die Doppelung zu »Glaube« V 3 lassen mit großer Wahrscheinlichkeit an »Treue« statt an »Glaube« – jedenfalls wenn man ihn im zentralen Sinn des paulinischen Heilsverständnisses auffaßt – denken.[113] Es geht um die beharrliche Ausdauer und um das Festhalten an dem einmal Gewonnenen. Im ganzen Brief kommt »Hoffnung« nur einmal in einer blassen Formulierung vor (2,16). Die für Paulus charakteristische Dimension der Hoffnung scheint aus dem Glaubensverständnis ganz entschwunden zu sein.[114] Der spezifische Inhalt der Hoffnung ist von der »Ausdauer« aufgesogen, oder anders: Die »Ausdauer« ist die für den Verfasser gegenwärtig erforderte und auch erfahrene Gestalt der Hoffnung. Auch von Dobschütz sagt, daß man sich bei

---

[111] 1,4 scheint im Polykarpbrief anzuklingen: de vobis enim gloriatur in omnibus ecclesiis (Pol 11,3; Text nach Fischer, Apostolische Väter, 260–263); hinzu kommt in Pol 11,4 die mit 2Thess 3,15 verwandte Wendung: et non sicut inimicos tales existimetis. Für die Behauptung einer Kenntnis des 2Thess bei Polykarp ist diese Basis wohl doch zu schmal; vgl. Einleitung S. 27f. – E. Schweizer versuchte, von den beiden Textstellen und von anderen Beobachtungen ausgehend, 2Thess als einen ursprünglich an die Gemeinde von Philippi gerichteten Brief wahrscheinlich zu machen und dessen »Rätsel« auf diesem Weg originell

zu lösen; W. Michaelis erhob Einwände, auf die E. Schweizer nochmals replizierte (vgl. Lit.-Verz.).

[112] Dobschütz 239.

[113] Anders O'Brien, Thanksgivings 175f.

[114] ἐλπίζειν haben beide Briefe nicht; ἐλπίς 4mal in 1Thess: 1,3; 2,19; 4,13; 5,8; 2Petr kennt weder Verbum noch Substantiv; wichtiger als Vokabel-Statistik ist die Verschiebung im Glaubensverständnis von 2Thess insgesamt, vgl. Trilling, Untersuchungen 112ff; R. Bultmann, ThWNT II, 529f. Zur heutigen Diskussion vgl. Chr. Schütz, in: MySal V, 678–692.

der Verbindung von ὑπομονὴ καὶ πίστις (»Ausdauer und Treue«) »an nachpaulinische Literatur erinnert« fühle, »wo πίστις ... gern den Tugendlisten eingereiht wird, während es bei Paulus zentral, an erster Stelle steht«.[115] Zur Befestigung der Auslegung von V 4b seien noch einige Angaben angefügt. Die Bedeutung »Treue«, die wir wählten, ist im Neuen Testament für πίστις bezeugt[116], gelegentlich auch in Verbindung mit ὑπομονή (»Ausdauer«).

Dem griechischen Verständnis als Tugend steht am nächsten 2Petr 1,6. Entscheidende Bedeutung erhält die ὑπομονή erst in den Spätschriften und bei den Apostolischen Vätern.[117] Vor allem Hebr (10,32.36; 12,1 ff.3.7) und Offb (2,2: »ich kenne deine Werke und deine Mühe und Geduld«; 2,3.19; [3,10]; 13,10; 14,12), aber auch Jak (1,3 f.12; 5,11), 1Petr (2,20) und die Past (1Tim 6,10.11; 2Tim 2,10.12; 3,10; Tit 2,2[118]) zeigen dies eindrücklich. In diesem Kontext ist 2Thess zu sehen. Wichtiger als die numerische Häufigkeit von Vokabeln ist der paränetische Tenor dieser Schriften.[119] In diesen Kontext gehören auch die »Bedrängnisse«. Für vielerlei Arten von Nöten, Gefahren, Anfeindungen, ja Verfolgungen steht dieses Wort[120] wie ein Sammelbegriff. Häufig, wie an unserer Stelle, sind die Bedrängnisse in einem eschatologisch-apokalyptischen Geschehenszusammenhang gesehen.

Paulus spricht davon, daß »die Bedrängnis Ausdauer wirkt« (Röm 5,3) und mahnt in Röm 12,12, »in der Bedrängnis auszuharren« (vgl. 2Kor 1,6). Wie der Apostel, so erfahren die Christen und Gemeinden Bedrängnisse vielerlei Art[121], die geduldig ertragen werden müssen. Auch in den Anfängen der Thessalonichergemeinde war es nicht anders (vgl. 1Thess 1,6; 3,3.7; 2Kor 8,2 von den makedonischen Gemeinden).
In 1Thess 1,6 gehen jedoch »Bedrängnis« und »Freude« zusammen (wie auch 2Kor 8,2), in 3,3 werden ganz bestimmte (»diese«), auch aus dem Brief ersichtliche Nöte angesprochen. Beides klingt in 2Thess nicht an. Der helle Ausblick auf die Freude, die der ertragenen Not entspringt oder ihr zur Seite geht, wird nicht gewährt, und bestimmte Vorkommnisse sind in dem generalisierenden »alle« nicht erkennbar. »Bedrängnis« (θλῖψις) ist der weitere Begriff als »Verfolgung« (διωγμός).[122] Diese steht jedoch voran. Darf man daraus vermuten, daß die »Verfolgung« schon eine Art Dauersituation

[115] Dobschütz 239.
[116] R. Bultmann, ThWNT VI, 208; Stellen: Offb 13,10 vgl. 14,12; Bornemann 333 nennt Gal 5,22; Röm 3,3; Tit 2,10; πιστός 1Thess 5,24; 2Thess 3,3; 1Kor 1,9; 10,13; 2Kor 1,18; 2Tim 2,13; πίστις als »Treue« bei Paulus nur 2mal: zu Röm 3,3 πίστις θεοῦ siehe O. Michel, Der Brief an die Römer z. St. (KEK); zu Gal 5,22 siehe F. Mußner, Der Galaterbrief z. St. (HThK IX); Tit 2,10 ist die Treue von Menschen gemeint – anders 1Tim 5,12: die »erste Treue« gegenüber Christus in der ersten Ehe.
[117] Vgl. F. Hauck, ThWNT IV, 590–593.

[118] Dort Nebeneinander von πίστις, ἀγάπη, ὑπομονή.
[119] Äußerlich begegnet die Verbindung von ὑπομονή mit πίστις noch in Jak 1,3: ὑπομονή als Frucht des Glaubens; ferner in Offb 13,10; vgl. 14,12; selten bei den ApostVät, vgl. Pol 13,2; auch Did 16,5. Weitere Beispiele bei Aus, Comfort 298–300.
[120] Zu θλῖψις vgl. H. Schlier, ThWNT III, 139–148; zu Qumran im eschatologischen Sinn vgl. 1 QM 1,12; 15,1 u. ö.
[121] Vgl. Röm 8,35; ähnlich 2Kor 12,10.
[122] Rigaux 618 und Aus, Comfort 53 fassen die beiden Substantive etwa synonym.

geworden ist, und daß dann auch aus diesem Grunde an eine weitaus spätere Abfassungszeit als bei 1Thess zu denken wäre?[123] Jedenfalls formuliert der Autor allgemein und vielleicht im Blick auf den Zustand mehrerer Gemeinden. Die Missionsgeschichte kennt auch den durch »Verfolgung und Bedrängnis« verursachten Abfall seit ihren Anfängen (Mk 4,17 ; vgl. Mt 13,21 : die gleichen Ausdrücke). Hier werden die Empfänger wegen ihrer Treue gelobt, was auch das nachklappende Sätzchen »die ihr – gegenwärtig – ertragt« ausdrücken soll.[124]

2. Gericht und Parusie (1,5–10)

Die Verfolgungen und Drangsale, in denen die Gemeinde steht, sind dem 5 Verfasser »Anzeichen« des Gerichtes.[125] Diese Fortführung überrascht. Die Breite der Darlegung weist darauf hin, daß das neue Thema für den Autor die Hauptsache ist, der er zusteuert. Hier spricht er aus Eigenem, wie auch das fast völlige Versiegen von Parallelen zu 1Thess anzeigt.[126] Seine spirituelle und theologische Denkart wird erstmals deutlich erkennbar. Daß ein neues Thema anhebt, zeigt schon die lockere grammatische Anbindung.[127] Daß sich V 5 näherhin auf V 4bc bezieht, hätte man angesichts der Fortführung mit V 6, in der explizit von den »Bedrängnissen« die Rede ist, nicht bezweifeln sollen.[128] Daß das Gericht »gerecht« sein wird, liefert das Stichwort, das den Verfasser zur Auslegung dieser Gerechtigkeit in V 6 hinsteuern läßt. Die gegenwärtigen Leiden werden vor dem Gericht gewertet. Sie erweisen aber auch jetzt schon, daß dieses (End-)Gericht gerecht sein wird, da die Bedrängnisse zu Unrecht geschehen und die Strafe dafür schon wartet, aber auch, weil die Belohnung für erlittene Not der Gemeinde sicher ist. Gut getroffen von Dobschütz : »Was P(aulus) meint, ist kurz gesagt : Zum Endgericht gehört, daß Gott die Christen

---

123 Angedeutet von Dobschütz 240 : Paulus rede nie von Verfolgung von Gemeinden, nur seiner selbst ; der Text gehe weit über 1Thess 2,14 hinaus und scheine »ein langes Bestehen der Gemeinde bzw. der Christenheit« vorauszusetzen u. ä. Seine Lösung befriedigt jedoch nicht, daß Paulus »auf die Nachricht von erneuten Drangsalen und Verfolgungen sich in dieser etwas plerophorischen Weise ausgedrückt haben« könne. Was deutet auf neue Nachrichten hin? Und : ist der Ausdruck »in allen euren Verfolgungen« für eine als so jung angenommene Gemeinde – ca. 1/2 Jahr nach ihrer Gründung – nur mit »etwas plerophorische Weise« zu bezeichnen? – Vgl. für die nachneutestamentliche Literatur Aus, Comfort 296–300.

124 Zur Attraktion αἷς vgl. Bl-Debr 176,1 ; Pr-Bauer 130.

125 Paulus verwendet nur κρίμα, niemals κρίσις ; diese Schwierigkeit empfindet auch Schweizer, Der zweite Thess 94 f, Anm. 18.

126 Vgl. Wredes Tabelle : Echtheit 4 f.

127 Der mit ἔνδειγμα eingeführte V 5a ist als Apposition im Nominativ zu nehmen (mit Bornemann 327 f.334 ; Dibelius 41 ; Rigaux 619) und nach Dibelius' Vorschlag (ebenso Masson 85) mit ὅ ἐστιν aufzulösen, wie Phil 1,28 ἥτις ἐστίν … ἔνδειξις. ἔνδειγμα ist Hapaxl. und heißt »Anzeichen«, »Erweis«, nicht »Vorzeichen«. Diverse Väter-Übersetzungen bei Rigaux 619.

128 Darüber gibt es eine breite Diskussion (vgl. etwa Auberlen-Riggenbach 102 f), die aufzunehmen nicht lohnt ; vgl. im obigen Sinn Lünemann 182 ; Bornemann 334 ; Dobschütz 241 f.

zur Seligkeit führt, während die Andern der Verdammnis verfallen... Die
Christen haben Drangsal gelitten, die Andern haben sie mit Drangsal gequält;
jetzt erfahren die Christen Erquickung und ihre Bedränger Qual.«[129] Eng
verwandt ist Phil 1,28: Wenn sich die Gemeinde durch ihre Widersacher nicht
einschüchtern läßt, dann wird dies für jene ein »Anzeichen des Verderbens
(ἔνδειξις ἀπωλείας), für euch aber (ein Anzeichen) der Rettung (σωτηρίας)
sein, und das von Gott her«.

Die »Gerechtigkeit« des Gerichtes[130] erweist sich in diesem Ausgleich, in
Belohnung und Bestrafung (vgl. Lk 16,25). Das zu bewirken, ist allein Gottes
Sache (»Gericht Gottes«). Seine Souveränität steht dafür ein, daß die
Gequälten nicht umsonst auf ihn hoffen und ihr Geschick ertragen.

In einem weit zurückreichenden Strang der Auslegung sah man, von 1Petr
4,17f angeregt, in dem »Anzeichen« den Hinweis darauf, daß das Gericht sich
bereits proleptisch in der Gegenwart auswirke, nämlich in den Leiden der
Glaubenden – ein bestrickender Gedanke.[131] 2Thess kennt zwar eine gegenwärtig wirksame Macht, aber das ist das »Geheimnis der Gesetzlosigkeit« (2,7a).
Unsere Stelle aber legt den Gedanken an einen gegenwärtigen, wenn auch nur
anfanghaften Vollzug des Gerichtes Gottes an der Gemeinde zu deren
Läuterung nicht nahe. So ist die gegebene Auslegung, die auch von der
Mehrheit der Autoren vertreten wird, die angemessenere.

Das »damit« (εἰς τό) V 5b ist zweckgerichtet[132] und führt die Erfüllung des
christlichen Lebens- und Leidensweges leuchtend vor Augen, für das Reich
Gottes würdig gefunden zu werden. Diese positive Wirkung der richtenden Tat
Gottes wird zuerst genannt, betrifft sie doch auch die Angesprochenen primär
und existentiell.[133] Das eine große Hoffnungsgut wird mit dem bei Paulus und
in den Spätschriften des Neuen Testaments sparsam verwendeten Ausdruck
»Reich Gottes« benannt. Die strenge Zukünftigkeit steht außer Frage. »Reich
Gottes« – neben »Rettung« (2,13; vgl. 2,10) und »Herrlichkeit« (2,14)[134] einer
der drei in 2Thess überhaupt genannten umfassenden Heilsbegriffe – dürfte
traditionell empfunden und als Bestandteil christlicher Terminologie einge-

---

[129] Dobschütz 242; vgl. Braun, Herkunft
152: »Die hier im 2. Thessalonicherbrief erge-
hende κρίσις wird danach befinden, je nach-
dem, ob jemand zu der bedrängten Gemeinde
oder zu ihren Bedrängern gehört.«
[130] Zu δικαιοκρισία in Röm 2,5 (vgl. 3,8)
und zur Sache in jüdischer Tradition und im
hellenistischen Gebrauch vgl. Wilckens, Römer I, 125f (Belege); vgl. Aus, Comfort 64–66,
Anm. 5 (Lit.); zu 2Thess vgl. Braun, Herkunft
152.
[131] Auberlen-Riggenbach 103: V 5 meine die
»Anbahnung«, VV 6.7 den »Abschluß« des
Gerichts; doch wird die »Anbahnung« dann
doch wieder eingeschränkt auf die »Sichtungs-
arbeit Gottes«, d. h. die Läuterung der Gemeinde zum Herausfinden der Bewährten. Auch

wohl Schaefer 135 wäre dafür zu nennen;
ähnlich Friedrich 259: die Leser sollen die
Verfolgungen als eschatologische Ereignisse
ansehen (...), als Vorwegnahme (!) des künfti-
gen Gerichts (1Kor 11,32)«; Aus, Relevance
263f deutet die Stelle im Zusammenhang mit
den »messianischen Wehen« nach Jes 66,7 und
dessen targumischer Interpretation – kaum zu
Recht.
[132] εἰς τό mit Inf., vgl. Bl-Debr 402,2;
Mayser II 1, 330; kein »epexegetischer Folgesatz« (Bornemann 335).
[133] καταξιοῦσθαι nur noch Lk 20,35; (21,36
vl); Apg 5,41 im NT; außerneutestamentliche
Belege bei Dobschütz 243; vgl. 2Thess 1,11.
[134] κλῆσις 1,11 ist ein Sonderfall, siehe
S. 62f.

setzt worden sein (vgl. anders 1 Thess 2,12), vergleichbar dem Gebrauch in Apg (1,3 ; 8,12 ; 14,22 ; 19,8 ; [20,25] ; 28,23.31).[135] Es ist das Gottesreich, »für das ihr auch leidet«, wie der Autor noch nachträgt[136], an »Ausdauer und Treue« (V 4b) anknüpfend. Für die drei Aussagen von V 5 ist damit eine eindeutige Sinnrichtung gewonnen. ὑπὲρ ἧς (»für das«) hat dann die Bedeutung »mit Beziehung darauf«, hier am besten als »um etwas zu erlangen, zu erringen« zu verstehen.[137] Das Gericht Gottes wird für die im Leiden Beharrlichen zum Tor für das Reich Gottes.

Fast kurios, aber verständlich, wirkt die Benutzung des Sätzchens durch ältere katholische Autoren für die kontroverse Verdienstlehre.[138] Protestantische Exegeten weisen dies gelegentlich ausdrücklich zurück.[139]

Der Verfasser verweilt jedoch nicht bei dieser tröstlichen Aussicht (vgl. 6.7a dagegen Phil 1,27b–30), sondern knüpft an »gerecht« von V 5a an. Gerecht wird das Gericht sein, weil es die ausgleichende, besser die vergeltende Gerechtigkeit Gottes walten läßt. Das »gerecht« (V 6) wird gleichsam im Sinne einer Vergeltungsgerechtigkeit definiert.[140] Die Vorstellung des Ausgleichs und der Umkehrung der jetzigen Situation trägt das Argument im ganzen. Deutliche Hinweise darauf sind das Spiel mit den Ausdrücken »Bedrängnis«/ »bedrängen«, wodurch der Eindruck der *Gleichheit* im Ausgleich auffällig herausgestellt wird, und der – bis auf »mit uns« (μεθ᾽ ἡμῶν) – genaue Parallelismus. Die Bedränger jetzt werden zu den Bedrängten dann, und die jetzt Bedrängten atmen dann auf. Dies festzustellen ist insofern wichtig, als in V 8 stärkere Farben aufgetragen werden. Deshalb sollte auch das Verbum[141] im strengen Sinn als »vergelten« und nicht als »heimzahlen«, »bestrafen« genommen und damit der Gedanke der Rache ferngehalten werden.[142]

---

135 Eph, Kol, 2Tim, Hebr, Jak, 2Petr, Offb kennen diesen auch durch Paulus bezeugten Sprachgebrauch nicht mehr, sondern weisen vielgestaltige Umprägungen auf. Auch in den ApostVät ist βασιλεία τοῦ θεοῦ selten, vgl. Kraft, Clavis s. v.

136 Zu πάσχειν ὑπέρ vgl. Phil 1,29 ; 1Petr 2,21 ; Apg 9,16 ; ὑπέρ wechselt mit περί ; vgl. Bl-Debr 229,1 ; 231 ; Frame 227.

137 Pr-Bauer, s.v. πάσχω, 3aβ ; vgl. W. Michaelis, ThWNT V, 919 f.

138 Vgl. Estius 68 : »Monstrat hic locus contra haereticos vitam aeternam, quae in regno Dei intelligitur, non ita gratiae Dei tribuendam esse, ut non etiam dignitati et meritis hominum a gratia Dei profectis retribuatur« ; Bisping 8 ; Schaefer 135 : »Die Leiden der Gläubigen sind also ... ein Verdienst, merita de condigno« ; Gutjahr 107 sogar : »Die Stelle ist beweisend für die kirchliche Lehre vom meritum de condigno.« Rigaux 619 ff spart sich jede Bemerkung dazu.

139 Hilgenfeld, Brief 344, unterstellte allerdings dem Autor, »daß man die zukünftige Belohnung durch Leiden für das Reich Gottes verdient«, ja, er sprach von einem »Rechtsanspruch auf das Heil des Gottesreiches« ; gegen die katholische Position Auberlen-Riggenbach 103 f ; Lünemann 184 ; Morris 199.

140 εἴπερ bedeutet »da es sicher ist«, »fest steht« ; nach Bl-Debr 454,2 mit kausaler Nebenbedeutung ; παρά c. gen. im übertragenen Sinn wie Röm 2,13 u. ö. Jos Ant 6, 205 ; Pr-Bauer 1210 unter II.2.b.

141 ἀνταποδοῦναι nach Pr-Bauer s.v. »als Ersatz erstellen, vergelten«, im guten (wie 1Thess 3,9) *und* im bösen Sinn gebraucht, besonders beim richterlichen Handeln ; absolut Röm 12,19 ; Hebr 10,30 nach Dtn 32,35 ; zu Obd 15 vgl. Aus, Comfort 62 f.

142 So bereits Calvin 204 (z. St.) : »...quia Deus malos nondum ulciscitur, quos tamen scelerum poenas dare necesse est.«

Grammatisch steht für beide Satzteile nur ein Verbum, doch dürfte für den zweiten sinngemäß ein anderes zu ergänzen sein: (Ruhe) zu schenken, zu gewähren, zu verschaffen. Die Anschauung einer endgültigen Vergeltung ist im Alten Testament und im Frühjudentum reichlich belegt[143], sie entspricht aber auch allgemein einer Weltsicht, die sinnorientiert und ethisch fundiert ist. Auch als Motiv für die Empfänger soll zunächst das Wissen um eine Gerechtigkeit, die das Unrecht zu strafen vermag, gesehen werden.[144] Daß es um Unrecht geht, wird nicht angedeutet (vgl. aber 1Petr 2,12; 3,13–16), sondern vorausgesetzt, wie bei den alttestamentlichen Betern auch. 2Thess steht mit dieser Auffassung nicht allein im Neuen Testament[145], und das Vertrauen auf eine solche Gerechtigkeit ist auch nicht überflüssig oder überholt durch das Wissen um die Erlösung in Christus (Röm 8,33) und um ein Erbarmen, das über das Gericht triumphiert (Jak 2,13).[146] Glücklich gewählt ist der Ausdruck für die Entschädigung der Angefochtenen. Anstelle der »Bedrängnis« lockt nun Entspannung, Entlastung, »Befreiung von dem Druck«[147], Aufatmen, Erholung –, das alles ist mehr als das mißverständliche »Ruhe«.[148] Auch damit wird der tragende Gedanke des Ausgleichs bestätigt. Der Verfasser wählt kein theologisch hochbefrachtetes Wort, sondern eines, das in irdischen Situationen wurzelt und eine tiefe Sehnsucht anspricht.[149] Beide Ausdrücke (θλῖψις, ἄνεσις) sind aber auch auf das Eschaton hin geöffnet und gewinnen Teil an dessen Endgültigkeit. Für die einen ist es das »Gottesreich« (V 5b), für die anderen »ewiges Verderben« (V 9).

»Mit uns« zusammen, das heißt mit Paulus, wird die »Erholung« der Gemeinde zuteil werden. Diese zwei Wörtchen (μεθ᾽ ἡμῶν) gehörten für von Dobschütz zu »den kleinen echtpaulinischen Zügen, um derentwillen wer für die Empfindungsweise des Apostels Sinn hat, die Authentie dieses Briefchens

143 Vgl. W. Pesch, HThG II, 748–751 (Lit.); Rigaux 622 f verweist auf Jes 66,6; sBar 82,1 f, bei Friedrich 260 zitiert; weitere Belege bei Wilckens, Römer I, 125 f; K. Koch, Gibt es ein Vergeltungsdogma im AT?, in: Um das Prinzip der Vergeltung in Religion und Recht des AT, 1972 (WdF 125), 130–180; vgl. für einen Rache-Gedanken etwa Jub 48,14, bei der Bestrafung der Ägypter: »So nahm Er Rache an Millionen von ihnen, und tausend starke und mutige Männer kamen für einen Säugling um« (Rießler, Schrifttum 661).

144 Vgl. Calvin 204 (z. St.): Wenn Gott nicht zwischen Bestrafung und Belohnung unterschiede, dann wäre sein Name tot (nam hoc modo mortuum esset Dei nomen).

145 Vgl. Exkurs bei Dibelius 41; Rigaux 622 f; zu L. Mattern, Das Verständnis des Gerichtes bei Paulus, 1966 (AThANT 47) und zu weiterer Literatur siehe Trilling, Untersuchungen 127 f, Anm. 60.

146 Das allerdings »herrliche Trostesworte« zu nennen, wie es Gutjahr 105 tut, scheint doch

deplaziert; grundsätzlich ist mir aus dem gleichen Grunde die Gesamttendenz von Aus, Comfort, fragwürdig, ohne daß ich allerdings die *paränetische* Anlage von 2Thess 1 in Frage stellen wollte. Die Worte vom »Trost« und vom »trösten« erscheinen in unserem Brief in einem ganz anderen Kontext (2,16f); vgl. die Einzelauslegung.

147 Dobschütz 244.

148 Steinmann 48 f und Rigaux 623 erinnern an den Beginn der Totenmesse »Requiem aeternam …«, was weniger exegetisch interessant ist, als für die Assoziationen, die jeweils angerufen werden; θλῖψις und ἄνεσις im NT beieinander in 2Kor 8,13; ἄνεσις allein nur noch Apg 24,23 (von milder Haft); 2Kor 2,13; 7,5; θλιβομένοις ἄνεσις in Acta Pl et Thecl 37; vgl. O. Hofius, Katapausis. Die Vorstellung vom endzeitlichen Ruheort im Hebräerbrief, 1970 (WUNT 11).

149 Gut bei Rigaux 623; verwandt sind ἀνάπαυσις Mt 11,29; auch Offb 14,11; ἀνάψυξις Apg 3,20; vgl. Wohlenberg 133, Anm. 1.

nicht aufgeben mag«. Es schien ihm »im höchsten Grade unwahrscheinlich, daß ein Pauliner, auch wenn er noch so sehr in die Paulus-Briefe eingelesen war, solche Feinheiten sich sollte haben aneignen können«.[150] Geht man umgekehrt von den Intentionen im deuteropaulinischen Schrifttum, besonders der Pastoralbriefe und von deren Paulus- und Apostelbild aus, wird man gerade einen solchen kleinen Zug als höchst angemessen bezeichnen. Apostel und apostolische Gemeinde gehören untrennbar zusammen, in der Gemeinschaft des Glaubens und in der Zugehörigkeit zu Christus wie im Gegenüber der Unterweisung und Mahnung. Das ist auch im Paulusbild von 2Thess angelegt (vgl. 2,15; 3,1.6.7 ff). Allerdings klingt das anders als etwa Phil 3,12–14. Der Gedanke dürfte mit 2Tim 4,8 enger verwandt sein.[151]

Der Text nimmt eine neue Wendung auf das Parusiegeschehen hin, von dem   7b–10 der Abschnitt bis V 10 handelt. Der offenbar werdende »Herr Jesus« gibt aber nicht nur das Signal zum Beginn der Scheidung durch Gott, sondern er selbst vollstreckt das Gericht (V 8). Die theo-zentrische Ausrichtung, die den Text von VV 3–7a ausschließlich und auffällig bestimmte, wird abrupt von einer christo-zentrischen abgelöst, ohne daß ein Übergang geschaffen oder auch nur eine innere Relation erkennbar würden. Erst in VV 11 f schwingt das Pendel wieder zurück. Das Mittelstück hebt sich auch aufgrund dieser Beobachtung als relativ selbständig und in sich geschlossen heraus. Es wird verständlich, daß Ausleger die Aufnahme eines urchristlichen Hymnus oder Psalms[152] oder einer durch christliche Einschiebungen ergänzte Gerichtsschilderung aus jüdischem Material[153] vermuten konnten. Die alttestamentlichen Zitate, Zitatanklänge und die Färbung insgesamt weisen in diese Richtung.[154] Der Text selbst und der unvermittelte Übergang von der Gottes- zur Christusaussage scheinen mir für die Denkweise des Verfassers besonders charakteristisch zu sein. Deren Grundlage ist in der ausgestalteten Konzeption von Christus als dem Kyrios zu sehen, und zwar dem in reichem Maße mit alttestamentlichen Gottesattributen ausgestatteten Kyrios.[155]

Formal kennzeichnet den Text VV 7b–10 der fast durchgehende Parallelismus und die Ausführlichkeit der Schilderung, inhaltlich die kraftvolle und farbige, aber auch düstere, ja furchterregende Anschauung von der Parusie. »Bei der Offenbarung (V 7b) und »an jenem Tage« (V 10c) bilden die Klammer um den Abschnitt.

Die kettenartige Satzfolge legt es nahe, das temporal zu nehmende »bei« (der   7b Offenbarung) auf »um zu vergelten« (V 6) zu beziehen. Das Vergeltungsgericht wird auf einen Termin fixiert, auf den Zeitpunkt der Parusie. »Offenbarung« (ἀποκάλυψις) und »Parusie« (παρουσία) sind auch in 2Thess

[150] Dobschütz 245; kritisch dazu Masson 86, Anm. 4.
[151] Vgl. dazu Brox, Pastoralbriefe 266 f.
[152] Bornemann 328; vgl. oben S. 42.
[153] Dibelius 42; andere ältere Autoren in diesem Sinn mit Kritik bei Frame 230.

[154] Dibelius 41: »Feierliche Schilderung der Parusie, die sich liest wie die christliche Bearbeitung einer Jahwetheophanie.«
[155] Vgl. Trilling, Untersuchungen 128–132.

synonyme Ausdrücke.[156] Nicht begegnet jedoch, ebensowenig wie in 1Petr[157], »Offenbarung«/»offenbaren« für das *gegenwärtige* Heilsgeschehen, die geschehene eschatologische Enthüllung des Geheimnisses Gottes in Jesus Christus, wie an den herausragenden Stellen 1Kor 2,10; Gal 1,12.16; 3,23; Röm 1,17; Eph 3,3. Auch darin darf man eine Abschwächung der Heilserfahrung in der Gegenwart zugunsten der Verlagerung in die Zukunft, wie es der Gesamttendenz von 2Thess und den neutestamentlichen Spätschriften weithin entspricht, erkennen.[158]

Die Offenbarung des Parusie-Kyrios wird dreifach präpositional ausgestaltet: »vom Himmel her«, »mit den Engeln seiner Macht«, »mit flammendem Feuer« (V 8a).[159] Das erste Glied entspricht 1Thess 1,10, und noch plastischer 4,16 (vgl. Phil 3,20) als »Herabsteigen vom Himmel«, entsprechend der Erwartung, daß Jahwe herabkommen werde zum Gericht.[160] Die alttestamentliche Vorstellung bildet aber wohl nur den Hintergrund für die neutestamentliche Parusie-Anschauung. Der Auferstandene wurde schon früh als zur Rechten Gottes erhöht geglaubt. Er ging in die himmlische Welt, in den göttlichen Bereich der Herrlichkeit ein. In einigen Spätschriften wird die Anschauung, daß sich der Erhöhte »im Himmel« befindet, daß er dort wie an einem Ort »ist«, ausgebildet und als soteriologisch bedeutsam formuliert.[161] Der Himmel ist hier nicht nur der Bereich, aus dem heraus göttliche Kundgaben und Sendungen geschehen, wie bei der Himmelsstimme 2Petr 1,18, der Geist-Taube Mk 1,10, der Engel Mt 28,2 (vgl. Gal 1,8); Offb 10,1; 18,1; 20,1 oder gar des eschatologischen Jerusalem Offb 3,12; 21,2.10. Es ist der Ort, von dem her die schlechthin entscheidende Ankunft erwartet wird, das Kommen des Kyrios in seiner »Parusie«.

Daß das Kommen »mit den Engeln« geschehen werde, gehört ebenfalls zu der mit alttestamentlich-apokalyptischen Zügen ausgestatteten Erscheinung Christi. Die Engel sind prächtiges, glanzvolles Gefolge mit traditionellen Funktionen.[162] Hier wird nur betont, daß auch sie Träger seiner herrscherlichen Gewalt sind, jener Gewalt, die sich gleich in der Ausübung des Gerichtes erweisen wird. »Engel seiner Macht« ist ein hebraisierender volltönender Ausdruck, dem ähnliche im Frühjudentum zur Seite stehen.[163] Paulus kennt von der

---

156   Vgl. 2,1.8; ἀποκαλύπτεσθαι 2,3; vgl. 2,6.8; ἀποκάλυψις/ἀποκαλύπτειν im gleichen futurischen Sinn 1Kor 3,13; Röm 8,18; 1Petr 1,5.7.13; 4,13; 5,1; vgl. 1Kor 1,7; vgl. T. Holtz, Exegetisches Wörterbuch zum NT I, sv ἀποκαλύπτω, ἀποκάλυψις (Lit.) (die Stellen in 2Thess werden als paulinisch behandelt). Zu Paulus allgemein Rigaux 204ff.

157   Mit der Ausnahme von 1Petr 1,12: die atl. Propheten.

158   Vgl. Trilling, Untersuchungen 127 (Lit.).

159   Vgl. damit kontrastierend 1Thess 4,16.

160   Jes 63,19; Ps LXX 17(18),10; Dobschütz 246; J. Jeremias, Theophanie. Die Geschichte

einer atl. Gattung, 1965 (WMANT 10), 97–100 u. ö.; E. Jenni, THAT I, 267f.

161   Wir finden diese Aussage in Kol 4,1; Eph 4,9f vgl. mit Röm 10,6; Eph 6,9; Hebr 8,1; 1Petr 3,22.

162   Vgl. Sach 14,5; weitere Belege aus Judentum und NT bei Dobschütz 153; G. Kittel, ThWNT I, 70–81; Bill IV/2, 1224 (Register); Aus, Comfort 75–80 (80).

163   Vgl. Anm. 162; der Gen αὐτοῦ am besten als Gen poss auf δυνάμεως zu beziehen: Engel, die seiner Macht gehören; vgl. auch Frame 232.

beherrschenden Vorstellung, daß der Kyrios *allein* zur Parusie »kommt«, nur die eine Ausnahme von 1Thess 3,13 »mit allen seinen Heiligen«. Mit den »Heiligen« sind nach einem alttestamentlichen Motiv Engel gemeint.[164] Das hier »vorliegende Motiv der Begleitung des Messias/Kyrios begegnet wohl im Urchristentum (Mk 8,38 par ; Mt 25,31 ; vgl. Did 16,7b), ist aber sonst nicht belegt«.[165] Der Vergleich mit diesen Stellen erhärtet den Eindruck, daß die christliche Parusieerwartung auch mit dem Motiv der Engel, die *Gott zum Gericht* begleiten (vgl. äth Hen 1,3ff), ausgestaltet worden ist.[166]

Schließlich zur dritten Beifügung »in flammendem Feuer«[167], wörtlich »im 8 Feuer der Flammen«: An ein weiteres Epiphanie-Element (vgl. Ex 3,2f B ἐν πυρὶ φλογός) ist wohl weniger gedacht als an den Feuerbrand, in dem das Gericht geschieht. Dies wird nahegelegt durch den Kontext nach hinten und nach vorn und die V 8a besonders eng verwandte Stelle Jes 66,15.[168] Insgesamt liegt, biblischer Tradition entsprechend und auch bei Paulus bezeugt (vgl. 1Kor 3,13.15), »die apokalyptische Vorstellung, daß der Jüngste Tag mit Feuer in Erscheinung treten wird«, vor.[169]

Der losen Reihung in unserem Text gemäß ist διδόντος ἐκδίκησιν (»wenn er Bestrafung vollzieht«) auf τοῦ κυρίου Ἰησοῦ (»des Herrn Jesus«) (V 7) zu beziehen. Dem machtvollen Erscheinen des Herrn folgt nun der Akt des Richtens, aber nur nach seiner negativen Wirkung, nämlich als Strafen. Auch diese Schilderung geschieht wie die vorhergehende in markigen, sparsamen, gerade deshalb um so wuchtiger wirkenden Zügen. Die parallele Fügung des Satzes trägt zu diesem Eindruck bei, stellt aber auch eine schwierige Frage. Ist die gleiche Menschengruppe oder sind zwei verschiedene gemeint?

---

[164] Vgl. Dobschütz 153 ; Baumgarten, Apokalyptik 148.

[165] Baumgarten, ebd. 148.

[166] H. Bietenhard, Die himmlische Welt im Urchristentum und Spätjudentum, 1951 (WUNT 2), 116–123.

[167] Wegen der auffälligen Wortstellung der geläufigen atl. Wendung – »richtig« ist Hebr 1,7 ; Apg 7,30 ; LXX ἐν φλογὶ πυρός – seit je umstritten und in Massen von Texten korrigiert ; vgl. Dobschütz 247, bes. Anm. 1 ; P. Katz, Ἐν πυρὶ Φλογός, ZNW 46 (1955) 133–138. – Bornemann 336ff ; Rigaux 624 und, besser klassifiziert, Aus, Comfort 113f haben umfangreiche Listen atl. Texte aufgestellt, die Berührungen mit VV 7b–10 aufweisen. Es wäre aber abwegig, dem Verfasser eine Mosaikarbeit zu unterstellen, wozu auch der Fett-Druck im Nestle-Text verführen könnte. Der ganze Text ist eine selbständige Komposition. Für die Frage nach den atl. Parallelen ist auch zu bedenken, daß sich in unserem Text mehrere Ausdrücke finden, die häufig in den LXX begegnen ; vgl. (ἀπο)δοῦναι ἐκδίκησιν, ἐν φλογὶ πυρός ; dazu Frame 234 ; Rigaux

628f. Daß der Text mit atl. Reminiszensen gespickt ist und auch in spezifischer Weise atl. empfunden ist, steht außer Frage. Vgl. aber unten zu VV 8.9.12.

[168] Aus, Relevance 266–268 betont – grundsätzlich zu Recht – den Einfluß von Jes 66 insgesamt auf die VV 6–12 besonders stark. Er erwägt darüber hinaus die Möglichkeit, daß der Verfasser auch mit der messianischen Interpretation von Jes 66,7 im Targum Jonathan und in einigen Midraschim (in einer früheren Form) vertraut gewesen sein könnte. Dies ist, auch von der zeitlichen Ansetzung der messianischen Deutung her (vgl. ebd. 256–263.265, Anm. 53), nicht auszuschließen, aber m. E. vor allem deshalb wenig wahrscheinlich, weil sich gerade für die bei Aus so wichtige Anschauung von den *messianischen Wehen* (vgl. Offb 12,2 anders) in 2Thess kein textlicher Anhaltspunkt findet.

[169] Lührmann, Offenbarungsverständnis 105 ; dort in Anm. 6 Belege und Verweise ; vgl. F. Lang, ThWNT VI, 933–947.

Es reizt dazu, im ersten Teil an die Heiden, »die Gott nicht kennen«, im zweiten an die Juden, »die dem Evangelium unseres Herrn Jesus nicht gehorchen«, zu denken, um die wichtigste Unterscheidung zu nennen, die diskutiert wird.[170] Diese Auslegung hat eine alte und breite Tradition.[171] Sie kann sich vor allem im 1. Teil darauf stützen, daß die Wendung »die Gott nicht kennen« aus israelitischer (Jer 10,25 LXX) und auch aus paulinischer Sicht (1Thess 4,5 ; Gal 4,8 ; vgl. Röm 1,28) dezidiert die Heiden bezeichnet. Die doppelte Setzung des Artikels[172] dürfte dafür ins Gewicht fallen.

Auch die andere Auffassung, daß es sich *gleichsinnig* in beiden Teilen um die »Feinde« der Gemeinde allgemein handelt, kann sich auf Gründe stützen. Entscheidend dafür ist: 1. die Konstruktion im Parallelismus[173], wobei es sich im ganzen Abschnitt, besonders auch in V 10, um synonyme Parallelismen handelt. Dieses Stilmerkmal ist für den Verfasser überhaupt charakteristisch, in deutlichem Unterschied zu Paulus[174] ; und 2. die Beurteilung des Textes im Rahmen des ganzen 2Thess und dessen Theologie. Auch vom Vorausgegangenen her (VV 5–7) legt sich eine solche Unterscheidung durch keinerlei Anzeichen nahe. Ja, man muß sogar sagen, daß die kompakte Gerichtsansage über die »Bedränger« an Wucht verlöre, wenn man die Aussage von V 8 teilte, abgesehen von den sachlichen Schwierigkeiten, die man sich dabei einhandelte: auch Heiden glauben nicht an das Evangelium. Von ihrem »Ungehorsam« wird jedoch gesprochen, wenn zuvor der Ruf zum Glauben an sie ergangen war (Röm 10,16 ; Gal 5,7).[175] Und auch von Israel kann gesagt werden, daß es Gott nicht kenne (Jer 9,6 ; LXX V 5 ; vgl. aber auch Jes 66,4).[176]

Dem Verfasser jedoch steht undifferenziert die Masse der *Nichtglaubenden* gegenüber[177], so wie das von einem schlichten christlichen Standort her gesehen werden kann. Für sie trifft nach seiner Meinung eben beides zu. Sie kennen Gott nicht, und sie glauben nicht ans Evangelium. Und vor allem: Es sind die Bedränger von V 6, die dadurch auch schuldig werden und das Gericht auf sich ziehen. Die differenzierte Heilssituation »vor« dem Evangelium ist speziell weder für Heiden noch für Juden im Blick, »wie auch im ganzen Brief kein schwaches Anzeichen dafür zu erkennen ist, daß die ... Kirche aus Juden und Heiden zusammengewachsen ist«.[178] Der Ausdruck »Evangelium unseres

---

[170] Viele Autoren denken noch an andere Unterscheidungen: im zweiten Glied seien Juden und Christen oder nur Christen gemeint usw.; vgl. Autoren bei Lünemann 187 ; Rigaux 629 ; Leeuwen 409f denkt zwar nur an eine Gruppe, doch an Heiden.

[171] Von älteren werden genannt: Ambrosiaster, Ephräm, Grotius, Bengel 818 ; von neueren legen so aus: Lünemann 186f ; Dobschütz 247f ; Neil 147f ; Schaefer 137 ; Steinmann 49.

[172] Von Dobschütz 247f besonders betont.

[173] Frame 233 ; Rigaux 629 ; neuerdings auch Friedrich 260 ; u. a. in Anm. 171.

[174] Vgl. Trilling, Untersuchungen 52f.

[175] Vgl. Braun, Herkunft 153 ; Schlier, Römerbrief 317f.

[176] Vgl. Best 260.

[177] Auch diese Auffassung steht in einem beachtlichen Strang der Auslegungsgeschichte und scheint sich heute durchgesetzt zu haben: Calvin 205 (z. St.) ; Auberlen-Riggenbach 104f ; Milligan 90 ; Frame 233 ; Masson 87 ; Friedrich 260 ; Morris 204f ; mit guten Argumenten Rigaux 629 und Best 259ff ; G. Strekker, in: Jesus Christus in Historie und Theologie (FS H. Conzelmann), Tübingen 1975, 533.

[178] Trilling, Untersuchungen 112.

Herrn Jesus« ist im Neuen Testament singulär. Er fügt sich nahtlos sowohl in das Bild von Christus als dem Kyrios (vgl. V 7) wie in das Verständnis von der christlichen Heilswahrheit in 2Thess ein, bzw. bringt diese mit zum Ausdruck.[179]

Die durchgehende Kyrios-Prädikation gehört zu den auf Anhieb auffallenden Charakteristika des 2Thess. Von den 13 Stellen, an denen Ἰησοῦς oder Ἰησοῦς Χριστός begegnet, führen alle den κύριος -Titel (in 1Thess 9mal). Von weiteren Titulaturen findet sich nur einmal absolutes Χριστός (3,5 ; vgl. dagegen 1Thess 2,7 ; 3,2 ; 4,16). Das bedeutet, daß das bei Paulus eminent bezeichnende Ἰησοῦς Χριστός überhaupt nicht vorkommt, ebenso nicht absolutes Ἰησοῦς. Zum Relief des Briefes gehören weitere 9 Stellen, an denen κύριος absolut steht. Davon sind nur zwei Fälle mit hoher Wahrscheinlichkeit (3,3.16a), alle anderen mit Sicherheit auf Jesus Christus, nicht auf Gott, zu beziehen (1,9 ; 2,2c. 13a ; 3,1.4.5.16b). Das sind mit der Gruppe, die κύριος mit Ἰησοῦς Χριστός verbindet, in dem kleinen Brief von 47 Versen insgesamt 22 Vorkommen.[180] In der Gruppe mit absolutem κύριος fallen einige Verbindungen auf, wie ἡμέρα τοῦ κυρίου (2,2c), ἠγαπημένοι ὑπὸ κυρίου (2,13a), ὁ λόγος τοῦ κυρίου (3,1) und ὁ κύριος τῆς εἰρήνης (3,16a).[181]

Die Besonderheit unseres Briefes in dieser Hinsicht wird regelmäßig vermerkt. Sie kann nicht als nebensächlich bagatellisiert werden.[182] Eine befriedigende Erklärung bietet sich aber an, wenn man in dem Brief eine Phase der nachpaulinischen Entwicklung repräsentiert sieht, in der der κυρίος-Titel zunehmend für Christus verwendet wird und an Bedeutung gewinnt. Diese Entwicklung geht mit der Übertragung alttestamentlicher Gottesaussagen und -attribute auf »Jesus Christus« Hand in Hand bzw. ist auch deren Erweis. Gerade dafür finden sich in 2Thess klare Zeugnisse (1,9.12 ; 2,13 ; 3,1.16a).[183] Dem Titelgebrauch in unserem Brief entspricht die »hieratisch-alttestamentliche Ausgestaltung des Christusbildes insgesamt ...«[184]

[179]   Zusammenhängend bei Trilling, Untersuchungen 110–114 ; so auch Friedrich 261 : »Evangelium« habe hier eine andere Bedeutung »als sonst in den paulinischen Briefen« ... von ihm werde »ähnlich gesprochen, wie die hellenistischen Juden von der Erkenntnis Gottes bei den Heiden redeten. Das Evangelium hat seinen dynamischen Charakter verloren. Es ist zu einer formelhaften Zusammenfassung der christlichen Lehre geworden ...«
[180]   Zum Vergleich: Gal 6mal, ohne den »Herrenbruder« Jakobus 1,19 nur 5mal, aber absolutes Χριστός 21mal.
[181]   Vgl. zu den Stellen die Einzelerklärungen ; zum Befund Exkurs bei Dobschütz 60 f ; Rigaux 170–177 ; Cerfaux, Recueil I, 177–186 ; in den ApostVät ist die volle »Kyrios«-haltige Formel des Paulus (Kramer, Christos, passim ; vgl. 153) κύριος Ἰησοῦς (Χριστός) außer in 1 Cl fast ausgestorben : in den Ignatiusbriefen 6mal, bei Pol 1,1.2 2mal ; 2 Cl 9,5 nur Χριστός ὁ κύριος ; in 1 Cl fand ich 15 Vorkommen ; zu Herm vgl. M. Dibelius, HNT Erg-Bd 448 ; durchweg dominiert als Christus-Titulatur absolutes κύριος (bes. Herm).

[182]   Z. B. mehrfach bei Dobschütz, der sie auf »Stimmungsgründe« bei Paulus zurückführt : »Das stärkere Hervortreten des κύριος aber ... kann und wird Stimmungssache sein« (46) ; zu 2,13 : »Man muß hinzunehmen, daß Paulus in II überhaupt oft den Herrn nennt, wo er in I von Gott spricht ; das muß mit einer besonderen Stimmung zusammenhängen« (297 u. ö. ähnlich).
[183]   Zu 2Thess in der Echtheitsdebatte vgl. Holtzmann, Zum 2. Thess 102 ; Braun, Herkunft 155 f ; zur christologischen Entwicklung vgl. W. Bousset, Kyrios Christos, Göttingen (²1921) ⁵1965, 101–104.299–302 ; Harder, Paulus und das Gebet 97 ff.187–194 ; Bultmann, Theologie 127–130.507 (Lit.).539 ; Deichgräber, Gotteshymnus 96 f ; O. Cullmann, Die Christologie des NT, Tübingen 1957, 224 ; F. Hahn, Christologische Hoheitstitel, ²1964 (FRLANT 83), 117 f (Nachdruck Berlin 1965) ; J. A. Fitzmyer, Der semitische Hintergrund des ntl. Kyriostitels, in : FS H. Conzelmann (Anm. 177) 267–298 (297).
[184]   Trilling, Untersuchungen 129 ; vgl. ebd. 128–130 (Lit.).

9 Relativisch angeschlossen und mit nochmaliger Steigerung wird nun die Art der Strafe genannt, die die »Ungläubigen« erwartet. »Strafe erleiden« (δίκην τίσουσιν) nimmt »Bestrafung vollziehen« (διδόντος ἐκδίκησιν) von V 8 auf und konkretisiert es.[185] Das Gefälle des Textes folgt immer einseitiger der strafenden Seite des Gerichtsgeschehens, die Farben werden düsterer. Die Ausgewogenheit der VV 6.7a ist verlassen und wird erst in V 10 einigermaßen wieder hergestellt. Der Text scheint in bedrohliche Nähe ausmalender und auch ethisch bedenklicher Höllen- und Racheschilderungen zu geraten. Dennoch bleibt er in seiner Kargheit und konzentrierten Sprache noch jenseits dieser Grenze, ja im Rahmen des uns auch anderweitig im Neuen Testament Überlieferten.[186]

»Ewig« (αἰώνιος) hat nicht philosophische Bedeutung im Gegensatz zu »zeitlich« oder als Bezeichnung einer Seinsweise, die im strengen Sinn ohne Anfang und Ende wäre. Es meint einen Zustand, der vom Menschen her gesehen kein Ende kennt, jenseits einer philosophischen oder theologischen Reflexion.[187] Als radikaler Gegensatz zum ewigen Glück oder Leben beschwört es die schreckliche Vorstellung einer nicht aufhörenden Qual, und meint nicht »Vernichtung«, sondern »Verderben«, einen elenden Zustand der Pein für immer.[188]

Im angeschlossenen Parallelismus begegnet nun doch ein fast wörtliches Zitat (Jes 2,10), das ebenso wie bei Jes 66 einer Theophanie-Schilderung des Kommens Jahwes zum Gericht entnommen ist: ·

»Verkriech dich im Felsen,

verbirg dich im Staub

vor dem Schrecken des Herrn

und seiner strahlenden Pracht« (Jes 2,10; vgl. VV 19.21 den gleichen Refrain).[189]

Umstritten ist die Bedeutung der Präposition ἀπό. Kann sie temporal begriffen werden als »gleich von dem Offenbarwerden des Angesichtes des Herrn

---

[185] δίκην τίνειν ist klassisch, kommt nicht mehr im NT vor, doch in Herm m 2,5; s 9,19; vgl. Kraft, Clavis s. v.; Pr-Bauer s. v. τίνειν.

[186] Vgl. ὄλεθρος, das Verderben, die Vernichtung, der Tod, im NT noch 1Thess 5,3; 1Kor 5,5; 1Tim 6,9; ὄλεθρος αἰώνιος in 4Makk 10,15 (A); Test R 6,9; sachlich vergleichbar ἀπώλεια u. a. Phil 1,28; 3,19; 1Tim 6,9; Mt 7,13; 5mal in 2Petr: in Spätschriften vermehrter Gebrauch; κόλασις αἰώνιος nur Mt 25,46; κρίμα αἰώνιον nur Hebr 6,2; πῦρ αἰώνιον Mt 18,8; 25,41; vgl. Trilling, Israel 149; Paulus spricht nie vom ewigen Verderben (Friedrich 261).

[187] Vgl. H. Sasse, ThWNT I, 208f; G. Delling, Zeit und Endzeit, 1970 (BSt 58), 24.53; T. Holtz, Exegetisches Wörterbuch z. NT I s.v. αἰών (Lit.); Qumran-Belege bei Rigaux 631.

[188] Zur heutigen Verstehensmöglichkeit einer »ewigen« Verdammung vgl. W. Breuning, in: MySal V, 855–861.

[189] Nicht aufgenommen ist τοῦ φόβου nach προσώπου, was den Gedanken ändert; Dobschütz 249f meint, daß durch die Auslassung nicht mehr die Möglichkeit bestehe, ἀπὸ προσώπου im abgeschwächten Sinn der hebr. Präposition לִפְנֵי zu verstehen. Dagegen ist zu sagen, daß 1. im jetzigen Kontext ein anderer Bezug gegeben ist als in Jes 2,10, und zwar durch ὄλεθρον αἰώνιον. Die *Strafe* geht vom (Angesicht des) Herrn aus. Und 2., daß das parallele ἀπὸ τῆς δόξης κτλ stärker an den Machtcharakter im Gerichtshandeln denken läßt. Vgl. das Folgende.

an«?[190] Ist sie kausal zu fassen, »vom Angesicht aus/her«, das heißt, vom
Herrn her und durch sein Sichtbarwerden werde die Strafe verhängt? Oder ist
eine lokale Auffassung vorzuziehen, die »weg/fern vom Angesicht...«
besagte, als Genitiv der Trennung (wie Röm 9,3)?[191] Die Strafe bestünde im
letzten Fall darin, vom Angesicht des Herrn und von seiner machtvollen
Lichtherrlichkeit entfernt, verstoßen zu sein – eine verlockende Interpretation,
die gestattete, das Verderben doch in sublimer Weise begreifen zu können. Sie
hätte zudem den Vorteil, als Aufnahme von 1Thess 4,17b »wir werden immer
mit dem Herrn sein« und als dessen konträres Gegenteil gelten zu können, wie
es von Dobschütz ausdrückt: »Die Strafe ist also Ausschluß von der Nähe des
Herrn.«[192]

Treffender dürfte die Aussage im Sinn des Hebräischen »von seinem
Angesichte her«, das heißt *vom Kyrios selbst her* – der Kyrios ist der Kyrios
Jesus von VV 7.8 – zu erfassen sein.[193] Vom Herrn, der so gewaltig in
Erscheinung tritt, wie das VV 7b.8a schilderte, und von seiner machtvollen
Herrlichkeit her, geht das Strafurteil aus (kausal).[194] An eine weitere Angabe
über die Art der Strafe, die über das eine und zentrale Wort vom »ewigen
Verderben« hinausginge, dürfte nicht gedacht sein. Der Gedanke bleibt von
V 7 an konzentriert bei dem Erweis dieser göttlichen Übermacht und dem
damit gegebenen Aufweis, daß diese nun *dem* Herrn zukommt, der *Jesus* heißt.
Das »Kyrios« im alttestamentlichen Text wird wie selbstverständlich auf ihn
bezogen.

Nochmals schließt der Verfasser einen Satz mit der Temporalpartikel ὅταν   10
(»wenn«) an. »Wenn er kommt«, das klingt zunächst nach einer Wiederho-
lung. War doch schon in V 6 von der »Offenbarung« des Herrn die Rede. Doch
die wiederum wie in V 9 im gleichmäßig gebauten synonymen Parallelismus
gegebene Fortführung bringt auch eine neue Aussage. Und zwar eine, auf die
man seit VV 6.7a schon wartet: die Erhebung der Gläubigen als das
Gegenstück zur Bestrafung der Ungläubigen. Bislang verweilte der Text nur
beim zweiten Thema. Und auch das erste wird nicht im Sinn des Ausgleichs als
»Belohnung«, gar mit einer Schilderung der »ewigen Seligkeit« (im Gegensatz
zum »ewigen Verderben«), gebracht. Nur indirekt ist davon die Rede.

Zunächst müssen wir dennoch sagen: Der Vers spricht primär von der
Verherrlichung des Kyrios, vergleichbar mit der Epiphanie-Schilderung in VV
7b.8a. Dies ist vermutlich durch die ganze Jesaja-Passage vom »Tag Jahwes«

190 Abgelehnt von Bornemann 342.
191 So Bornemann 343; Schmiedel 36; Frame
234–236; Dobschütz 249f; Leuuwen 411;
Masson 88; Morris 206; Best 263f: wie Best
argumentieren viele mit Paulus. – Allerdings
ist zu bedenken, daß sich die semitische Vorstellung nicht scharf in eine der grammatischen
Möglichkeiten einpaßt.
192 Dobschütz 250.
193 Vgl. Bl-Debr 217,1; zu den vielen Mög-

lichkeiten und Nuancen, die für das ἀπὸ
diskutiert werden, vgl. besonders die älteren
Kommentare.
194 So Rigaux 632; wohl auch Neil 150;
Friedrich 261: »Die Bestrafung besteht nicht
darin, daß die Ungehorsamen vom Angesicht
Christi ... getrennt werden, ..., sondern das
ewige Verderben geht von dem Angesichte
Christi und seiner machtvollen Herrlichkeit
aus.«

verursacht (Jes 2,6–22), aus der in V 9 zitiert worden war.[195] V 10 ist in alttestamentlicher Sprache, und zwar in eindrucksvoller Gerafftheit, verfaßt. Als alttestamentliche Grundstellen werden vor allem traditionell Ps 89,8 LXX ; 67,36 LXX[196], aber auch Jes 2,10 ff neben anderen Texten genannt. In keinem von ihnen begegnet allerdings ἐνδοξασθῆναι (»verherrlicht zu werden«) und θαυμασθῆναι (»bewundert zu werden«) nebeneinander.[197] Nun haben wir es gewiß nicht mit bewußter Zitatenkombination zu tun. Gerade dieses Beispiel zeigt, daß sich der Autor von alttestamentlichen Gedanken insgesamt inspirieren läßt und daß er auch in dieser Sprache »zu Hause ist«. Fast-Zitate, Zitatanklänge und Assoziationen gehen so ineinander über, daß wir nicht mehr säuberlich zwischen ihnen trennen können – und sollten. Damit könnte die Hauptaussage, der Triumph des Kyrios in seiner Epiphanie, eher verdunkelt als erhellt werden.

Anderseits kommt nun doch auch das Geschick der Christen in den Blick. Denn *seine* Verherrlichung soll *unter ihnen* geschehen.[198] Die Macht und der Herrlichkeitsglanz, in denen der Kyrios in Erscheinung tritt, wird unter den Seinen und Getreuen erstrahlen, im Kontrast zu den »Ungehorsamen«, denen sie zum Ausgang schrecklichen Verderbens wurden. In der Treue der Glaubenden wird der Herr selbst verherrlicht. Epiphanie und Akklamation werden nicht als zwei Akte gesehen. Auch ist wohl nicht ausdrücklich gemeint, daß die »Seligkeit« der Gläubigen darin bestünde, daß sie den Kyrios feiern und seinen Triumph bewundern. Wohl aber kann man sagen, daß der Triumph des Kyrios insofern auch ihr eigener ist, als nun feststehen wird, daß ihr Glaubensweg kein Irrweg und keine Phantasterei war und daß dann auch die »Bedrängnisse« (VV 4.6.7a) vergessen sein werden.

Die »Heiligen« und die »Glaubenden« meinen die gleiche Gruppe. Daß es *alle* Glaubenden sein werden, verstärkt die Aussage im zweiten Glied und ist in Fortführung von VV 3b.4, das heißt in der Linie der gleichen Generalisierung zu sehen. Jede mögliche Differenzierung unter den Christen, ihrem jeweiligen »Glaubensstand«, dem Verhältnis zwischen dem Anfang, der Fortführung und Vollendung des subjektiven Glaubensweges, ist vermieden. Hier wird nur davon ausgegangen, daß der beständige, auch in der Not und in der Länge der Zeit durchgehaltene und zur Treue ausgereifte Glaube dann als bewährt erkannt wird. Er triumphiert in dem Triumph des Herrn mit. – Mir scheint, daß eine solche »strenge« Auslegung, die auf vielerlei Nebengedanken und Unterscheidungen verzichtet[199], dem Text und seiner herben Größe besser gerecht zu werden vermag.

---

195 Vgl. dazu Dobschütz 250, der die Fortsetzung mit ὅταν durch Jes 2,10 (LXX) (vgl. 19.21) verursacht sieht.
196 Vgl. Dobschütz 250 ; Rigaux 624 ; Ps LXX 89(88),8: ὁ θεὸς ἐνδοξαζόμενος ἐν βουλῇ ἁγίων ; Ps LXX 67(68),36: θαυμαστός ... ἐν τοῖς ἁγίοις (B : ὁσίοις) αὐτοῦ.
197 Vgl. nur Sir 38,6 ähnlich.
198 Zum ἐν ... ἐνδοξασθῆναι (LXX

– Griech.) vgl. Rigaux 633 ff ; Frame 236 f ; dort auch Hinweis, daß ὅταν und ἐν τῇ ἡμέρᾳ bei Paulus nicht vorkommen ; gegen Frame u. a. ist mit Dobschütz u. a. ἐν lokal zu nehmen: »inmitten von«, »unter«. ἐνδοξάζομαι im NT nur in 2 Thess 1,10.12 (pass Aor).
199 Vgl. die mannigfaltigen Deutungen etwa bei Dobschütz 250 f ; ähnlich wie oben aber Rigaux 635.

Ehe der Abschluß erreicht ist, wird noch eine Parenthese eingeschoben: »Denn geglaubt wurde unser Zeugnis bei euch.«[200] Dies steht auch im Kontrast zu jenen, die dem »Evangelium nicht gehorchen« (V 8b). Das »Zeugnis«, das der Apostel der Gemeinde gab, die nun wieder mit »bei euch« direkt angeredet wird, ist sachlich in 2Thess mit »Evangelium« und »Wahrheit« identisch.[201] Dennoch klingt der Zwischensatz recht förmlich, abgesehen von seiner syntaktischen Sperrigkeit und seiner retardierenden Wirkung, und nach dem kräftigen Zeugnis über den Glauben der »Thessalonicher« VV 3f auch befremdlich. Warum wird er überhaupt gebracht? Vielleicht, um eine Überleitung zu VV 11f zu gewinnen? Oder, um hervorzuheben, daß zu den »Glaubenden« »auch die Thessalonicher gehören« werden?[202] Beides reichte zur Motivierung kaum aus, zumal das »bei euch« (ἐφ' ὑμᾶς) in Spannung zu »allen Gläubigen« steht. Hier wird offenbar aus äußerer und innerer Distanz heraus gesprochen, das heißt, ohne lebendigen Bezug zu einer bestimmten Gemeinde, und aus weitem zeitlichem Abstand zu der Situation, die 1Thess erkennen läßt. Der Autor erinnert daran, daß es der vom *Apostel* vermittelte und grundgelegte Glaube ist, der in der Endzeit seine Krönung erfahren wird. Und auch umgekehrt gilt: In der Bewährung der Glaubenden bis ans Ende werden auch das Werk und die Mühe des Apostels gelohnt. Beides dürfte das begründende »denn« am Anfang enthalten.[203]

Die Schlußphrase »an jenem Tag« erscheint durch die blockierende Parenthese wie abgesprengt. Sie muß etwas gewaltsam mit dem Vorhergehenden verknüpft werden. Jedenfalls setzt sie einen markanten Schlußpunkt, wie ein Ausrufezeichen, das nochmals aufmerken läßt. Der Ausdruck kommt bei Paulus nicht vor. Er war wohl auch durch Jes 2,11(17.20) hier nahegelegt. Neben mehreren anderen Ausdrücken gleicher Bedeutung im Neuen Testament, wie »Tag des Gerichtes«, »Letzter Tag« enthält 2Thess noch »Tag des Herrn« (2,2). Sie gehören für den Autor in das terminologische Arsenal der sich zu einem eigenen »Lehrtopos« ausbildenden christlichen Eschatologie.[204]

3. Fürbitte (1,11–12)

Zum Abschluß wendet sich der Verfasser der Fürbitte zu und nimmt damit den   11
Faden von V 3 wieder auf, so daß Danksagung und Fürbitte den Rahmen für den Mittelteil bilden.[205] Die relativische Anknüpfung ist locker: εἰς ὅ besagt

---

[200] Zum ἐπί vgl. Milligan 92; Pr-Bauer 571; vgl. Apg 1,21.

[201] Trilling, Untersuchungen 111f; Dobschütz 252 versteht μαρτύριον als »ganz synonym zu εὐαγγέλιον, κήρυγμα oder διδασκαλία«; ebenso Brox, Zeuge und Märtyrer 35.

[202] Lünemann 189 u. a.

[203] Nach dieser Auffassung wäre ἐπί besser auf ἐπιστεύθη bezogen (»bei«) als attributi-

visch auf μαρτύριον ἡμῶν (»an euch«); so Dobschütz 252f nach 1Thess 2,2; vgl. Bl-Debr 233,1.

[204] ἡ ἡμέρα ἐκείνη noch Lk 6,23; 10,12; 2Tim 1,12.18. Daß Schmithals, Gnostiker 142, in diesen Versen »die Naherwartung der Parusie« und »die Einschärfung der Parusiehoffnung« bezeugt findet, ist mir unverständlich.

[205] Vgl. S. 41.

»im Hinblick darauf«, »dafür« (vgl. Kol 1,29)[206], nämlich, daß alles für die Adressaten zum guten Ausgang gelange, von dem die Rede war. Dennoch wollen die beiden Abschnitte VV 5–10 und VV 11 f nicht recht zueinander passen. Der Neuansatz wirkt künstlich (vgl. anders 1 Thess 1,2) und die wiederum feierlich-stilisierte und in sich geschlossene Fassung des Fürbitte-Teiles läßt von der Bewegtheit des Vorhergehenden nichts mehr spüren. Der Text könnte an beliebigen anderen Stellen stehen, zum Beispiel schon nach V 3. Hinzu kommen auch innere Spannungen zu VV 5–10. Sie sind nicht besonders gewichtig, aber doch zu beachten. Vom endzeitlichen Geschick der Gläubigen ist vorher sehr bestimmt, als einer entschiedenen Sache, die Rede, während es in VV 11 f in der Bewegung der Fürbitte auf Gott hin offen gehalten wird. Das fällt vor allem bei der hier endzeitlich verstandenen »Berufung« auf. Nimmt man zum Vergleich die beiden Gebetswünsche 2,16 f und 3,16 (vgl. auch 3,1.2a) hinzu, zeigt sich der relativ kontextunabhängige, allgemeine und formalisierte Charakter des Textes. Die einzelnen in den drei Gebetswünschen genannten Wunschgüter wären leicht miteinander auswechselbar.

Daß das Gebet des Apostels »allezeit« geschieht[207], wird zwar häufig in Dankes- und Gebetstexten gesagt, es wirkt aber an *dieser Stelle* ebenfalls merkwürdig. Der Apostel wird »nicht eigentlich im Augenblick betend« ... sondern in »dauernd geübte(r) Fürbitte« stehend, geschildert.[208] Die Richtung des Gebetes wird mit zwei Sätzen angegeben. Der erste enthält die Bitte um Vollendung des Glaubens – wieder in einem Parallelismus (V 11), der zweite nennt das Ziel der Verherrlichung des Herrn (V 12a). Volltönend wie diese Sätze klingt auch die Abschlußwendung »gemäß der Gnade unseres Gottes und Herrn Jesus Christus« (V 12b).

Die Voranstellung des Objektes »euch« (ἵνα ὑμᾶς ἀξιώσῃ) mag der engeren Anfügung an V 10b (»denn geglaubt wurde ... bei euch«) dienen, damit den Bezug auf die Leserschaft hin akzentuierend. Daß Gott »würdige«, das heißt »für würdig halte« oder »würdig mache«, ist ein feierlich stilisierter Gebetswunsch, der trotz seiner Singularität im Neuen Testament nicht auffällig ist.[209] Daß er sich auf die »Berufung« (κλῆσις) richtet, ist jedoch der paulinischen Auffassung von »Ruf« und »Berufung« zum Christsein fremd. Dort geschieht die Berufung zugleich *mit* der Botschaft des Evangeliums und der damit ergehenden Aufforderung zu Umkehr und Glauben. Berufung liegt stets in der Vergangenheit derer, die daraufhin angesprochen und die ermahnt werden, dieser Berufung »würdig« zu wandeln.[210]

206   Vgl. O'Brien, Thanksgivings 177.
207   Vgl. V 3; Kol 1,9.
208   Dobschütz 253.
209   Vgl. aber Dg 9,1 ἵνα ... νῦν ὑπὸ τῆς τοῦ θεοῦ χρηστότητος ἀξιωθῶμεν.
210   So auch 2 Thess 2,14; vgl. bes. 1 Thess 2,12; 5,24 (präsentisch) und häufig bei Pls; vgl. K. L. Schmidt, ThWNT III, 488–495, der das Relief der einzelnen paulinischen Texte nicht deutlich herausarbeitet; dgl. auch H. Schlier,

Der Brief an die Epheser, Düsseldorf 1957 (Nachdruck Leipzig 1964), 82–84, exkursartig zu Eph 1,18; das paulinische Verständnis von dem einmal ergangenen und die heilbringende Zukunft gewährenden Ruf hält sich in den Deuteropaulinen durch; vgl. Kol 3,15; Eph 1,18; 4,1; 1 Tim 6,12; 2 Tim 1,9; vgl. 1 Petr 1,15; 2,9; Hebr 3,1; zur Sache auch O'Brien, Thanksgivings 178 f.

Hier jedoch meint das Wort die endgültige, also noch *ausstehende* Berufung Gottes. Es steht parallel zu und synonym mit »Reich Gottes« (V 5), und wird damit auch durch die Verben gleichgestellt.[211] Auch von Dobschütz rechnet die Wendung »zu den biblisch-theologischen Anstößen des 2. Thessalonicher-Briefes«.[212] Sie gehört zu den Indizien geringeren Gewichts, die die paulinische Autorschaft mit in Frage stellten.[213] Können wir auf eine solche ungewöhnliche Erscheinung *allein* auch keine Häuser bauen, so fügt sie sich in ein Gesamtbild ein, das der pseudepigraphische Autor uns bietet. Seine »Theologie« ist nicht ursprünglich, sondern abgeleitet. Daher haben tragende Begriffe – wie bei Paulus κλῆσις (»Berufung«) – bei ihm keine präzise, sicher umschreibbare Bedeutung, sondern gehören zu einem christlichen »Vokabular«, das abgeschliffene Kanten und sich überschneidende Inhalte kennzeichnet. Anstelle von »Berufung« könnte ohne Auffälligkeit »Reich Gottes« stehen.[214]

Beigeordnet mit »und« ist eine zweifach gegliederte Bitte, die sich auf die Ausreifung und Vollendung im Tun des Menschen bezieht. Die syntaktische Gleichstellung der beiden Glieder »allen guten Willen der Rechtschaffenheit« und (das ganze) »Werk des Glaubens« fordert auch die gleiche Intention. Der rechte Wille und das ihm konforme Tun *des Menschen* sind angesprochen.[215] »Der gute Wille« (εὐδοκία) ist ein Ausdruck, der im griechischen Sprachgebrauch zunächst vom Menschen gilt (wie auch Phil 1,15), in zweiter Linie, veranlaßt durch die LXX, vom Wohlgefallen Gottes.[216] Der gute Wille ist hier auf »Gutestun«, auf »Rechtschaffenheit«, auf »sittliche Gutheit« im weiten Sinn gerichtet. Gemeint ist insgesamt »jedwedes Wohlgefallen am sittlich Guten«[217].

»Das Werk des Glaubens« (ἔργον πίστεως) könnte eine Reminiszenz an 1 Thess 1,3 (τοῦ ἔργου τῆς πίστεως) sein, es hat hier aber selbständige komplementäre Bedeutung. Wird in VV 3 f der Glaube auf die durchgehaltene Treue hin ausgelegt, so hier auf die tatkräftige Verwirklichung, auf das Tun überhaupt. Beide Gebetswünsche fügen sich zusammen. Es möchten vollendet, zum Vollmaß ohne Mangel (vgl. 1 Thess 3,10) gebracht werden der Wille, der

[211] καταξιωθῆναι, ἀξιώσῃ; anders und unlogisch Pr-Bauer 155 zu 2 Thess 1,11: »daß euch Gott würdig mache der Berufung, der ihr bereits Folge geleistet habt.«

[212] Dobschütz 254.

[213] Vgl. Baur, Paulus 489; Hilgenfeld, Brief 245 f; Holtzmann, 2. Thess.-Brief 100; Braun, Herkunft 152.

[214] Die dogmatisch gebundene protestantische Exegese hat sich an der Unterscheidung von »würdig *machen*« (so auch M. Luther) oder »*für* würdig *ansehen*« entzündet; vgl. die Diskussion bei Bornemann 345; Dobschütz 254 f.

[215] So Wohlenberg 139; anders und kompliziert Dobschütz 256: Gottes Wohlgefallen

(εὐδοκία) am Guttun des Menschen und der Glaube als Werk Gottes seien gemeint; zur breiten Tradition dieser Auslegung von Gott her seit Zwingli, Calvin vgl. Lünemann 192; O'Brien, Thanksgivings 180, Anm. 86.

[216] Vgl. Pr-Bauer s. v.; εὐδοκία steht in LXX jedoch für רצון, = überwiegend als »Wohlgefallen Gottes«; so im NT an allen Stellen außer Röm 10,1; Phil 2,13 (vgl. 1,15) und hier; G. Schrenk, ThWNT II, 744, deutet an unserer Stelle doch auf »Gottes Wohlgefallen«.

[217] Lünemann 192; so auch O'Brien, Thanksgivings 180, »mit den meisten Kommentatoren« (vgl. ebd. Anm. 87); ἀγαθωσύνη findet sich nur in dieser Bedeutung im NT: Röm 15,14; Eph 5,9; Gal 5,22.

sich an »das Gute« hält, und ein Glaube, der sich im Tun auswirkt. Und dies alles möge geschehen »in Kraft«, wie noch betont hinzugefügt wird.[218]

12 Nochmals klingt der für den Verfasser zentrale Gedanke der »Verherrlichung« auf, diesmal wohl nicht auf den Triumph am Ende, sondern mit Rücksicht auf V 11, auf das Aufscheinen in der Gegenwart bezogen.[219] Aus dem guten Wollen und Tun soll die Herrlichkeit des Herrn hervorleuchten. Das ist ein wechselseitiges Geschehen, wie hier im Unterschied zu V 10 ausdrücklich gesagt ist. Durch das Zeugnis der Gemeinde soll der *Name* des Herrn Jesus »unter ihnen« (ἐν ὑμῖν) verherrlicht werden, und auch die Gemeinde selbst wird darin (mit-)verherrlicht (καὶ ὑμεῖς ἐν αὐτῷ) –, ein johanneisch klingendes Wort, das aber zunächst vom Alten Testament her zu verstehen sein dürfte.[220] Dafür spricht auch die Anlehnung an Jes 66,5, die hier vorliegen dürfte.[221]

»Verherrlichen« ist von V 10 her naheliegend, vor allem in der Form des Kompositums[222], der Gedanke wird aber auch sonst selbständig verwendet (2,14; 3,1). Soll man bei »verherrlichen« so hoch greifen und in diesem Sinne verstehen: Der machtvolle göttliche Lichtglanz, der im Alten Testament von Jahwe ausgeht und verwandelnd Neues schafft[223], ist auf den Kyrios Jesus übertragen (vgl. 2Kor 3,18.7–11); er wirkt in seine Gemeinde ein und wirkt sich in ihr aus? Oder genügt die bescheidenere Deutung, die von einem abgeblaßten Verständnis von »verherrlichen« ausgeht: Durch euer kraftvolles Verwirklichen des Glaubens an den Herrn soll es geschehen, daß er selber dadurch – eben als der Herr – anerkannt und gewürdigt oder einfach »geehrt« wird – und daß ihr an dieser Ehre und Würde teilhabt? Das zweite ist mir wahrscheinlicher, der Vorstellung von V 10 und dem Gesamtbild des 2Thess gemäßer.[224]

Die Abschlußwendung »gemäß der Gnade...« stellt das Problem, ob »unseres Gottes und Herrn Jesus Christus« so zusammengeschlossen werden muß, daß Christus als »Gott« bezeichnet würde – eine Aussage, die etwa von Dobschütz trotz Röm 9,5 als »unpaulinisch im höchsten Grade« bezeichnet.[225] Gramma-

---

[218] Adverbial auf πληρώσῃ zu beziehen: Bornemann 346; Dobschütz 256; vgl. Röm 1,4.

[219] Mit Dobschütz 257, Rigaux 640f gegen Masson 91; O'Brien, Thanksgivings 182; Best 270f. Völlige Sicherheit ist allerdings nicht zu erlangen.

[220] Daher ist kaum der »Name« selbständig im Sinn von Phil 2,9 herausgestellt (Lünemann 192; Dobschütz 257 u. a.), sondern mit ὄνομα at.lich die Person gemeint. Gleichwohl ist ἐν αὐτῷ grammatisch auf den Namen, nicht auf Ἰησοῦς zu beziehen. Da hier auch der »Name« mitgenannt ist, Jesus, fällt beides für den Leser doch in eins; gut bei Bornemann 347; Milligan 94. – Mit Recht für den lokalen Sinn des ἐν ὑμῖν O'Brien, Thanksgivings 182. Analog müßte dann ἐν in καὶ ὑμεῖς ἐν αὐτῷ auch

primär lokal zu fassen sein: Die Gläubigen werden mit verherrlicht innerhalb des Macht- und Herrlichkeitsbereiches, den »der Name des Herrn« umgreift; so etwa auch Frame 241.

[221] Nach Aus, Relevance 267, begegnet in den sechs Vorkommen der Verbindung von ὄνομα mit δοξάζειν nur in Jes 66,5 (LXX) τὸ ὄνομα κυρίου; das ἵνα sei in 2Thess durch ὅπως ersetzt, um eine Verdoppelung (s. V 11) zu vermeiden.

[222] Zu δοξάζομαι, vgl. Anm. 198.

[223] Vgl. G. v. Rad, ThWNT II, 240–248.

[224] Vgl. die verwandte Stelle 1 Petr 4,16.

[225] Dobschütz 258; es ist unmöglich, die weitläufige Diskussion dieser Stelle hier wiederzugeben. In ihr fällt jedenfalls auf, daß die Hauptargumente pro und contra am *paulinischen* Sprachgebrauch ansetzen.

tisch (nur ein Artikel) und textkritisch ist die Situation eindeutig, weshalb von
Dobschütz die Lösung nur in einer Interpolation des Textstückes »und (des)
Herrn Jesus Christus« durch einen Späteren findet. »Lieber eine solche
einzelne Interpolation annehmen, als deshalb den ganzen Brief mit seiner
persönlichen Art dem Apostel absprechen!«[226] In den Spätschriften gibt es aber
eindeutige, wenn auch wenige Belege für die Bezeichnung Christi als
»Gott«.[227] Das Problem löste sich auch hier, wenn man diese spätere Zeit für
2Thess ansetzte und den Text ließe, wie er lautet. Wer so selbstverständlich
alttestamentliche Gottesaussagen auf Christus übertragen kann, wie es in VV
7–10 geschehen ist, dem dürfte man auch die christologische Prädikation als
»Gott« zutrauen.[228] Damit wäre allerdings Paulus verlassen und die Tür für
eine neue christologische Epoche aufgetan, deren Höhepunkt im Nicänum
erreicht wird.
Sicher scheint mir dies dennoch nicht behauptet werden zu können, und zwar
vom Sprachduktus her. »Unseres Gottes« wird mit »gemäß der Gnade«
verbunden, »Gott« steht also nicht isoliert titular.[229] Der ganze Ausdruck
»gemäß der Gnade unseres Gottes« soll zunächst wohl als selbständige
Aussage genommen werden. Sie entspricht Paulus insofern, als die »Gnade«
bei ihm fundamental von Gott ausgeht.[230] In unserem Falle würde sich das auch
für eine angesteuerte Schlußwendung nahelegen, die den Blick wieder auf Gott
zurücklenkt. Dann mochte der Verfasser aus dem nachweisbaren Streben nach
fülligen Formulierungen und nach parallelen Verdoppelungen »und (des)
Herrn Jesus Christus« noch hinzugefügt haben, ohne auf die grammatische
Ungenauigkeit zu achten. Träfe dies zu, wäre der ganzen Frage kein zu großes
Gewicht zu geben, es handelte sich um ein schriftstellerisches Versehen.[231]
Vielleicht ist diese Deutung am wahrscheinlichsten.

Der Eingangsteil des Schreibens ist ein spröder Text, der sich mühsam liest,   Zusammen-
sich ohne rhetorischen Schwung und Glanz darbietet und an einigen Stellen   fassung
Unbehagen erzeugt. Das ist in der Einzelerklärung zum Vorschein gekommen.
Er wirkt auch wenig werbend oder gewinnend, sondern distanziert und oft
künstlich konstruiert. Dies alles, was auch in den älteren kritischen Untersuchungen bis hin zu dem Exkurs zu VV 3–12 von Dobschütz »Skizze der
Exegese unter Voraussetzung der Unechtheit«[232] benannt worden ist, braucht
nicht erneut aufgeführt zu werden.
Mein Eindruck hat sich nach mehrfacher Beschäftigung mit dem Text
gewandelt. Setzt man die Besonderheiten in Rechnung, löst man sich von der

---

226 Dobschütz 258.
227 Joh 20,28; 2Petr 1,1; zu Tit 2,13; vgl.
Brox, Pastoralbriefe 300f.
228 So jetzt Friedrich 262; Best 272f geht
davon aus, daß bei Paulus κύριος Ἰησοῦς
Χριστός im Regelfall ohne Artikel steht. Die
Zufügung der Wendung beim Diktat oder bei
nachträglichem Durchlesen des Briefes sei
leichter annehmbar als eine spätere Glosse.

229 κατὰ τὴν χάριν übrigens nur hier im NT.
230 Vgl. H. Conzelmann, ThWNT IX,
384–386.
231 So Frame 242; Rigaux 643; Masson 91f;
Trilling, Untersuchungen 129; die meisten
Übersetzungen setzen den Artikel vor
»Herrn«.
232 Dobschütz 258–260.

ängstlichen Mühe, den Brief doch noch für Paulus zu »retten« und
Übereinstimmungen aufzuspüren, und läßt man den Verfasser sein *eigenes
Wort* reden, dann gewinnt der Text trotz aller Einschränkungen eine eigene
Größe.

Zunächst gilt für ihn, wie für andere deuteropaulinische Schriften, daß der
Verfasser mit dafür gesorgt hat, paulinisches Erbe zu bewahren und in die
Fundamente der werdenden Großkirche mit einzumauern. Das betrifft die
grundlegende Relation zwischen Apostel und Gemeinde (vgl. das häufige
»ihr/euch« und »wir«), das für das Verhältnis zwischen späteren »Amtsträgern« und Gemeinden von Bedeutung wurde. Die Kehrseite innerhalb dieser
Entwicklung muß allerdings sofort mitgenannt werden: Gerade die autoritativen Züge, die dem Verständnis und der Ausübung des Apostolats bei Paulus
selbst eignen, und die in den Pastoralbriefen und in 2Thess noch verstärkt und
einseitig herausgestellt werden, konnten späteren »Amtsträgern« willkomme-
nes Vorbild werden, um an ihnen das eigene Selbstverständnis zu artiku-
lieren.[233]

Doch sind in der Herausarbeitung der Anschauung des »Apostolischen« auch
andere Momente zu nennen. Der Apostel ist Erstverkündiger, Zeuge und
Gründer (V 10b), er hat das Ziel genannt (VV 5.11b), das in dem gleichen
Anfang des Heils zentriert ist, in Jesus Christus als dem Herrn, und er hat den
Weg dazu gewiesen, nämlich ein Leben zu führen, das sich im Wollen des
Guten und in einem werktätigen Glauben auswirkt (V 11b). Wachstum des
Glaubens und der gegenseitigen Bruderliebe müssen sich in der Kraft treuer
Geduld bewähren (V 3b.4). Der Apostel bleibt der Gemeinde in der
Danksagung an Gott und im beständigen fürbittenden Gebet verbunden (VV
3a.11f) – wobei die Fürbitte auf das eine, letztlich entscheidende Thema
gerichtet ist, auf die Erreichung des Zieles.

»Der Apostel« tritt vor allem für die Orientierung an der rechten »Lehre« ein,
er unterweist die Gemeinde sicher und bestimmt, ja teilweise dogmatisch-satz-
haft über die Endereignisse (VV 7b–10). Dort liegt das Gewicht des Textes. Es
ist ein erstes »Lehrstück«, das über die Eschata unterweist. Ein zweites wird
gleich folgen (2,1–12).

Kap. 1 ist also nicht als Einleitung und Hinführung zum »eschatologischen
Hauptstück« Kap. 2 zu sehen. Es hat eigene Bedeutung im Gesamt der
eschatologischen Thematik.[234] Ja, es stellt sogar eine Art notwendige
Voraussetzung für Kap. 2 dar, insofern es das »letzte Wort« der Geschichte,
Gottes Gericht, gleich an den Anfang stellt, und somit das »Wissen« darum
seinen Adressaten einprägt. Im Kontext des ganzen Schreibens ist dieses
Wissen sogar wichtiger als das in Kap. 2 vermittelte. Dort ist zwar auch von der
Parusie die Rede, aber nur nebenher und nur in ihrer Beziehung auf den
»Antichrist« (2,8c; vgl. 2,12 auch zum Gericht). Wie dramatisch es in den

---

[233] Vgl. nur Bultmann, Theologie 457–461.   Bornemann 348–351; Aus, Comfort 111f
[234] So mit Recht öfter betont, z.B. von   u.ö.; vgl. auch später S. 72f.

Ereignissen am Ende auch zugehen mag, von Kap. 1 her weiß der Leser bereits um den Ausgang in der glanzvollen Ankunft des Kyrios und des von ihm ausgeübten Gerichtes Gottes. Die Gemeinde soll von vornherein wissen, daß ihre Not in allen »Verfolgungen und Drangsalen« (V 4b) eine Umkehrung erfahren wird, »an jenem Tag« (V 10c). Dann werden die Bedränger bestraft, und die Bedrängten werden aufatmen können (V 6).

Daß die Gemeinde mit diesem Ausblick auch »getröstet« werden soll, ist naheliegend, wenn es auch nicht ausdrücklich gesagt wird (anders 1Thess 4,18; 5,11).[235] Etwas anderes ist es aber zu sagen, daß die Leser mit dem *Vergeltungs*gedanken getröstet würden, wie gelegentlich geäußert wurde.[236] Ob man dem zustimmt oder nicht, wir stoßen an dieser Stelle auf einen kritischen Punkt. Hinsichtlich des Gerichtsgedankens als solchen gilt zunächst, daß die Erwartung eines endgültigen Gerichts und eines Ausgleichs angesichts so ungerechter irdischer Verhältnisse zur Botschaft des Neuen Testaments gehört.[237] Sie gehört gewiß auch zu den Erwartungen menschlicher und christlicher Lebensanschauung. Allerdings bekommt der Gerichtsgedanke in diesem Text, zumal am Anfang und im Rahmen einer Danksagung, doch ein solches Gewicht, daß man erschrocken und fast ratlos davor steht. Hatte der Autor einer »bedrängten Gemeinde« gar nichts anderes zu sagen, als es in diesem Gemälde zum Vorschein kommt (vgl. schon 1Thess 3,3f)? Nun, wenigstens predigt er keine »Angst vor dem Gericht«.

Stärker kann man daran Anstoß nehmen, daß die Bestrafung hier nur aufgrund der Tatsache geschieht, daß die Gemeinde von außen bedrängt wird, ja daß die Strafe – in Schwarz-Weiß-Malerei – summarisch die »Ungläubigen« schlechthin trifft (V 8b; noch massiver 2,10–12). *Das* liegt m. E. unter dem Niveau der paulinischen Verkündigung und Theologie[238] und auch unter der

---

[235] Die weitgehenden Folgerungen, die R. D. Aus in seinen Arbeiten aus dem verbreiteten motivlichen Zusammenhang zwischen Bedrängnis/Ephiphanie und Gericht/Tröstung gezogen hat, scheinen mir aus *diesem* Text nicht ausreichend begründbar zu sein; vgl. den Titel seiner Dissertation »Comfort in Judgement«. Gleichwohl hat die vernachlässigte Exegese von Kap. 1 durch diese Arbeiten Bereicherung erfahren.

[236] Z. B. Gutjahr 105; Lueken 22; bei Auberlen-Riggenbach 108 f wird die Frage eindringlich behandelt.

[237] Die zahlreichen Texte haben verschiedenes Gewicht und Niveau; vgl. etwa Phil 1,28; Kol 3,25; Offb 13,10 miteinander. Zur Sache knapp und farblos F. Büchsel, ThWNT III, 936–942; alle Paulusstellen, ohne 2Thess 1,5–10, bespricht Mattern, (Anm. 145). Synofzik, Gerichts- und Vergeltungsgedanke, berücksichtigt 2Thess nicht. Er kommt u. a. zum

Ergebnis, daß die paulinischen Aussagen insgesamt uneinheitlich seien, daß traditionelle Gedanken häufig interpretiert werden und daß der Apostel sie nie um ihrer selbst willen bringe oder gar in systematischer Weise ausbaue (104–109). »Paulus hat den Gerichts- und Vergeltungsgedanken nie zu einem eigenständigen Thema seiner Erörterung geformt, sondern stets nur als Argumentationsmittel verwendet« (105). Die Differenz zu 2Thess ist offenkundig. Systematisch Althaus, Die letzten Dinge 172–230; W. Breuning, in: MySal V, 844–864.

[238] Vgl. dazu Synofzik, Gerichts- und Vergeltungsaussagen, im ganzen und besonders die Zusammenfassung 104–109; dazu den Exkurs »Das Gericht nach den Werken« I, bei Wilkens, Römer I, 127–131: Ist das nicht doch eine »andere Verkündigung«? Vgl. das Niveau der Gerichts- und Vergeltungslehre in sBar, z. B. 54,21 f; dazu Harnisch, Verhängnis 180–208.

verbindlichen Kunde des Neuen Testaments, wenn man aufs Ganze schaut. Es kommt nämlich hinzu, daß sich als Kehrseite dieser pauschalen Verdammung ein intensives, wohl auch egoistisches »Gruppeninteresse« annehmen läßt. Das legt sich nach soziologischen Erkenntnissen bei Minderheiten überhaupt nahe, vor allem dann, wenn Minoritäten an den Rand der gesellschaftlichen Mitwirkung und Geltung geraten.[239] Gerade dies ist für 2Thess zu vermuten, und darin läßt sich vielleicht eine Erklärung, wenn auch keine Entschuldigung, für die Verurteilung der nicht zur »Gruppe« gehörenden »Ungläubigen« finden.

Die Empfänger des Briefs stehen in schweren Nöten von innen (dazu 2,1ff) und auch von außen. Beides hilft, den »Sitz im Leben« zu finden. Die mit »Verfolgungen und Bedrängnissen« (V 4b) bezeichneten Leiden der Gemeinde sprechen von der Gegenwart des Verfassers. Er »blickt auf Gegenwärtiges, und das gehört nicht zur Fiktion, sondern ist für ihn und seine Leser bittere Wirklichkeit«.[240]

In diesen geschichtlichen Kontext gehört wohl auch, daß der Verfasser die unbeschränkte Macht und überweltliche Hoheit des Kyrios Jesus so stark und einseitig zur Wirkung bringt. Vom »Geschick« Jesu, von seinem Leiden und Tod ist auch nicht andeutungsweise etwas zu vernehmen (vgl. anders 1Petr), und die christliche Hoffnung erscheint nur in der Umprägung der »Ausdauer« (ὑπομονή), aber ohne ihre inspirierende und von Freude erfüllte Kraft (vgl. Röm 8,18–21).[241] Insgesamt: Auch diese reduzierte Gemeinde- und Glaubensrealität gehört zu den Erfahrungen der Kirche, und sie ist später oft genug durchlebt und durchlitten worden. Eine angefochtene oder gar eine »sterbende Kirche« wird allerdings noch tiefere Antworten als die hier gegebenen brauchen und auch geben können.[242]

III. Der »Tag des Herrn« (2,1–12.13–14)

1 **Wir bitten euch aber, Brüder, wegen der Ankunft unseres Herrn Jesus Christus und unserer Versammlung bei ihm,** 2 **daß ihr euer Denken nicht schnell verwirren noch euch erschrecken laßt, weder durch eine(n) Geist(-äußerung) noch durch ein Wort noch durch einen Brief als von uns stammend, (die angeblich besagen) daß der Tag des Herrn da sei.** 3 **Daß niemand euch auf irgendeine Weise täusche! Denn (das wird**

---

[239] Vgl. die Beobachtungen zum 1Petr von N. Brox, Situation und Sprache der Minderheit im ersten Petrusbrief, Kairos 19 (1977) 1–13.
[240] Dobschütz 259.
[241] Unverständlich Lueken 23: Der Abschnitt sei immerhin »ein Zeugnis von urchristlicher Märtyrerfreudigkeit und Hoffnungsglut«.

[242] Vgl. die bemerkenswerten Worte von F. Markus, Modus moriendi der Kirche, Diakonia 8 (1977) 115–119, im Anschluß an die Neu-Veröffentlichung einer kleinen Schrift des letzten Bischofs der Böhmischen Brüder-Unität, Jan Amos Komenský, »Das Vermächtnis der sterbenden Mutter-Brüderunität« (1650).

nicht geschehen), wenn nicht zuerst der Abfall kommt und der Mensch der Bosheit offenbart wird, der Sohn des Verderbens, 4 der widerstreitet und sich überhebt über alles, was Gott oder Heiliges heißt, so daß er sich selbst in den Tempel Gottes setzt und sich (damit) als Gott einsetzt. 5 Erinnert ihr euch nicht, daß ich euch dies sagte, als ich noch bei euch war? 6 Aber jetzt kennt ihr das, was aufhält, damit er (d. i. der Mensch der Bosheit) geoffenbart werde (erst) zu seiner Zeit. 7 Denn schon wirkt das Geheimnis der Bosheit. Nur (dauert es) noch (solange), bis der, der aufhält, entfernt ist. 8 Und dann wird der Böse offenbart werden, den der Herr Jesus vernichten wird durch den Hauch seines Mundes und vertilgen wird durch die Erscheinung seiner Ankunft; 9 dessen (d. i. des Bösen) Ankunft in der Kraft Satans geschieht, mit aller Macht und mit trügerischen Zeichen und Wundern 10 und mit jeder Art Verführung der Ungerechtigkeit für die, welche verlorengehen, dafür daß sie die Liebe zur Wahrheit nicht ergriffen haben, damit sie gerettet würden. 11 Und deshalb schickt ihnen Gott die Kraft des Irrtums, so daß sie der Lüge glauben, 12 damit alle gerichtet werden, die der Wahrheit nicht glaubten, sondern sich am Unrecht freuten.

Unbestritten enthält der Abschnitt 2,1–12 das, um dessentwillen der Brief geschrieben worden ist. Der Text ist komplizierter als 1,3–12 und nicht leicht zu entschlüsseln. Auch mag dieser Teil in mancher Hinsicht noch befremdlicher auf uns heute wirken als der vorhergehende. *Analyse*

1. Abgrenzung

Die Abgrenzung nach vorn bietet keine Probleme. Den neuen Einsatz bezeichnet das formelhafte »wir bitten euch«[243] und die erneute Anrede als »Brüder«[244]. Dazu wird auch sofort das Thema der »Parusie unseres Herrn Jesus Christus« genannt. Es ist von daher berechtigt, den Abschnitt so weit zu bemessen, wie das Thema verhandelt wird. Das ist ohne Zweifel bis einschließlich V 12 der Fall. Dennoch gehören die VV 13.14 enger zu dieser Einheit als die folgenden VV 15–17. Der Abschnitt VV 13.14 hat eine Zwischenstellung. Er ist in sich gedanklich so geschlossen und so selbständig formuliert, daß er als eigene Einheit gelten sollte. Anderseits verbinden ihn manche Fäden mit dem Vorhergehenden. Vor allem bringt er eine Anrede an

---

[243] Daß schon mit 2,1 das παρακαλῶ-Motiv auftaucht und den εὐχαριστῶ-Zusammenhang (1,3 ff; 2,13) »unterbricht«, bereitet Bjerkelund, Parakolō, Schwierigkeiten. Seine unbefriedigende Erklärung, daß Paulus »in seinem Eifer um die Gemeinde« den εὐχαριστῶ-Zusammenhang unterbreche, zeigt an, daß die – nach Bjerkelund – für Paulus geltenden Regeln nicht auf 2Thess anwendbar sind. Vgl. zu 2Thess ebd. 136–139.

[244] Vgl. S. 44 dazu.

die Gemeinde auf ihre Erwählung hin, im scharfen Kontrast zum Schicksal der Verlorenen, so daß er als Fortsetzung der düsteren VV 10–12 anzusehen ist.[245] Diese Beobachtung ist für die Einschätzung der Komposition des Briefes und für die Auslegung von VV 13 f wichtig.

2. Stil

Stilistisch weist dieser Teil mehrere Unebenheiten auf. Das betrifft die umständliche Konstruktion von VV 1.2, das Anakoluth VV 3b.4, vor allem aber die Unterbrechung des Zusammenhangs durch die VV 5–7. Mit V 3b setzt die Schilderung der Ereignisse, die der Parusie Christi vorangehen sollen, ein: der Abfall und das Auftreten des »Menschen der Bosheit«, des »Antichristen«.[246] Diese Schilderung hebt mit einem Bedingungssatz an (»wenn nicht zuerst ... kommt und ... offenbart wird«), verselbständigt sich dann aber zu einer Aufzählung der Freveltaten des Antichristen (V 4) und bricht mit Ende des Verses ab. Erst in V 8 kommt die Fortsetzung, die mit Rücksicht auf den Zwischenteil VV 5–7 neu mit »dann wird der Gesetzlose offenbart werden« einsetzt.[247]

Die VV 5–7, in denen die meisten Probleme sitzen, müssen als Schlüsselverse des Ganzen angesehen werden. Auch dieser Teil ist wie in V 2c von der entscheidenden Frage nach dem *Zeitpunkt,* zu dem der Antichrist auftreten wird, bestimmt. Dieser Zeitpunkt wird vage mit »zu seiner Zeit« (V 6b) angegeben. Was die Adressaten bisher wußten und was ihnen nun in Erinnerung gerufen wird (V 5), ist die Tatsache vom Auftreten des Wider-Gottes. Was sie nicht wußten, was ihnen jetzt aber eröffnet wird, ist die Verzögerung dieses Auftretens durch eine geheimnisvoll »der/das Aufhaltende« genannte Größe (V 6a.7b). Erst wenn diese Größe nicht mehr »aufhaltend« wirkt, ereignet sich das Erscheinen des Antichristen. Das ist in V 8 deutlich mit »dann« markiert, welches im Sinn von »dann erst«, d. h. nicht früher, zu nehmen ist.[248] Dies dürfte die Substanz der Aussage der VV 5–7 ausmachen. Diese sachlichen Zusammenhänge müssen hier bereits angedeutet werden,

---

[245] Die Verbindung von VV 13 f mit VV 1–12 bzw. die Auffassung von 2,1–17 als *einer* geschlossenen Einheit bildet eine der Hauptstützen der Konzeption von Giblin, Threat; vgl. 41–49.241–249; auch Dobschütz 260 nimmt 2,1–17 als Einheit, doch differenziert; vgl. 297. – Die Textausgaben sollten m. E. Abtrennungen nach VV 12 f und VV 14 f aufweisen.

[246] »Antichrist« wird im folgenden als geläufige Benennung und zur Abkürzung öfter verwendet, obgleich diese Bezeichnung ungenau ist. Abgesehen davon, daß sie in 2 Thess nicht vorkommt, handelt es sich nach der Schilderung um einen Anti-Gott, einen Wider-Gott. Vgl. zur Einzelauslegung. ἀντίχριστος im NT nur 1Joh 2,18.22; 4,3; 2Joh 7; zur Wortbildung vgl. W. Grundmann, ThWNT IX, 567, Anm. 500.

[247] πρῶτον-τότε u. ä. Ausdrücke sind für die Gliederung eines eschatologischen Geschehens typisch: Baumgarten, Apokalyptik 102, Anm. 220; vgl. 1Kor 15,23 f; Did 16,4–8.

[248] In dieser Erläuterung der Zusammenhänge wird die Einzelexegese schon vorausgesetzt; zur Begründung verweise ich auch auf Trilling, Untersuchungen 75 ff.

weil sich allein von ihnen her auch die *grammatischen* Probleme, die VV 5–7 und vor allem V 7 aufgibt, einigermaßen befriedigend lösen lassen.

Es fällt auf, daß die einzelnen Angaben in diesem Textteil seltsam unbestimmt, vage, undeutlich sind. Das trifft zu für den äußerst merkwürdigen Wechsel zwischen Maskulinum und Neutrum beim Katechon (»Aufhaltenden«)[249], für die Ausdrücke »zu seiner Zeit«, »Geheimnis der Bosheit«, »bis er – der Aufhaltende – entfernt ist«. Dieses Merkmal kontrastiert auffällig mit der Bestimmtheit, die die Aussagen über das Erscheinen des Wider-Gottes kennzeichnen. In den Bemerkungen zur Überlieferungsgeschichte (Nr. 3) und in der Einzelauslegung muß nach einer Erklärung dafür gesucht werden.

Das Erscheinen wird zunächst in VV 9.10a bis zur Wendung »und mit jeder Art Verführung der Ungerechtigkeit« in pompöser und furchterregender Weise beschrieben. Dann aber bleibt der Verfasser in V 10a bei der Wendung »für die, welche verlorengehen« (τοῖς ἀπολλυμένοις) haften und spricht bis zum Ende nur noch vom Geschick der »Ungläubigen«. In dem Schlußstück VV 10d–12 sind die Stilmerkmale des 2Thess besonders deutlich festzustellen.

3. Überlieferungsgeschichte

Im Kontrast zwischen den Teilen VV 3b–4.8–10a einerseits und VV 5–7.10b–12 andererseits kommen zwei überlieferungsgeschichtliche Situationen zum Vorschein. Im ersten dürfte eine für den Autor und die Adressaten bereits »traditionelle« Anschauung über den Antichristus enthalten sein. Der andere Teil bringt das Neue und Eigene des Verfassers. Das ist zum einen die Belehrung über die »aufhaltende Macht«, zum anderen die Darstellung des Geschicks der Ungläubigen.

Der Autor benutzte eine offenbar geläufig gewordene Anschauung für seine Argumentation. Er aktualisiert diese allerdings *nicht* dadurch, daß er die dramatischen Züge der Antichrist-Erwartung vermehrt und stärker vergegenwärtigt hätte. Vielmehr fügt er zu den beiden Ereignissen, die dem »Tag des Herrn« vorausgehen sollen, als dritte apokalyptische Größe die »aufhaltende Macht« hinzu. Diese Größe schafft gleichsam Raum, sie bringt Zeit mit, allerdings eine qualifizierte Zeit. Das Katechon ist einerseits heilsam und positiv wirksam, da es den Einbruch der gottfeindlichen Macht zurückhält. Diese »Zeit« ist andererseits gefährlich, da in ihr *auch* das »Geheimnis der Bosheit« am Werke ist. Eine Zwischenzeit also, die mit den Möglichkeiten nach beiden Seiten angefüllt ist. »Aufhaltende Macht« und »Geheimnis der Bosheit« sind die beiden Pole und Wirkmächte in ihr.

---

[249]   Im folgenden werden für τὸ κατέχον / ὁ κατέχων die Ausdrücke »das Katechon« oder »die aufhaltende Macht« benutzt, um möglichst neutrale Bezeichnungen zu verwenden, und um mit ihnen auch anzuzeigen, daß es sich bei der mask. und neutr. Form um dieselbe Größe handelt; vgl. noch S. 89–94.

Möglicherweise ist die Rede von der Zwischenzeit (VV 6f) deshalb so
andeutend-undeutlich gehalten, weil es um die *Gegenwart* geht, für die der
Verfasser gerade *keine* direkten Assoziationen herstellen und keine Identifizie-
rungsmöglichkeiten mit bestimmten Zeiterscheinungen provozieren wollte.
Träfe diese Vermutung zu, dann wäre das jahrhundertelange Mißverständnis
des Katechon und seiner »Zwischenzeit« noch erregender als es heute
weitgehend angesehen wird. Denn dann hätten die Ausleger, die nach so vielen
zeit- und weltgeschichtlichen Erklärungen fahndeten, nicht nur an der
Intention des Textes *vorbei*, sondern geradezu *gegen* sie interpretiert.
Diese Analyse aufgrund einer traditionsgeschichtlichen Betrachtung vermag
auch einleuchtende Erklärungen für das Verhältnis zwischen »Antichrist« und
»aufhaltender Macht« und zwischen dem »Menschen der Bosheit« und dem
»Geheimnis der Bosheit« zu geben.[250]

4. Formkritik

Formkritisch ist 2,1–12 ein Zwitter wie 1,3–12. Sagten wir dort, daß es sich um
Unterweisung in der Form einer paulinischen *Danksagung* handele, so legt
sich hier nahe, von einer Belehrung in der Form einer *Mahnrede,* einer
Paraklese, zu sprechen. Dort wird der Text mit »danksagen müssen wir«, hier
mit »wir bitten euch« eingeführt. Die Absicht des Autors ist es, der Verwirrung
in der Gemeinde zu steuern, ihnen zu helfen, Sicherheit und ruhiges Urteil
zurückzugewinnen. Belehrung über kommende Ereignisse um ihrer selbst
willen soll gewiß nicht erteilt werden. Belehrung geschieht dann allerdings so
eindrücklich, daß sich die Proportionen wieder verschieben und das Didaktische die Überhand gewinnt.
Erst zum Ende richtet sich der Blick auf den Menschen in der Entscheidung
angesichts der »Wahrheit«, negativ (VV 10b–12) und positiv (VV 13f). Dort
klingt die parakletische Rede wieder auf. Es handelt sich nicht, wie besonders
Bornemann mit Recht betonte, um den »dogmatischen« Teil im 2Thess: Die
beiden Teile 1,3–12 und 2,1–12 seien überhaupt nicht grundlegend unterschieden, sie seien vielmehr eng aufeinander bezogen, ja, 1,3–12 müsse als die
Voraussetzung für 2,1–12 genommen werden.[251] Dies ist alles richtig und nötig

---

[250] Ausführlicher begründet und dargestellt
wird die These der »Schichtung« des Textes bei
Trilling, Untersuchungen 77–86; dabei ist
allerdings nicht an *schriftliche* Quellen gedacht, sondern an traditionsgeschichtlich ab-
grenzbare Anschauungs- und Sprachebenen.
– Die Uneinheitlichkeit des Textes war Dobschütz 261 (vgl. 286) besonders aufgefallen, so
daß er die Teile VV 5–7 und VV 9–12 als
»gewissermaßen zurückgreifende Exkurse zu
der Hauptdarlegung« in VV 3.4.8 bezeichnete.

Seine Lösung kann allerdings nicht befriedi-
gen: »Diese ganze ungeordnete und durchaus
unvollständige Art der Mitteilung begreift sich
nur, wenn der Verf. wirklich eigene frühere
Erörterungen bei den Lesern als bekannt voraussetzen kann, wie er 2,5 tut; d.h. wenn der
Brief echt ist.« Gleichwohl bringt der Ausdruck
»Exkurse« treffend ein Merkmal des Textes zur
Sprache.
[251] Bornemann 348–351; vgl. auch oben
S. 66f.

zu sagen. In beiden Fällen liegt keine »reine« Form des Briefstils vor, sondern eine gemischte, die allerdings hier, vor allem wegen der Anredeform, weniger künstlich als in Kap. 1 wirkt.

1. Das Thema (2,1–2)

Die beiden ersten Verse geben das Thema an, das der Verfasser behandeln will,   Erklärung
und sie zeigen die Intention auf, aus der heraus das geschieht. Das Thema ist die Parusie Christi. Seine Absicht ist, eine falsche Anschauung darüber zurückzuweisen.

»Wir bitten euch aber, Brüder« erinnert an den gleichlautenden Beginn in 1
1 Thess 5,12.[252] Die Grenzen zwischen »bitten« und »ermahnen« sind nicht scharf zu ziehen, »beide Bedeutungen ... gehen zuweilen ineinander über«.[253] In den Papyrusbriefen werden beide Verben im gleichen Sinn gebraucht.[254] »Bitten« kann mit dem Nebenklang von »ermahnen« gehört werden. Es unterscheidet sich allerdings von dem autoritativen »wir befehlen« ($\pi\alpha\varrho\alpha\gamma\gamma\acute{\epsilon}\lambda\lambda$o$\mu\epsilon\nu$) von 3,6 (vgl. 3,4). Der Gegenstand, auf den sich die Bitte richtet, wird zuerst, wiederum in einer parallelen Formulierung, genannt. Es ist die »Parusie unseres[255] Herrn Jesus Christus«, oder das das gleiche Geschehen ansprechende »unsere Versammlung bei ihm«. $\pi\alpha\varrho$o$\upsilon\sigma\acute{\iota}\alpha$ (»Ankunft«) wird technisch gebraucht von der zweiten Ankunft Christi am Ende dieses Äons. Diese Bedeutung des griechischen Wortes gehört bereits zum Bestand eines christlich-dogmatischen Vokabulars, neben dem der Autor auch »Offenbarung« ($\dot{\alpha}\pi$o$\varkappa\acute{\alpha}\lambda\upsilon\psi\iota\varsigma$) (1,7), »jener Tag« ($\dot{\eta}\mu\acute{\epsilon}\varrho\alpha$ $\dot{\epsilon}\varkappa\epsilon\acute{\iota}\nu\eta$) (1,10), »Tag des Herrn« ($\dot{\eta}\mu\acute{\epsilon}\varrho\alpha$ $\tauo\tilde{\upsilon}$ $\varkappa\upsilon\varrho\acute{\iota}o\upsilon$) (2,2)[256], »Erscheinung« ($\dot{\epsilon}\pi\iota\varphi\acute{\alpha}\nu\epsilon\iota\alpha$) (seiner Parusie) (2,8) verwendet. Die Freizügigkeit im Umgang mit dem Wort erhellt aus der Kühnheit, es sogar für das Erscheinen des Antichrist zu benutzen (2,9).

Merkwürdig ist, daß Paulus selbst das Wort reichlich in 1 Thess gebraucht (2,19; 3,13; 4,15; 5,23), in den anderen Briefen aber nur noch einmal im gleichen Sinn (1 Kor 15,23). In einigen Spätschriften hat es seinen festen Platz, auffällig bei Mt als einzigem

---

252 $\dot{\epsilon}\varrho\omega\tau\tilde{\alpha}\nu$ als »bitten« außer hier bei Paulus noch 1 Thess 4,1; 5,12; Phil 4,3; hier mit $\epsilon\dot{\iota}\varsigma$ und nachfolgendem Inf. konstruiert; vgl. andere Möglichkeiten bei Pr-Bauer s.v. Zur Sache vgl. Bjerkelund, Parakalō 16.136f; A. Grabner-Haider, Paraklese und Eschatologie bei Paulus, 1967 (NTA.NF 4), 10.11f.24ff; Belege aus den Papyri bei Bjerkelund, aaO 34–58 und T. Y. Mullins, Petition as a Literary Form, NT 5 (1962) 46–54.

253 U. B. Müller, Prophetie und Predigt im Neuen Testament, 1975 (SNT 10), 118f; in

1 Thess 4,1 steht $\dot{\epsilon}\varrho\omega\tau\tilde{\omega}\mu\epsilon\nu$ neben $\pi\alpha\varrho\alpha\varkappa\alpha\lambda$o$\tilde{\upsilon}\mu\epsilon\nu$.

254 Vgl. Anm. 252.

255 Das $\dot{\eta}\mu\tilde{\omega}\nu$, im Nestle[25] noch in [] gesetzt und ohne [] im GNT, fehlt in BΨ330 syh (nach Rigaux 647); es ist in den Text zu nehmen; so schon Zimmer, Textkritik 327f.

256 Absolutes $\dot{\eta}\mu\acute{\epsilon}\varrho\alpha$ $\varkappa\upsilon\varrho\acute{\iota}o\upsilon$ im NT nur noch 1 Thess 5,2; 2 Petr 3,10 – neben Varianten von »Tag« im eschatologischen Sinn bei Paulus; vgl. G. Delling, ThWNT II, 954ff; Exkurs bei Baumgarten, Apokalyptik 64f.

Synoptiker (Mt 24,3.27.37.39) und in 2Petr, wo die Terminfrage der Parusie thematisch ist wie in 2Thess (2Petr 1,16; 3,4.12). Mt spricht nur von der Ankunft des »Menschensohnes« (außer in der Anrede 24,3), Paulus in 1Kor 15,23 von der Parusie »Christi«. Alle anderen Texte, die auch einen christologischen Titel führen, reden von der Parusie des »Kyrios«. Das ist nochmals auffällig für die vier Stellen in 1Thess, die alle den Kyrios-Titel aufweisen, dreimal sogar in der aufgefüllten Form τοῦ κυρίου ἡμῶν Ἰησοῦ (2,19; 3,13) bzw. Ἰησοῦ Χριστοῦ (5,23).[257] *Diese* terminologische Besonderheit teilt also 2Thess nur mit 1Thess, mit Jak (5,7.8) und 2Petr (1,16).[258]

Neben »Parusie« tritt, unter einem Artikel zusammengeschlossen, »unsere Versammlung bei ihm«.[259] Ob der Nachdruck weniger auf die »Sammlung« *bei* dem Herrn als auf die »Vereinigung« *mit* dem Herrn[260] gelegt werde, ist fraglich. Die zweite Nuance legt sich durch 1Thess 4,17 nahe, ein Bezug, der häufig erwähnt wird. Lebende und Verstorbene sollen da entrückt werden »auf Wolken zur Begegnung mit dem Herrn« (εἰς ἀπάντησιν τοῦ κυρίου). »Begegnung« mit dem Kyrios und »Versammlung bei ihm« sind eng verwandt. Die Anregung durch 1Thess ist möglich, und unser Verfasser könnte dadurch auf den für das Endzeitgeschehen im Neuen Testament singulären Ausdruck »Versammlung« (ἐπισυναγωγή) gekommen sein.[261] Das bedeutet jedoch nicht, daß auch der Gedanke der Vereinigung *mit* dem Herrn, den 1Thess 4,17b enthält (»und so werden wir immer mit dem Herrn sein«) hier ebenfalls intendiert sei. Die verschiedenen Präpositionen »bei« (ἐπί) und das gefüllte »mit« (σύν) sprechen eher dagegen.[262]

2 Nun wird die Bitte und Mahnung formuliert[263], wieder durch zwei Verben zweigliedrig gestaltet (V 2a). Dies verstärkt die Spannung nach der feierlichen Themenangabe V 1 und unterstreicht die Wichtigkeit, die der Bitte zukommt. Das erste Verbum σαλεύειν bedeutet »erschüttern«, »wankend machen« und wird hier übertragen gebraucht, wie in Apg 2,25 (Ps 15,8), von der Einsicht und

---

[257] Auf weitere Fragen, die sich an diese Beobachtung knüpfen, kann hier nicht eingegangen werden; doch vgl. Demke, Theologie 108, der sie bei den Auffälligkeiten im Sprachgebrauch von 1Thess notiert.

[258] Allg. zu παρουσία vgl. Pr-Bauer s. v.; Dibelius, Exkurs nach 1Thess 2,20; A. Oepke, ThWNT V, 856–869; Rigaux 195–234; A. L. Moore, The Parousia in the NT, Leiden 1966 (NT.S 13), ist stärker systematisch und apologetisch als exegetisch orientiert und für 2Thess wenig ergiebig (vgl. 110–114); Cerfaux, Christus 32–45, zu 2Thess 39–42; in den Past ist der technische Ausdruck durchgehend ἐπιφάνεια, 1Tim 6,14; 2Tim 4,1.8; Tit 2,13; auffällig ist das geringe Vorkommen beider Ausdrücke bei den ApostVät: ἐπιφάνεια 2Cl 12,1; 17,4; παρουσία IgnPhld 9,2; Herm s 5,5.

[259] ἐπί ist durch das Dekompositum veranlaßt; vgl. Gal 4,9; Frame 245; Rigaux 648.

[260] So Dobschütz 263 f; Masson 93; Friedrich 262 u. a.

[261] Vgl. Pr-Bauer s. v.; im NT συναγωγή nur noch Hebr 10,25 von der gottesdienstlichen Zusammenkunft. Apokalyptische Einfärbung könnte von Mk 13,27/Mt 24,31 (Did 9,4; 10,5 συνάγειν) her naheliegen, evtl. auch von 2Makk 2,7 (Subst); Ps Sal 17,44 (vgl. Frame 245) her (endzeitliche Sammlung der Diaspora-Juden), doch fehlen Belege für das Subst mit dieser Bedeutung, auch in der Aufzählung bei Rigaux 647 f.

[262] Vgl. auch zu 1,10; 1,12 in diesem Kommentar. Vg hat nostrae congregationis, nicht unionis o. ä.; wie oben auch Schulz 113: »das Sich-Versammeln der Glaubenden bei ihm«.

[263] Zur Konstruktion εἰς τό mit Inf vgl. Bl-Debr 392,4; ebenso 1Thess 3,10.

dem kritischen Urteilsvermögen des Verstandes. Es ist etwa wiederzugeben mit »im Denken durcheinandergeraten«, »den Verstand verwirrt bekommen«.[264] Das »schnell«, »alsbald« (ταχέως) hat vielleicht den negativen Nebenklang von »leichtfertig«, »unüberlegt« (vgl. Gal 1,6; 1Tim 5,22).

Das andere Verbum θροεῖσθαι spricht mehr die emotionale Bewegung an: sich in Furcht, in Schrecken versetzen lassen. Auch die synoptische Apokalypse (Mk 13,7/Mt 24,6) bietet eine Parallele. Der Kontext katastrophischer Ereignisse vor dem Ende der Welt kann auch hier mit im Hintergrund stehen.[265] Ob zwischen beiden Verben eine Steigerung oder ein Gegensatz (»... erst recht nicht«) beabsichtigt ist, ist kaum zu beantworten. Das Erschrecken, wie es der Verfasser kennt oder wovor er vorsorglich nur warnt, wird durch die These als solche bewirkt, daß die Parusie *jetzt*, sofort, unmittelbar geschehe.

Nochmals wird mit V 2b die Spannung erhöht. Ehe die alarmierende Meldung selber kommt, nennt der Verfasser drei Quellen, auf die sie sich stützen könnte oder tatsächlich stützt: auf eine prophetische Äußerung, auf ein »Wort« oder auf einen Brief. Das Fehlen eines Artikels in allen drei Fällen und die stichwortartige Aufreihung machen die Deutung schwierig. Mit »Geist« ist sehr wahrscheinlich eine Prophetenstimme, ein prophetischer Ausspruch gemeint.[266] Ob eine irreführende Äußerung, also Falschprophetie ausdrücklich gemeint ist (vgl. 1Joh 4,1–3), kann nur nach dem Kontext beurteilt werden. Ein »Wort« meint einen einzelnen Ausspruch, der offenbar nicht als prophetische Stimme ausgewiesen und als solche qualifiziert ist. 1Thess 4,15 nennt ein »Wort des Herrn«, 4,18 des Paulus eigene »Worte«, mit denen sie einander trösten sollen. Genaueres darüber ist schwer zu sagen, allenfalls auch vom Zusammenhang her zu gewinnen.

Eindeutiger ist die dritte Quelle zu bestimmen: ein Brief. Diesem wird die Wendung ὡς δι' ἡμῶν, »wie von uns«, »als von uns stammend« hinzugefügt. Zwei Fragen stellen sich dazu sofort ein: Ist der Zusatz hypothetisch oder real zu verstehen?, und: Worauf bezieht er sich? Beide Fragen hängen eng miteinander zusammen.

Zur ersten Frage: Will der Verfasser ausdrücken »als – *angeblich oder fälschlich* – von mir stammend«, was in Wirklichkeit aber nicht zutrifft, oder

---

264 Belege für die intellektuelle Bedeutung des Verbums und der ganzen Wendung bei Kemmler, Faith 179–189; zu ἀπό als Bezeichnung der Trennung vgl. Bl-Debr 211,2.

265 Zu stark befrachtet von Wrede, Echtheit 47f; vgl. aber Pesch, Naherwartungen 120.214f.

266 Dies hat neuerdings Dautzenberg, Prophetie 122–148, im Zusammenhang mit 1Kor 12,10; 2,13 aufgewiesen. Die διάκρισις πνευμάτων sei nicht als »Unterscheidung der Geister«, sondern als »Deutung von Geistesof-

fenbarungen« zu verstehen. πνεῦμα in 1Kor 12,10 wäre danach wie hier als prophetischer Ausspruch zu fassen, eine Bedeutung, die im NT nicht mehr bezeugt ist, und die von der anders gerichteten in 1Joh 4,1b.2b; 1Tim 4,1a scheidet; vgl. ebd. 140f zu 2Thess 2,2; die sorgfältige Untersuchung ergibt, soweit ich sehe, erstmals eine wohlbegründete hohe Wahrscheinlichkeit für die oft vertretene Deutung als »Geistesausspruch«, »Geistrede«. – Vgl. Bauer, Rechtgläubigkeit 184f.

»als – *tatsächlich* – von mir stammend«? Die schwierige und viel gequälte Frage ist grammatisch allein nicht zu entscheiden, da beide Möglichkeiten gegeben sind. Allerdings bietet die Annahme eines Pseudepigraphons für 2Thess doch Möglichkeiten, zu mehr Klarheit zu gelangen.[267]

Gehen wir davon aus, daß sich ἡμῶν in jedem Fall auf δι' ἐπιστολῆς bezieht, unabhängig von einem Urteil über den Bezug zu den beiden anderen Gliedern.
1. Wäre Paulus der Verfasser, dann ist ὡς δι' ἡμῶν kaum verständlich zu machen, ja es bliebe ein Rätsel. Denn entweder müßte man annehmen, daß der Apostel auf einen Brief von sich selbst Bezug nimmt. Dann wäre die umständliche Ausdrucksweise kaum zu begreifen, und man müßte fragen, warum er nicht einfach schreibt: »... durch/in meinem Brief an euch« o. ä. Entschließt man sich dazu nicht, dann bleiben nur Vermutungen übrig, wie sie oft angestellt worden sind, z. B. : Paulus sei nicht genügend über die Lage informiert, er rechne mit gefälschten Briefen, wisse dies aber auch nicht genau, er befürchte Mißverständnisse seines ersten Briefes. In *jedem* Fall ist es verwunderlich, daß sich der Apostel nicht klarer ausdrückte, vor allem dann, wenn er tatsächlich um Fälschungen gewußt oder solche nur vermutet habe.[268]
2. Nimmt man ein Pseudepigraphon an, muß ebenfalls die Frage nach der hypothetischen oder realen Bedeutung gestellt werden. Will sich der Verfasser durch sein ὡς δι' ἡμῶν von dieser Quelle distanzieren, etwa in dem Sinn : Diese Leute behaupten, es gebe einen Brief mit dieser Behauptung vom »Tag des Herrn« – aber das kann nur ein »angeblicher« Paulusbrief, eine Fälschung, sein? Mit dieser Antwort wäre das Problem in der Sache erledigt.[269]
Schwieriger wird die Antwort, wenn man die andere Möglichkeit erwägt, daß der pseudepigraphische Autor auf briefliche Äußerungen anspielt, die Paulus *tatsächlich* gemacht hat. Er würde dann sagen wollen : »Die Leute mit der These vom ›Tag des Herrn‹ stützen sich zwar auf einen Paulusbrief, aber dies geschieht zu Unrecht. Sie mißverstehen oder verdrehen des Apostels Wort und Meinung.« Das muß keineswegs heißen, daß der Verfasser solche mißverständlichen Stellen bei *Paulus* »richtig« interpretieren, zurechtrücken, oder gar korrigieren wolle. Es ginge ihm nur darum, eine *fälschliche Berufung* auf den Apostel von seiten Dritter abzuweisen. Diese Deutung ist mir die wahrscheinlichste.

Bei Annahme der zuletzt genannten realen Bedeutung des »wie von uns« muß weiter danach gefragt werden, welcher Brief und welche Äußerung des Apostels gemeint sein könnte. Die m. E. besten Indizien – mehr sind es nicht ! – sprechen tatsächlich für 1Thess[270], näherhin für 4,15.17. Allerdings steht dort nicht, daß »der Tag des Herrn da« sei[271], wie das auch für alle anderen

[267] Vgl. Bl-Debr 425,4 ; Milligan 96 f ; Lindemann, Abfassungszweck 36 ff ; Ubbink, Puzzle, passim ; vgl. Rigaux 652.
[268] Vgl. Lindemann, Abfassungszweck 37, der die Aporien erneut benennt.
[269] Diese Lösung könnte entsprechend auch für πνεῦμα und λόγος gelten, wenn man sie mit dem ὡς δι' ἡμῶν zusammenschlösse (s. dazu 2.) : es wären fälschlicherweise dem Apostel zugeschriebene mündliche oder schriftliche Äußerungen.

[270] So seit Kern, Hilgenfeld usw. ; das Fehlen des Artikels verliert bei Annahme des pseudepigraphischen Charakters seinen Anstoß ; anders klingen Paulus' Berufungen auf frühere Briefe, vgl. 1Kor 5,9.11 ; 2Kor 7,8.
[271] Vgl. Wrede 43 : »Andererseits sagt der erste Brief doch keineswegs : ἐνέστηκεν ἡ

Briefe zutrifft. Aber es ist doch in einer auffälligen Weise Naherwartung artikuliert, die den Gedanken an unmittelbares Bevorstehen der Parusie erweckt.[272]

Zum zweiten Problem: Worauf bezieht sich ὡς δι' ἡμῶν, »als von uns stammend«? Alle drei bestehenden Möglichkeiten werden vertreten: die Beziehung auf »Brief«, auf »Wort und Brief« und auf die beiden einschließlich »Geisteswort«. Sicher ist nur die Zugehörigkeit zu »Brief«. Vielfach wird auch mit Rücksicht auf 2,15 (vgl. 3,14) die mittlere Lösung vorgeschlagen, nach der die Berufung auf einen Brief und auf einen mündlich tradierten Ausspruch des Apostels geschehe.[273] Dafür spricht, daß angesichts der Vergleichsstelle 2,15, die schon ein Nebeneinander von mündlichem und schriftlichem Apostelwort zu reflektieren scheint[274], das »Wort« ziemlich isoliert wirkte, wenn man es von ὡς δι' ἡμῶν (»als von uns stammend«) abtrennte.[275] Doch die Intention von 2,15 läuft insgesamt in andere Richtung, so daß die Stelle besser nicht zur Erklärung von 2,2b herangezogen werden sollte.[276] Sicherheit ist in dieser Frage nicht zu gewinnen. Daher dürfte es methodisch ratsam sein, von der Angabe auszugehen, die grammatisch sicher ist, nämlich von »Brief«. Daß damit wahrscheinlich an 1Thess gedacht ist, wurde gesagt. Vielleicht wollte der Verfasser durch die Beifügung von »Wort« auf eine bestimmte Stelle in diesem Brief oder auch auf ein mündlich umlaufendes, vielleicht entstelltes bzw. frei wiedergegebenes Apostelwort hinweisen. Wir können das nicht sagen. Wichtiger ist eine Überlegung, die auch das erste Glied »Geisteswort« mit einbezieht. Daß prophetische Äußerungen mit im Spiel waren, hat jedenfalls viel für sich, unabhängig davon, in welchem Verhältnis sie zu den beiden anderen Quellen zu sehen wären.[277]

Vielleicht kann man unter Voraussetzung des pseudepigraphischen Charakters von 2Thess wie folgt rekonstruieren: Daß der Verfasser meinte oder nur meinen konnte, diese These vom »Tag des Herrn« werde mit Berufung auf alle drei Quellen vertreten, ist historisch und psychologisch unwahrscheinlich. Als historisch wahrscheinlich kann dennoch gelten, daß der Verfasser davon Kenntnis hatte, daß man sich auf eine Äußerung von Paulus berief (vgl. 2Petr 3,15f), wobei zuerst an 1Thess zu denken ist. Die drei Quellen nebeneinander nannte er wohl vor allem deshalb, um jede Möglichkeit auszuschließen, die überhaupt als Stütze für eine solche Auffassung in Betracht kam, und um

---

ἡμέρα τοῦ κυρίου und läßt insofern Platz für den Eintritt von Ereignissen vor der Parusie«; vgl. Frame 248.

[272] Darin gebe ich Lindemann Recht, daß es nahelag, »daß unter Bezugnahme auf diese Aussagen in nachpaulinischer Zeit behauptet werden konnte und wohl auch behauptet wurde: ἐνέστηκεν ἡ ἡμέρα τοῦ κυρίου«: Abfassungszweck 39. Vgl. im übrigen Einleitung S. 24.

[273] Die Beziehung auf die drei Quellen, die mit einigen Dobschütz 265f vertritt, kommt

m.E. kaum in Betracht, schon wegen der Schwierigkeit, »Prophetenstimme« von Paulus herrühren zu lassen bzw. zwischen dieser und einem λόγος abgrenzen zu können, wenn beide von Paulus stammen sollen.

[274] Vgl. Trilling, Untersuchungen 116–118; ferner unten S. 129–131.

[275] Vgl. auch Gutjahr 119.

[276] Korrektur zu Trilling, Untersuchungen 117f.

[277] Vgl. Bauer, Rechtgläubigkeit 184f.

seiner Mahnung Nachdruck zu geben. Sicher kann man sagen, daß »die Aufzählung ... drei von den Gemeinden anerkannte und geschätzte Faktoren der Belehrung« nennt.[278] Inwieweit das der geschichtlichen Situation bzw. einer Information des Verfassers entsprach, ist nicht auszumachen.

Nun endlich kommt der Satz, auf den alles hinzielt, nämlich »daß der Tag des Herrn da sei«.[279] Das betont vorangestellte Verbum ist in seinem Sinn an sich eindeutig. Das Perfekt läßt keinen Zweifel daran, daß vom »da sein«, nicht vom »nahe sein«, »bevorstehen« u. ä. die Rede ist.[280] Darüber besteht weitgehende Einigkeit. Die Auffassungen gehen aber in der Sache auseinander, d. h. in der Präzisierung dessen, *was* damit genau gemeint sei, und in den Versuchen, eine solche These geschichtlich zu verifizieren. Welchen Hintergrund mag dieser kühne Satz haben, welcher Bewegung und geistigen Richtung ist er zuzuordnen? Zwei Möglichkeiten kommen dafür hauptsächlich in Betracht: einer gnostischen oder gnostisierenden Richtung (vgl. 2Tim 2,18), oder einer erregten Nächsterwartung, die aus apokalyptischer Hochspannung stammt.

Schmithals vertritt die Gnosis-These erneut[281] und bringt außer den früher benutzten Belegen[282] noch den Hinweis auf das koptische Thomas-Evangelium, Nr. 51: »Seine Jünger sprachen zu ihm: An welchem Tage wird die Ruhe der Toten eintreten? Und an welchem Tage kommt die neue Welt? Er sprach zu ihnen: Jene (Ruhe), die ihr erwartet, kam (bereits); aber ihr kanntet sie nicht.«[283] »Die Behauptung, die Auferstehung sei durch den Empfang der Gnosis schon geschehen, eliminiert radikal die kirchlichen Zukunftsvorstellungen. Ein ›Tag des Herrn‹ ist als zukünftig nicht mehr denkbar.«[284] Um diese radikal präsentische Eschatologie handle es sich an unserer Stelle auch. Eine Auseinandersetzung mit dieser These ist hier nicht möglich. Sie ist aber anderwärts geschehen.[285] Gegen die Gnosis-These sprechen m. E. so viele Gründe, daß sie als ganz unwahrscheinlich gelten muß.

Die andere Auffassung, die von einer aktuellen Nächsterwartung ausgeht, vermag den Satz durchaus verständlich zu machen, den pseudepigraphischen Charakter des 2Thess vorausgesetzt. Zum ersten geschichtlichen Indiz für die

---

[278] Dautzenberg, Prophetie 140f; ähnlich Best 279.

[279] Zur Konstruktion mit ὡς ὅτι vgl. Moulton, Einleitung 236f (Belege); Milligan 97; Bl-Debr 396,2: gleich dem attischen ὡς=Vg quasi, nicht identisch mit der späteren unklassischen Gleichsetzung von ὡς ὅτι mit ὅτι; vgl. 2Kor 5,19; 11,21, bes. Pr-Bauer s. v. ὅτι 1dβ; Dobschütz 267: ὡς stehe nur, um den Satz mit den letzten Substantiven zu verbinden, sonst müßten es die Infinitive von V 2b sein.

[280] ἐνίστημι heißt im Praeteritum »vorhanden sein«, »gegenwärtig sein«; im NT öfters im PartPerf. und im Gegensatz zur Vergangenheit oder Zukunft, Röm 8,38; 1Kor 3,22; Gal 1,4; vgl. Polyb 1,60,9; 21,3,3; vgl. Pr-Bauer 528; nach Milligan 97 häufig in Papyri und Inschriften für »das laufende Jahr«; zur Dis-

kussion vgl. Trilling, Untersuchungen 124f; im gleichen präsentischen Sinn auch Neil 159; Morris 216f; Best 276; anders wieder Friedrich 262f.

[281] Außer den älteren F. C. Baur, A. Hilgenfeld, W. Bahnsen, W. Lütgert jetzt Schmithals, Gnostiker 146–150; Marxsen, Einleitung 40f.

[282] Iren, Haer I,23,5; III,31,2; Tertullian, De resurr. mortuorum 19: CChr. SL II, 944f.

[283] Übers. nach J. Leipoldt, Das Evangelium nach Thomas, 1967 (TU 101), 41; Schmithals, Gnostiker 147f.

[284] Schmithals, Gnostiker 147.

[285] Einzelargumente dagegen bei Trilling, Untersuchungen 124–126; Lindemann, Abfassungszweck 41f; Laub, Verkündigung 138ff; Best 276–279 mit Diskussion.

Situierung unseres Briefes, einer »Verfolgungs«-Situation mit vielen »Bedrängnissen« (vgl. 1,4) käme als zweites eine Verwirrung durch die Ansage vom Eintreffen der Parusie. Beides fügt sich zusammen. Sind die Weichen zum Verstehen des ganzen Dokuments so gestellt, wird die Übersetzung des Verbums (ἐνέστηκεν) zu einer zweitrangigen Frage. Gewiß konnte keiner auf den Gedanken kommen zu sagen, die Parusie *finde jetzt tatsächlich statt*. Da wäre auch zum Abfassen eines Briefes keine Zeit mehr gewesen. Aber man konnte durchaus sagen: *Es ist soweit*, das Endgeschehen kommt in Gang. Dann werden die Aufregung, ja der Schrecken verständlich.

Man muß versuchen, die Wucht einer solchen Behauptung zu empfinden, um den Einsatz des Autors und den Gebrauch seiner Mittel, einschließlich der »Fälschung«, in etwa ermessen zu können. Haben die Leute recht, die solches behaupten, dann mußte das auf die Gemeinden revolutionierend wirken. Haben sie aber nicht recht und bleibt aus, was sie ansagten, nimmt der Glaube Schaden und die Sache des Christentums wird lächerlich vor aller Welt. Wie kann man Besonnenheit behalten und woran sich orientieren? Der Verfasser findet seinen eigenen Weg, einen anderen als den von 2Petr vor einer ähnlichen Situation (vgl. 2Petr 3,1–13).[286]

Unsere Stelle ist das älteste uns bekannte Beispiel für eine aktuelle Ansage des Endes. Es ordnet sich ein in das, was E. E. Ellis das »Vorhandensein apokalyptischen Fiebers in der zweiten Hälfte des 1. Jahrhunderts« nennt.[287] Das gleiche hat sich in der Geschichte der Kirche häufig wiederholt. In und seit der Reformation ist dieses Phänomen innerhalb dessen angesiedelt worden, wie man mit den disqualifizierenden Ausdrücken »Schwärmer«, »Schwärmerei«, »Schwärmertum« zu bezeichnen pflegt. Dadurch wird die Gefahr beschworen, daß solchen Erscheinungen von vornherein der Stempel des Suspekten, des Unorthodoxen, Nicht-Ernst-zu-nehmenden anhaftet und sie so auch beurteilt und eingestuft werden.[288] Dies sollte nicht pauschal weiter gelten.

Ein öfter zitiertes Beispiel betrifft einen Bischof in Pontus, der als Prophet auftritt und das Gericht innerhalb eines Jahres ankündigt. Ich bringe diese Begebenheit in dem Zusammenhang, in dem sie Wrede erwähnt: »Hippolyt erzählt in der Absicht, voreiliger Erwartung des Endes entgegenzutreten, in K. 18 und 19 des 4. Buches zwei Begebnisse, von denen wenigstens das zweite (K. 19) mit unserm Texte zusammenzuhalten nicht ohne Interesse ist. – Ein Bischof in Pontus, fromm und demütig zwar, aber nicht auf das Schriftwort, vielmehr auf Traumgesichte merkend, ›fing an den Brüdern vorherzusagen wie ein Prophet: dies sah ich, und dies wird geschehen‹, und verkündigte das Eintreten des Gerichts binnen Jahresfrist. ›Sie aber, als sie ihn prophezeien gehört, ὡς ὅτι ἐνέστηκεν ἡ ἡμέρα τοῦ κυρίου, flehten unter Weinen und Klagen den Herrn an, da sie Nacht und Tag den herankommenden Tag des Gerichts vor Augen hatten. Und in solche Furcht und Verzagtheit brachte er die Brüder, daß sie ihre Ländereien und

---

[286]   Vgl. so auch E. Gräßer, Die Naherwartung Jesu 1973 (SBS 61), 33; vgl. 17, Anm. 15; 25.

[287]   E. E. Ellis, Die Funktion der Eschatologie im Lukasevangelium, ZThK 66 (1969) 387–402 (401); vgl. Baumgarten, Apokalyptik 199.

[288]   Vgl. dagegen insgesamt R. A. Knox, Christliches Schwärmertum, Köln–Olten 1957; vgl. auch E. Schweizer, Heiliger Geist, 1978 (ThTh, Erg-Bd), 12–15.

Äcker wüste ließen, und die Meisten verkauften ihre Besitztümer.‹ Der Bischof versicherte: wenn die Prophezeiung nicht einträfe, brauche man auch den heiligen Schriften nicht mehr zu glauben. Die Folge ist nach einem Jahr vergeblichen Harrens, daß er selbst beschämt ist, die Brüder Ärgernis genommen haben, die, die ihre Habe verkauften, betteln müssen. – Was sollte uns veranlassen, die Erregung, von der unser Brief spricht, anders vorzustellen als die hier geschilderte?«[289]

Ein interessantes Zeugnis über Propheten bietet Celsus, nach dem Referat des Origenes, das Harnack wiedergegeben hat: »Es gibt *viele*, die, obgleich sie Leute ohne Ruf und Namen sind, mit der größten Leichtigkeit und bei dem nächsten besten Anlaß sowohl innerhalb der Heiligtümer als außerhalb derselben sich gebärden, als wären sie von prophetischer Ekstase ergriffen; andere als Bettler umherschweifend und Städte und Kriegslager umziehend geben dasselbe Schauspiel. Einem jeden sind die Worte geläufig, ein jeder ist damit sofort bei der Hand: ›Ich bin Gott‹ (ἐγὼ ὁ θεός εἰμι) oder (und) ›Gottessohn‹ (θεοῦ παῖς) oder ›Geist Gottes‹ (πνεῦμα θεῖον). ›Ich bin gekommen, weil der Untergang der Welt schon im Anzug ist (ἥκω δέ· ἤδη γὰρ ὁ κόσμος ἀπόλλυται), und ihr, Menschen, fahret wegen eurer Ungerechtigkeit ins Verderben! Aber ich will euch retten, und ihr werdet mich bald wiederkommen sehen mit himmlischer Macht! Selig der, welcher mich jetzt ehrt! Alle übrigen werde ich dem ewigen Feuer (πῦρ αἰώνιον) übergeben, die Städte sowohl als die Länder und die Menschen. Diejenigen, welche jetzt die ihnen bevorstehenden Strafgerichte nicht erkennen wollen, werden dereinst vergeblich anderen Sinnes werden und seufzen! Die aber, welche an mich geglaubt, die werde ich ewiglich bewahren!‹ ....«[290]

»Untergang der Welt« – das ist auch das Stichwort für die »neue Prophetie« des Montanus und seiner Gefährtinnen Maximilla und Priska, die in der Mitte des 2. Jahrhunderts in Phrygien aufbrach und sich wie ein Feuer verbreitete. Eine Sammlung von Aussprüchen ~~ist uns~~ bekannt.[291] Ankündigung des Endes, Erwartung des himmlischen Jerusalem im phrygischen Pepuza gingen zusammen mit dem Aufruf zu streng asketischer Lebensführung und auch einem guten Stück herber »Kirchen«kritik. Typische Erscheinungen späterer Aufbrüche finden sich hier bereits beisammen: Berufung auf den »Geist«, Erneuerung des Charisma der Prophetie, Aufruf zu radikaler Verwirklichung des Christentums, Kritik an der »verweltlichten« Kirche, Bereitschaft zum Martyrium, Sammlung zu einem eschatologischen »Jerusalem« – und dies alles unter dem Druck des nahen Endes der Welt, der Überzeugung, daß die »letzte Zeit« angebrochen sei.[292]

---

[289] Wrede, Echtheit 49f nach Hippolyt, Comm. in Dan. IV, 18.19; vgl. Trilling, Untersuchungen 125, Anm. 59; K. J. Neumann, Hippolytus von Rom in seiner Stellung zu Staat und Welt, Leipzig 1902, 13.59 (66.73ff), bringt weitere Beispiele, die er wie das genannte mit den montanistischen Wirren in Syrien in Verbindung setzt.

[290] Übers nach Harnack, Mission I, 364, Anm. 1; griech Texte ergänzt nach: GCS,

Origenis opera II, ed P. Koetschau, Leipzig 1899, 160; vgl. BKV, Origenes contra Celsum, übers von P. Koetschau, 218f.

[291] Asterios Ortanos, bei Eus, Hist Eccl V, 16.17.

[292] Vgl. zum Montanismus A. Hilgenfeld, Die Ketzergeschichte des Urchristentums, Leipzig 1884, 560–601; zur Verbreitung Harnack, Mission 738.765ff.930f; zur Bekämpfung Bauer, Rechtgläubigkeit 136–149.180–

2. Wider-Gott und »aufhaltende Macht« (2,3–10a)

Zunächst heißt es warnend, sich auf keine Weise täuschen zu lassen.[293] Das ist 3
bereits eine erste Antwort. Sie besagt, daß die Meinung, der Tag des Herrn sei
gekommen, auf einer Täuschung beruht. Aber sie bringt noch kein Argument.
Dies geschieht im folgenden. Vor[294] dem Anbruch dieses Tages müssen zwei
Ereignisse eintreten, der »Abfall« und die Offenbarung des »Menschen der
Bosheit«. Da beides – für Verfasser und Leser wohl offenkundig – noch nicht
geschehen ist, kann die Behauptung von 2,2c nicht zutreffen. Dabei werden die
beiden Vorkommnisse so sicher behandelt, daß kein Zweifel als möglich
erscheint. Der bestimmte Artikel in beiden Fällen trägt zu diesem Eindruck bei.
Man könnte geradezu an feste Glaubensüberzeugungen, ja an eine Art
Lehrtopoi oder Lehrstücke denken, deren Gültigkeit feststeht.
Aber woher stammten diese Überzeugungen? Von Paulus kaum, da sich
keinerlei Entsprechendes bei ihm findet.[295] Die Antwort kann nur heißen: aus
den Strömen alttestamentlich-jüdisch-apokalyptischer Überlieferungen, aus
denen auch Mk 13, Offb, viele einzelne neutestamentliche Texte und eine
breite nichtkanonische christlich-apokalyptische Literatur gespeist worden
sind. Wir betreten eine absonderliche, teils skurrile Welt, die für die
Zeitgenossen jedoch eminente Bedeutung und Wirkung hatte.[296] Auch mit
Hilfe solcher Überlieferungen versuchte man, sich in den Nöten und Aporien,
in die der Glaube geriet, zurechtzufinden. Sie müssen von uns dadurch ernst
genommen werden, daß wir uns um ein *Verstehen* bemühen, nicht aber
dadurch, daß wir sie wie Lehrstücke der christlichen Glaubenslehre behandeln,
wie es bis in die neueste Zeit hinein geschah.[297]
Kommen muß zuerst »der Abfall« (ἡ ἀποστασία), ein eschatologischer,
offenbar umfassender Abfall. Die Ausbildung dieser Anschauung hat ihren

---

184; H. Lietzmann, Geschichte der Alten
Kirche II, Berlin–Leipzig 1936, 190–205, vgl.
44 f; A. Ehrhardt, Die Kirche der Märtyrer,
München 1932, 227–267; E. Andresen, Die
Kirchen der alten Christenheit, Stuttgart 1971,
110–115; weiteres Material bei K.-H.
Schwarte, TRE III, 267–271. – Weitere Beispiele kennt die Kirchengeschichte reichlich; vgl.
zum Joachitismus der Franziskaner-Spiritualen E. Benz, Ecclesia Spiritualis, Stuttgart 1934,
175–472; zum Täufertum, den Baptisten,
Adventisten vgl. außer Spezialliteratur K.
Algermissen, Konfessionskunde, neubearb.
von H. Fries u. a., Paderborn [8]1966,
400–402.739–749.814–825; div. Texte bei E.
Staehelin, Die Verkündigung des Reiches Gottes in der Kirche Jesu Christi, 5 Bde., Basel
1951–1959; vgl. jeweils die Register zu 2 Thess
2,1 ff.
[293] Zum Verbum ἐξαπατᾶν vgl. A. Oepke,
ThWNT I, 383 f; A. Bonhöffer, Epiktet und das

NT, Gießen 1911, 114; Hartman, Prophecy
197.203 f, setzt Mk 13,5b parallel.
[294] Das zwischengestellte πρῶτον ist mit
Dobschütz 269 auf beide Ereignisse zu beziehen.
[295] 2 Kor 6,14–7,1 muß wegen seines umstrittenen Charakters aus der Diskussion herausge-
halten werden.
[296] Hartman, Prophecy 23–141, führt auf
und analysiert jene jüdisch-apokalyptischen
Texte und Aussagen (außer der Qumran-Literatur), die sich auf die Vorgänge vor und im
Zusammenhang mit dem Beginn des Endes
beziehen; eine Liste der Texte steht 53, Anm.
13. – Zum Qumran-Schrifttum vgl. Braun,
Qumran I, 234–237; II, 265–286.
[297] Vgl. etwa Schmaus, Die letzten Dinge
175–209; in den Traktaten der traditionellen
katholischen und protestantischen Dogmati-
ken werden diese Themen unter den »Vorzeichen der Parusie Christi« abgehandelt.

historischen Haftpunkt in der makkabäischen Erhebung (vgl. 1Makk 2,15) und wird zunächst als Abfall der Juden vom mosaischen Gesetz verstanden, wie auch in Apg 21,21, der zweiten Stelle mit dem Substantiv im Neuen Testament (vgl. 2Makk 5,8). Das Buch Daniel reflektiert die Vorkommnisse unter der Schreckensherrschaft Antiochus' IV. unter eschatologischem Aspekt (Dan 9,26; 11,31–39).[298] Von dem Prozeß der Universalisierung innerhalb der jüdischen Apokalyptik wurde auch diese Anschauung erfaßt. Es bildete sich die Auffassung, daß am Ende dieses Äons allgemeine Verderbnis der Sitten, Zerrüttung der zwischenmenschlichen Beziehungen[299] und eine beispiellose Absage an den einen Gott geschehen würden. Auch ist nicht speziell an Juden und ihre Gefährdung gedacht, ebenso nicht an »Heiden« allein im Gegenüber zu den Juden, sondern an eine generelle Erscheinung kosmischen Ausmaßes. Das kataraktartige negative Gefälle im Geschichtsbild der Apokalyptik – bis zum Ende des Äons werden die Zeiten immer böser[300] – führt auch zu einem universalen »Ab-fall« der Menschen. Es geht dabei um ein im Kern *religiöses* Geschehen. Daher ist »Abfall« an unserer Stelle auch wohl nicht auf die Christen – eine seit den Kirchenvätern beliebte Deutung – zu beschränken.[301]

Einige Texte schildern dies in eindrucksstarken Visionen. Nach Jub 23,14–21 werden schlimme Plagen »über das böse Geschlecht, das auf Erden sündigt« (V 14), kommen. Die Sündigkeit wird so überhand nehmen, daß Gottes Gebote, sein Bund, die Feier der Festtage und Festzeiten, ja »alle Satzungen« (V 19) verlassen werden. Auch die sozialen Bindungen werden zerrüttet, die Söhne stehen gegen die Eltern auf (V 16), auch jene, die sich noch retten können, kehren nicht um, »sondern erheben sich zu Betrug und Reichtum, indem jeder all seines Nächsten Gut nimmt« (V 21). Obgleich innerhalb der jüdischen Bundesordnung gedacht und mit einem hoffnungsvollen Ausblick versehen (VV 26–31), gewinnen solche Schilderungen universales Ausmaß, da sie das Ende überhaupt vor Augen haben, nicht nur Gottes Gerichtshandeln an Israel. Klarer noch kommt dies in 4Esr 5,1–12 zum Ausdruck, wo kosmische Katastrophen und ein allgemeines Chaos in der Menschheit ebenfalls mit dem Entschwinden des Glaubens (V 1) und dem Ausbruch von Ungerechtigkeit aller Art (VV 2.10) verbunden sind.[302] Alttestamentliche Texte und Motive werden weithin aufgenommen. Die Qumran-Literatur steht in der gleichen Linie.[303] Ausdrücklich wird »der Abfall« erwähnt in Hen aeth: »Wenn aber Sünde, Ungerechtigkeit, Gotteslästerung und Gewalttätigkeit in allem Tun zunimmt und Abfall, Frevel und Unreinheit wachsen, dann kommt über alle ein großes Strafgericht vom Himmel . . .« (91,7; vgl. 93,9).[304]

---

[298] Vgl. zu den Texten Plöger, Daniel 141f.164–166.

[299] Vgl. Bousset, Antichrist 76f zu diesem Motiv.

[300] Zur »letzten, bösen Zeit« vgl. Volz, Eschatologie 158f, zu den Motiven für die pessimistische Stimmung ebd. 159f.

[301] Vgl. dazu Dobschütz 269–271.

[302] Nach Rießler, Schrifttum 599f.262f; in den Kommentaren werden zumeist die gleichen Texte angezogen; vgl. weitere Beispiele bei Bill. III, 637; IV/2, 977–986.

[303] Vgl. Braun, Qumran II, 268f.

[304] Rießler, Schrifttum 433.435; vgl. zur jüdischen Tradition einer ἀποστασία Bousset-Greßmann, Religion 254–256; Volz, Eschatologie 135–163; vgl. Hengel, Judentum 532–554; Bill. III, 637; H. Schlier, ThWNT I, 510–511; Rigaux 253–258.654; Ernst, Gegenspieler 27–32; K. Müller, TRE III, 202–251.

Der »Abfall« muß innerhalb eines »umfassenden Vorstellungskomplexes verstanden werden«[305], mit vielerlei chaotischen Erscheinungen, deren Erwähnung sich z. T. auch im Neuen Testament findet (vgl. 1Tim 4,1; 2Tim 3,1 ff; Jud 17–19; Hebr 3,12; vgl. Did 16,3 f).

Eng mit dem Abfall-Geschehen verbunden ist das Hervortreten des Antichrist vorzustellen.[306] In Analogie zum Erscheinen Christi am Ende (1,7) wird es feierlich als »offenbart werden« (ἀποκαλυφϑῇ) bezeichnet und in einigen grellen Zügen blitzlichtartig beleuchtet. Das sind teils Prädikate, teils blasphemische Handlungen (VV 3b.4), die stoßweise einander folgen, ja aufeinandergetürmt werden und den Eindruck einer Eskalation antigöttlicher Macht erwecken. Dabei ist die »Schilderung« durchaus bruchstückhaft. Fast schlagwortartig wird zu »Mensch der Bosheit« eine Apposition, »Sohn des Verderbens«, hinzufügt. Ihr folgt (V 4) eine zweite mit zwei parallel gebauten Partizipien, der ein Konsekutivsatz angeschlossen wird, welchem nochmals ein Partizipialsatz folgt. Der ganze Satz endet als Anakoluth. Zu dieser Schilderung, die durch VV 5–7 unterbrochen wird, muß die Fortsetzung in VV 8–10a hinzugenommen werden. Beide Textstücke sind aber nicht ohne weiteres konform, sondern weisen auf ursprünglich verschiedene im Hintergrund stehende Modelle hin (Wider-Gott, Lügenprophet).

»Mensch der Bosheit« ist der erste »Titel«[307], der dann in V 8 zu »der Böse« verkürzt ist. »Gesetzlosigkeit« (ἀνομία) ist eine Art Inbegriff für eine Lebensform und -praxis, die dem Willen Gottes, der sich im Gesetz manifestiert, zuwiderläuft. Gemeint ist keine prinzipielle oder theoretische Leugnung des Gesetzes, sondern eine praktische Mißachtung, die zur durchgängigen Einstellung geworden ist. Der Ausdruck steht in der Nähe ähnlicher ethischer Sammelbegriffe wie Sünde, Frevel, Bosheit, oder er ist damit identisch.[308] Ein »Mensch der Gesetzlosigkeit« ist ein Übeltäter und Bösewicht.[309]

Der Artikel »der« Mensch der Gesetzlosigkeit, in dieser Verwendung sonst selten bezeugt[310], hebt diese Gestalt aus den vielen Gesetzesübertretern heraus

---

[305] Ernst, Gegenspieler 30; dort 30 ff eine anschauliche Zusammenstellung.

[306] Auch in Did 16,4 geht das Anwachsen der ἀνομία dem Auftreten des κοσμοπλάνης voraus. – Zum Antichrist vgl. O. Böcher, TRE III, 21–24 (Lit). Hier folgt nur das, was für Auslegung und Verständnis des Textes nötig ist.

[307] Die gut und breit bezeugte LA ἁμαρτίας wird durchweg als sekundär beurteilt; vgl. Zimmer, Textkritik 329; Apparat im GNT, Begründung bei Metzger, Commentary 635.

[308] Vgl. W. Gutbrod, ThWNT IV, 1077–1079; Ernst, Gegenspieler 33 f.

[309] Vgl. Ps LXX 88(89),23; Ps 5,6; 6,9; Hiob 31,3 u. ö. »Täter der Gesetzlosigkeit«; weitere Belege bei Dobschütz 272; Rigaux 655 ff;

Analogien bestehen zu dem »Frevelpriester« von 1 QpHab 8,8–13; 12,2–10; vgl. Braun, Qumran I, 235.

[310] Vgl. nur in der sog. Apk Eliae, an den meisten Stellen als »Sohn der Gesetzlosigkeit«, nach dem Hebräischen synonym mit »Mensch der Gesetzlosigkeit«; vgl. ebd. (achm. Version) 31,16; 33,12; 34,16 u. ö.; in 29,8 ff stehen hintereinander »Sohn des Verderbens« (vgl. 2Thess 2,3b) und »der Gesetzlose (vgl. 2Thess 2,8); in 40,5 ff wird er – anders als 2Thess 2,9 – mit dem Teufel identifiziert: Die Sünder werden sprechen: »Was hast du uns getan, Sohn der Gesetzlosigkeit, indem du sprachest: ›ich bin der Gesalbte‹, obwohl du der Teufel bist?« Vgl. auch sahid. Version 7,23; Übers nach: Die Apokalypse des Elias (hrsg. G.

und gibt ihm den Nimbus des Einzigartigen, macht ihn zum »Repräsentanten, in dem die ἀνομία zum vollendeten Ausdruck kommt«[311], zum Ausbund aller Bosheit. Aber es ist ein *Mensch*, kein dämonisches, satanisches (vgl. V 9) Wesen.[312] Das ist gewiß zunächst von den gottlosen, heidnischen Empörergestalten, die die alttestamentlich-jüdische Tradition reichlich kennt (vgl. Jes 14,4–27; Ez 28,1–10; Dan 11,21–45), her zu erklären. Aber könnte darüber hinaus auch angenommen werden, daß unser Autor Mythisches (vgl. Ez 28,11–29) bewußt abstreifte bzw. nicht übernahm, und daß er die *menschliche* Urgefährdung »zu sein wie Gott« (seit Gen 3,5.22) und damit eine äußerste Möglichkeit menschlicher Pervertierung auch hier mit bedachte?[313] Kein Wunder jedenfalls, daß man nach immer neuen geschichtlichen Identifizierungen oder Inkarnationen dieses Wider-Gottes Ausschau hielt und oft überzeugt war: dies ist der Antichrist.

In einigen jüngeren Teilen des Neuen Testaments, besonders in Mt, wird im Unterschied zu älteren ἀνομία (»Gesetzlosigkeit«) auffällig häufig, und zwar in den weiteren Sinn von »Bosheit«, »Sünde« übergehend oder damit identisch, verwendet.[314] In diese Schicht ist auch 2Thess einzuordnen. Der ursprünglich alttestamentlich-jüdische Gehalt (Mose-Gesetz) ist abgestreift, das Wort wird als Sammelausdruck für eine Gesamthaltung genommen, die nun dem Anspruch *christlicher* Lebensführung entgegengesetzt ist. Auch aus diesem Grunde sind die Fragen überholt und unangemessen, ob es sich bei ihm um eine heidnische oder um eine jüdische Figur (»Aftermessias«) handelt. Er ist eine eschatologische Unheilsgestalt schlechthin, wie das Folgende noch klarer zeigt.

»Sohn des Verderbens« (υἱὸς τῆς ἀπωλείας) wird appositionell hinzugefügt.[315] »Verderben« begegnet im Neuen Testament wie »Gesetzlosigkeit« wiederum bevorzugt in den späteren Teilen. Die Zufügung nennt sofort das

---

Steindorff), 1899 (TU II, H. 3a); gegen Steindorff 18ff halten jedoch Schürer, Geschichte III, 368f und O. Bardenhewer, Geschichte der altkirchlichen Literatur II, Freiburg ²1914, 707f diese Schrift für eine original christliche Sophonias-Apokalypse und die Bezeichnungen des Antichrist für Reminiszenzen aus 2Thess; Apk Pt 1,2 υἱοὶ τῆς ἀπωλείας; vgl. Just Dial 32,4; Rigaux 655–657.

[311] Dobschütz 272.

[312] Im Unterschied zu »Belial« im Qumran-Schrifttum, bes. in 1 QM I, wo er als personifizierter endzeitlicher Feind zur überirdischen Macht geworden ist; vgl. Osten-Sacken, Gott und Belial 76f; vgl. zu »Belial« 2Kor 6,15. – Die oft geäußerte Vermutung (vgl. Bousset, Antichrist 99), ἄνθρωπος τῆς ἀνομίας sei Übersetzung von בליעל (Belial), ist aufgegeben worden; vgl. Dibelius 44f; Rigaux 656f.

[313] Ein Strang der Antichrist-Überlieferung,

in der der Antichrist als ein menschliches Ungeheuer von abschreckend-bizarrem Aussehen geschildert wird, dürfte wegen des völligen Fehlens solcher Züge in 2Thess keine Parallele darstellen; vgl. dazu Bousset, Antichrist 101f.

[314] Paulus hat, sieht man vom Zitat Röm 4,7 (Plur) und von der umstrittenen Stelle 2Kor 6,14 ab, das Wort nur einmal, Röm 6,19; alle anderen Vorkommen sind jünger; Hebr 1,9 (Zitat); 10,17; Tit 2,14; 1Joh 3,4 (2mal); 2Thess 2,3.7; und vor allem Mt 7,23; 13,41; 23,28; 24,12, alle redaktionell, vgl. Did 16,4.

[315] Gen der Zugehörigkeit, vgl. Bl-Debr 162,6 (Belege); υἱὸς ist semitisch empfunden, vgl. Mt 23,15 υἱός γεέννης = ein der Gehenna Verfallener; ὁ υἱὸς τῆς ἀπωλείας noch im NT von Judas: Joh 17,12; ἀπώλεια gehäuft in 2Petr; vgl. die »Männer/Söhne der Grube« 1QS 9,16.22; CD 6,15; 13,14 (vgl. Best 284); Ernst, Gegenspieler 35.

Geschick, das den Bösen treffen wird, das Verderben, die Vernichtung, damit auf V 8 vorausweisend.[316] Er wird vom Herrn mit »dem Hauch seines Mundes« hinweggefegt werden. Dem Unhold ist keine Zukunft gegeben, so soll man gleich zu Beginn seines Auftritts verstehen. Sein Los ist die Vernichtung. Die Zukunft wird der Sache Gottes gehören.

Mit zwei angeschlossenen Partizipien, »der widerstreitet und der sich   4 überhebt«[317], werden die Taten des Wider-Gottes eingeleitet. Die Schilderung wird trotz aller Kargheit und trotz des Verzichts auf ausmalende Details dramatisch bewegt. Das absolut gesetzte »der« Widerstreitende fügt einen neuen Zug ins Bild des Antichrists, den des Feindes, des Widersachers schlechthin.[318] Der Sinn wird im nächsten Satzteil präzisiert. Die Formulierung »und sich überhebt gegen alles, was Gott oder Heiliges heißt« ist von der Schilderung des gottfeindlichen Königs in Dan 11,36ff inspiriert, aber nicht von dort zitiert. Dieser König »wird übermütig und prahlt gegenüber allen Göttern, auch gegenüber dem höchsten Gott führt er unglaubliche Reden« (Dan 11,36b).[319] Das Widersacher-Sein äußert sich im konkurrierenden Imponiergehabe gegenüber allem Göttlichen und in blasphemischer Überhebung.

Unser Text schwächt die Dan-Formulierung »gegenüber allen Göttern« anscheinend in »alles, was Gott heißt« (ἐπὶ πάντα λεγόμενον θεὸν) ab, d. h., was so genannt wird von den jeweiligen Verehrern. Oder soll der Zusatz negativ nuancieren, als »sogenannte Götter«, solche, die es in Wahrheit nicht sind?[320] Soll man das so verstehen, daß der eine, wahre Gott, von dem 1,5ff sprach, dabei noch nicht mitgemeint ist, daß er souverän außerhalb der gottfeindlichen Aktion steht? Oder anders: Will er zum Ausdruck bringen, daß sich *über* den »einen, wahren Gott« in Wahrheit niemand erheben kann, daß der Antichrist dies wohl versuchen könnte, daß es Gott selbst jedoch nicht träfe? Vielleicht ist das zu subtil gedacht und die erste Bedeutung vorzuziehen: sein Hochmut richtet sich pauschal gegen alles, was von den Menschen als »Gott« anerkannt wird, damit auch, modern gesprochen, gegen alles Religiöse, Heilige, Göttliche. Das fügte sich auch besser zum folgenden.

An der Wirkung des appositionellen Partizips »was ... heißt« (λεγόμενον) hat auch das eng angeschlossene »oder Heiliges« (ἢ σέβασμα) teil. Das Substantiv

---

316 Möglich ist die Herkunft des Ausdrucks aus Jes 57,4 τέκνα ἀπωλείας (nur hier in LXX); vgl. auch Anm. 310 zur Apk Eliae. Daß der Gen ἀπωλείας auch aktivisch genommen sein könnte – er wird für andere zum Verderben – schließt die Parallelität mit ἄνθρωπος τῆς ἀν. wohl aus; so auch Dobschütz 273; Ernst, Gegenspieler 36; Best 284f.

317 ὁ ἀντικείμενος ist nicht als Subst wie Pr-Bauer s. v., sondern mit Dobschütz 273; Best 285 u. a. wegen des gemeinsamen Artikels partizipial zu fassen; Frame 255 hält das für wahrscheinlich, aber nicht für sicher.

318 ὁ ἀντικείμενος in diesem Gebrauch nur hier im NT; vgl. vom Teufel 1Cl 51,1; Mart Pol 17,1; kaum in 1Tim 5,14 gemeint.

319 Die Verben sind verschieden: 2Thess ὑπεραίρομαι, Dan ὑφόομαι und παροργίζομαι (LXX), bzw. μεγαλύνομαι (Theod.); Indiz für die Anlehnung an Dan ist außer dem Gedanken selbst das ἐπὶ (πάντα θεόν) anstelle von πρός, das für עֵל zu erwarten wäre; vgl. Frame 255; 2Makk 5,23 ἐπί c. dat.

320 Vgl. 1Kor 8,5 λεγόμενοι θεοί; vgl. Bl-Debr 412,3.

bezeichnet Gegenstände der Verehrung, heilige Sachen, Heiligtümer, Tempel, Altäre, Weihegeschenke.[321] Gegen *alles* Gegenständlich-Dingliche, das unter den Menschen als heilig gilt, woran sich ihre religiöse Verehrung bindet, weil es an der »Heiligkeit« der Götter teilhat, richtet sich die Überheblichkeit. Der Folgerungssatz »so daß er sich selbst in den Tempel Gottes setzt und sich als Gott einsetzt...« bringt den Höhepunkt der Demonstration und das Ziel der lästerlichen Aktion. »Sich selbst« ist an den Anfang gesetzt und betont das Herrische und Eigenmächtige. Das Bild ist so eindrucksvoll wie es schwer zu deuten ist. Daß der Jerusalemer Tempel mit dem »Tempel Gottes«[322] gemeint ist, ist nicht (mehr) zweifelhaft.[323] Eine vergleichbare Aussage ist in der jüdischen Literatur (bislang) nicht bezeugt. Die Tatsache, daß der Tempel zu Jerusalem zur Abfassungszeit des Briefes bereits zerstört war, bereitet innerhalb der utopisch-apokalyptischen Redegattung keine ernste Schwierigkeit für die Frage der Authentizität. Das Argument lautete über eine Zeit der Debatte, daß ein pseudepigraphischer Autor im späten 1. Jh. nicht von der unhistorischen Annahme ausgehen könne, daß der Tempel noch unzerstört stand. Oder anders: Wenn der Tempel so selbstverständlich erwähnt wird, müsse dies als Anzeichen für paulinische Herkunft oder wenigstens für das Entstehen von 2Thess vor dem Jahre 70 gelten. Hier hat die »bessere Einsicht in die Gattungsgesetze der Apokalyptik auflockernd gewirkt. Der Apokalyptiker kann mit seinen Stoffen und Motiven frei umgehen...«[324] »Der« Tempel Gottes ist eine apokalyptische Größe, ein Real-Symbol für Gottes Gegenwart. Ist die Aktion des Sich-in-den-Tempel-Setzens schon eindeutige Demonstration, so wird sie noch durch »und setzt sich ein als Gott« verstärkt.[325] Es geht um Usurpation des heiligen Ortes und um Anmaßung des Gott-Seins, um die Inthronisation des Wider-Gottes. Ein phantastisches Bild! Der eindeutig antigöttliche, nicht antimessianische bzw. anti-christliche Charakter der Gesamterscheinung wird damit ganz klar. Der Angriff richtet sich gegen Gott als Gott.[326] Nochmals: Es ist ein Mensch, von dem dies gilt. Ein Mensch, in

---

[321] Im NT nur noch Apg 17,23 τὰ σεβάσματα in Athen, die sich Paulus angeschaut hat.

[322] ναὸς (τοῦ) θεοῦ im NT noch Mt 26,61; Offb 3,12; 11,1.19; vgl. Lk 1,9 κυρίου; spiritualisiert 1Kor 3,16f; 2Kor 6,16; Offb 21,22; vgl. O. Michel, ThWNT IV, 884–895.

[323] Vgl. Rigaux 660f.

[324] Trilling, Untersuchungen 126; dort weitere Angaben; vgl. Dobschütz 276, der sich schon ähnlich äußert und der das Beispiel des Irenaeus (Haer V 25,4) erwähnt, der – wohl in Anlehnung an 2Thess – die Vorstellung des Sich-in-den-Tempel-Setzens vertritt und davon absieht, daß der Tempel nicht mehr steht; vgl. Dibelius, Exkurs 45f; bei Wrede, auch bei Verteidigern der Echtheit, etwa Graafen, Echtheit 38ff, spielt die Tempelstelle eine große

Rolle. Vgl. Wrede, Echtheit 94–114, wozu schon Hollmann, Unechtheit 57, schrieb: »Wrede hat bei seiner überaus sorgfältigen Untersuchung der Stelle vielleicht unnötige Schwierigkeiten gehäuft.« Hippolyt, De antichristo 6 p. 8 (ed. Achelis) nahm auf die Zerstörung Bezug und schrieb dem Antichrist den Wiederaufbau zu: ἀναστήσει τὸν ἐν Ἱεροσολύμοις λίθινον ναόν.

[325] ἀποδείκνυμι ist »zu etw. bestellen, machen«, mit doppeltem Akk. konstruiert; so Pr-Bauer s. v. – Nach Did 16,4 erscheint der Weltverführer ὡς υἱὸς θεοῦ.

[326] Dobschütz 275 weist darauf hin, daß in der Wortstellung ἐστίν einen stärkeren Ton habe: daß er »wirklich ist«.

dem sich alle gottfeindliche Macht gesammelt hat, und der auch den »Tempel« als *irdischen Ort* seiner Aktion gleichsam »braucht«. Das Geschehen wird nicht mythisch in himmlische Regionen verlegt[327], aber auch nicht im Zusammenhang mit einem »unheiligen Krieg« auf die Erde überhaupt.[328] Die Darstellung ist sparsam und konzentriert, sie gewinnt dadurch starke Eindrücklichkeit.

Ganz im Hintergrund der Konzeption stehen mythische Motive und Traditionen, deren Wurzeln vielleicht bis in vorliterarische Zeit zurückreichen. Greifbare Gestalt erhalten sie in dem biblischen Überlieferungsbereich in alttestamentlichen und frühjüdischen Texten.[329] Eine literarische Anlehnung ist erkennbar (Dan 11,36), andere sind weniger deutlich oder nur zu vermuten. Zu den letzten gehören Ps 88 (89), 23 und Ez 28,2, wo der »Fürst von Tyrus« sagt: »ich bin ein Gott« (vgl. Jes 14,13 f). Das ist so wenig Sicheres, daß sich die konkreten Züge der Figur von 2Thess nicht aus alttestamentlichen Texten ableiten lassen. Aber auch in frühjüdischer Literatur sind sie in dieser Form nicht aufweisbar. Das Motiv einer Entweihung des Tempels, der Tempelschändung, ist seit Dan 9,27; 11,31; 12,11 geläufig. Da handelt es sich um Unterbindung des Kultus, um die Umwandlung des Tempels in ein Heiligtum des olympischen Zeus (im Dezember 167 v. Chr.), um das Aufstellen eines heidnischen Altares auf dem Brandopferaltar durch Antiochus IV. (168 v. Chr.), worauf sich Dan beim »unheilvollen Greuel« bezieht.[330] Auch der Versuch des Kaisers Caligula, ein Bild von sich im Tempel aufstellen zu lassen (41 n. Chr.)[331], ist nicht vergleichbar.

Die beiden charakteristischen Züge, die zu einem Akt verschmolzen sind – das »Sich-in-den-Tempel-setzen« und das »Sich-zu-Gott-machen« –, sind gerade nicht anderweitig ausgewiesen, auch nicht im Neuen Testament. In der Offb sind es »Tiere« aus dem Meer und vom Lande (Offb 13,1–8.11–18), reine Symbolgestalten, die als Widersacher Gottes geschildert werden, die auch aus der Kraft Satans wirken (vgl. 2Thess 2,9). Daraus kann m. E. nur geschlossen werden, daß jene Züge und die Gesamtkonzeption *in dieser Fassung* vom Autor selbst stammen. Er schöpft aus einem Reservoir, bildet aber das Auftreten seines Antichrist selbständig aus. Im Aussage-Gehalt geht diese Konzeption über alles Vergleichbare hinaus. Sie stellt eine Art Spitzenaussage im Neuen Testament dar.

Die Antichrist-Offenbarung bricht ab, und es beginnt ein Zwischenstück. Der 5 Stil ändert sich, die Frageform verlebendigt, direkte Anrede löst die objektive

---

[327] Frame 256 denkt an den himmlischen Tempel, den der Böse usurpieren will; mit Recht kritisiert von Rigaux 661; Giblin, Threat 76–80 sieht erneut die Kirche als Tempel; gegen beide Deutungen Best 286 f.

[328] Vgl. 1 QM I und die folgenden Abschnitte; dazu Osten-Sacken, Gott und Belial, bes. 28–41.73–87.

[329] Vgl. Bousset, Antichrist; Rigaux, L'Antéchrist; Ernst, Gegenspieler. – Zur Ausbildung

der endzeitlich-widergöttlichen Gestalt des Antiochus IV. zu einem dämonisierten mythischen Widersacher »Belial« in Qumran vgl. Osten-Sacken, Gott und Belial 74–78.

[330] Mk 13,14; Mt 24,15 verweisen auf Dan; vgl. 1Makk 1,54; vgl. Ernst, Gegenspieler 19–21; Schürer, Geschichte I, 200.

[331] Philo, Leg Gaj 188 (ed. L. Cohn 6,190); Asc Js 4,11.

Darlegung ab, unvermittelt taucht statt des in 2Thess durchgängigen »wir« des Paulus »ich« auf (nur noch 3,17).[332] Das Imperfekt in ἔλεγον (»sagte«) weist auf wiederholte, sozusagen geläufige »Lehre«. Dies ist ein Anzeichen dafür, daß das bisher Ausgeführte in bestimmter Weise qualifiziert werden soll, nämlich als »Tradition«, als bekannte und in Erinnerung rufbare Lehre. Von der Einsicht in den pseudepigraphischen Charakter des Briefes muß man noch mehr sagen: Diese »Lehre« wird auch *als mündliche Unterweisung* (»daß ... ich euch dies sagte«) erinnert. Damit trägt der Autor vielleicht auch der Tatsache Rechnung, daß er bei Paulus keine derartige Äußerung kannte, vor allem auch nicht in 1Thess.[333] In jedem Fall wird die Fiktion erzeugt, daß die Antichrist-Erwartung von Paulus selbst stammt und daß sie als mündliche Kunde zum Traditionsbestand der Gemeinde(n) gehört. Schon aus diesem Grunde kann »die Eschatologie« von 2Thess nicht gegen die von 1Thess ausgespielt werden – ein Moment, das öfters in der Debatte um die beiden »Eschatologien« nicht beachtet worden ist.[334] Die häufigen Verweise auf das »Wissen« der Empfänger und die Appelle an ihre Erinnerung«, die sich bei Paulus finden (vgl. nur 1Thess 2,9; 3,3b.4; 4,2)[335], werden als Stilmittel pseudepigraphischer Technik eingesetzt.

6   Nun hebt mit »jetzt aber kennt ihr ...« (καὶ νῦν ... οἴδατε) die neue Stufe endgeschichtlicher Reflexion an, deren Mitte die »aufhaltende Macht« ist. Das νῦν (»jetzt«) markiert scharf den Unterschied der Zeiten: »als ich noch bei euch war«, das ist also damals, »jetzt aber«, das heißt in der Gegenwart des Verfassers. Das »und jetzt« oder besser »jetzt aber« gehört zu den in der Auslegung umstrittensten Stellen des Briefes. Ohne auf die weitläufige Diskussion eingehen zu können[336], sei jene Auffassung wiedergegeben, die nach meinem Einblick heute überwiegend vertreten wird und die sich mir selbst durch die zusätzlichen Beobachtungen zur Traditionsgeschichte des Textes[337] zwingend ergeben hat. 1. Das »jetzt« ist im zeitlichen Sinn zu fassen und bezieht sich auf die Gegenwart.[338] 2. Es steht im Kontrast zu »als ich *noch* bei euch war« und hebt die damals vermittelte Erkenntnis von dem jetzigen »Wissen« ab. 3. Es ist mit »ihr wißt« bzw. »kennt« zu verbinden.[339]

---

332   Der Wechsel zwischen »Ich«- und »Wir«-Stil gehört auch zu den pseudepigraphischen Praktiken; vgl. Brox, Verfasserangaben 57f.

333   Es sei nur darauf verwiesen, daß es äußerst merkwürdig wäre, wenn Paulus, hätte er 2Thess kurz nach 1Thess geschrieben, mit keiner Silbe das erwähnt hätte, was in 1Thess 4,13–18 steht.

334   Vgl. dazu Einleitung S. 24f.

335   Zu 1Thess 2,9; 3,3b.4 bestehen literarische Beziehungen, die einzigen deutlichen in 2Thess 2,1–12: vgl. zu V 1 S. 73f und zur obigen Stelle V 5 1Thess 3,4a; vgl. Wrede, Echtheit 7.

336   Bornemann 365–367 zählte schon 7 verschiedene Deutungen; vgl. Ernst, Gegenspieler 57, Anm. 1; Best 295–301.

337   Vgl. S. 71f.

338   Dabei mag der logische Sinn des νῦν mitschwingen, »weil unter die nochmalige Feststellung V 3f nun endgültig der Schlußstrich gezogen ist«: Strobel, Untersuchungen 104, Anm. 3; doch wird hier vielleicht zuviel herausgehört.

339   νῦν wird auch zu κατέχον gezogen: was *jetzt* ... zurückhält, das kennt ihr; so Cullmann, Eschatologischer Charakter 307, nach Dibelius 46. – Giblin, Threat 159–166 arbeitet einleuchtend heraus, daß οἴδατε als Erfahrungswissen und nicht als begriffliches Wissen verstanden werden muß; er bezieht es jedoch auf vorherige mündliche Äußerungen des Paulus, die nun »verifiziert« worden seien.

Angesprochen ist also das gegenwärtige Wissen der Adressaten über das Katechon.[340]

Daß die Adressaten darum »wissen«, wird vorausgesetzt, ohne daß Angaben darüber gemacht würden, woher ihre Kenntnis stammt, an welchen Erscheinungen oder Indizien sie das erkannt haben mögen. Das gehört zur geheimnisvollen, andeutenden Redeweise, die den ganzen Abschnitt VV 5–7 kennzeichnet.

Was sie kennen, ist »die« das Erscheinen des Antichrist »aufhaltende Macht«.[341] Was diese merkwürdige Größe bezeichnen mag, hat wie eine Rätselfrage seit dem 2. Jahrhundert, ja wie ein Zauberbann gewirkt, den aufzubrechen immer neue Versuche gestartet wurden. Besonders dafür trifft zu, was Bornemann aus der Geschichte der Deutung von 2 Thess 2,1–12 herausgelesen hat, daß dieser Text »im Laufe der Jahrhunderte eine Stätte der buntesten theologischen und phantastischen Wucherungen geworden ist«.[342] Bereits Augustinus gestand seine Ratlosigkeit[343], und J. Schmid äußerte sich vor wenigen Jahren resigniert: »Der Schlüssel zur Lösung dieses Rätsels ist unauffindbar verloren und alle Versuche, es zu lösen, beweisen nur, daß dem so ist.«[344] Die Verwirrung wurde dadurch vermehrt, daß in V 7 das gleiche Verbum als substantiviertes Partizip im Masculinum vorkommt. Wie verhalten sich beide Formen und »Mächte« zueinander, das und der Aufhaltende? Wie Allgemeines zum Konkreten, Prinzipielles zum Individuellen, zugrunde liegendes Allgemein-Phänomen zur konkreten Erscheinungsform? Sind überhaupt zwei Größen gemeint oder ist es die gleiche unter verschiedenen Aspekten? Ist eine – zur Zeit der Abfassung des Briefes – gegenwärtige, erkennbare und identifizierbare Erscheinung gemeint oder eine unsinnliche, geistig-religiöse, nur dem Glauben zugängliche Größe? Die Antworten sollen hier nicht aufgeführt und beurteilt, sondern im größeren Zusammenhang der Katechon-Problematik, die vor allem eine Problematik der Geschichtstheologie und Geschichtswirkung ist, wenigstens teilweise genannt werden.[345]

Entscheidend für das Verständnis sind m. E. zwei Einsichten.

1. Die Redeweise ist *absichtlich* mysteriös gehalten. Das geschieht nicht zu

---

340 So schon klar von Kern, Über 2 Thess 161, ausgedrückt; im gleichen Sinn Hilgenfeld, Brief 247 f, Anm. 3; in etwa Bornemann 267; Dobschütz 279; Rigaux 665; Masson 97; Ernst, Gegenspieler 48 f; Schulz 116; Friedrich 265; anders Frame 262 f; Dibelius 46; die Annahme, daß καὶ νῦν hier das hebr. ועתה wiedergebe, (nach J. Jeremias, Beobachtungen zu nt.lichen Stellen an Hand des neuaufgefundenen griech. Henochtextes, ZNW 38 [1939] 115–124; vgl. auch Schippers, Mythologie 15 f) – von Jeremias selbst nur als »wahrscheinlich« bezeichnet – trifft in der Sache nicht zu; vgl. Trilling, Untersuchungen 80, Anm. 44; »fraglich« auch bei Bl-Debr 442,26.

341 κατέχειν heißt hier ohne Zweifel »aufhalten«, »hemmen«, nicht »festhalten« oder (mythologisch) »in Banden halten«, »binden«; s. Milligan 101 und Note H.; Pr-Bauer s. v. 1aγ; Liddell-Scott 926; H. Hanse, ThWNT II, 829 f; die meisten Kommentatoren; Aus, God's Plan 539, Anm. 13.
342 Bornemann 425.
343 Augustinus, CivD 20,19,2; zit bei Trilling, Untersuchungen 83, Anm. 53.
344 Schmid, Antichrist 330.
345 Vgl. den Exkurs S. 94–102.

bewußter Irreführung oder als geheimnisvolle Verschlüsselung, wie es bei
bestimmten Zahlenangaben in der apokalyptischen Literatur der Fall ist,
sondern weil sich der Verfasser im ganzen Textstück VV 5–7 andeutend-ge-
heimnisvoll ausdrückt.[346] Daß dies bewußt geschieht, ist an dem in dieser
Hinsicht nachweisbaren Unterschied zu den »traditionellen« Teilen in VV 3b.4
und VV 8–10a erkennbar. Nicht Irreführung oder Rätselrede, sondern Anstoß
zum Aufmerken und Nachdenken darf als Motiv vermutet werden. Es ist nicht
einmal *sicher* damit zu rechnen, daß die Leser genau »Bescheid wußten«, so
daß ihnen diese Andeutungen genügt hätten. Vielleicht braucht man nur eine
vage Kenntnis von einem solchen in der Apokalyptik beheimateten Phänomen
voraussetzen. Ja, man könnte sogar mit der Annahme auskommen, daß der
Verfasser allein solche Kenntnis besaß und der Meinung war, daß die
Briefempfänger imstande seien, den Sinn herauszufinden.[347]
2. Das aber hängt von der zweiten und entscheidenden Einsicht ab, die die
Funktion dieser Größe betrifft: Das Katechon hat die Funktion, das
Hervorbrechen des Wider-Gottes zu hemmen, es bis zu einem bestimmten
Zeitpunkt (V 6b) aufzuhalten. Es muß daher eine positiv gesehene Macht sein,
die diese wohltätige Aufschub-Wirkung ausübt. Diese aus dem Sinngefüge des
Textes zu gewinnende Erkenntnis ist *der Schlüssel selbst*, nach dem gefahndet
wird.[348] Da ferner die ganze Antichrist-Konzeption radikal religiös und völlig
unpolitisch ist, liegt es am nächsten, dies auch für das Katechon zu postulieren.
Zeit- oder weltgeschichtliche Identifizierungen lägen dann weitab vom
intendierten Sinn. Die grammatischen Unsicherheiten sind nach diesen beiden
Einsichten zu klären.

Abzuweisen ist daher die Meinung, es handle sich beim Katechon um eine
gottfeindliche, böse Macht oder Person. Sie wurde früher gelegentlich vertreten[349] und
neuerdings in origineller Weise durch Ch. Giblin wieder aufgenommen.[350] »*Das
Aufhaltende*« sei eine pseudocharismatische Bewegung, deren Träger die »Unordentlichen« von 3,6ff und deren Exponent »*der* Katechon«, ein Prophet dieser Art, sei. Da die
durch sie ausgelöste Verwirrung der Thessalonicher-Gemeinde bekannt sei, könne sich
Paulus mit Andeutungen begnügen. Giblin erkennt, daß der griechische Wortgebrauch
vielfältig ist und daß die Frage nach hebräischen/aramäischen Äquivalenten nicht viel

---

[346] Vgl. zu diesem Stil auch Did 16,5 ; dazu R.
Knopf, HNT, Erg-Bd 39.
[347] Solche hypothetischen Überlegungen
müssen wenigstens am Rande angestellt werden, da sich jeder Exeget auch fragen muß, ob
das, was uns heute Nöte macht, damals überhaupt Chancen hatte, begriffen zu werden (vgl.
nur die vertrackte Syntax in VV 5–7). Auch
diejenigen, die von Paulus als Autor ausgehen,
kommen in die gleichen Schwierigkeiten: die
unvollständigen Angaben von VV 3f könnten
noch auf frühere, ausführlichere Darlegungen

des Apostels bezogen sein. Die neuen Mitteilungen jedoch wirken weitaus unverständli-
cher.
[348] Vgl. Trilling, Untersuchungen 85f; zustimmend Lindemann, Abfassungszweck 44,
Anm. 35; F. Mußner, Kairos 17 (1976) 305f.
[349] Schaefer 164 sah in ihm gar den »Fürsten
dieser Welt« oder »den Geist des Unglaubens,
der jetzt schon in den Kindern des Unglaubens
in mysteriöser Weise wirksam ist«; andere
Vertreter bei Best 298.
[350] Giblin, Threat.

austrägt, da es davon zu viele gibt.[351] Daß das Verbum bei Paulus vorwiegend im negativen Sinn verwendet ist, verliert dann seinen Beweiswert, wenn man ihn nicht als Autor von 2Thess betrachtet. Die Haupteinwände sind daher gegen die konstruierte Gemeindesituation insgesamt und gegen diese Konzeption des Katechon zu erheben. Sie sind so stark, daß der Lösungsvorschlag für 2Thess 2 als abwegig angesehen werden muß.[352] Trotz des Verzichts auf eine Entscheidung neigt auch E. Best einer Auffassung zu, die das Katechon in einem feindlichen Sinn fassen und dessen Wirken in enger Verbindung mit dem »Menschen der Bosheit« und dem »Geheimnis der Bosheit« sehen möchte. Doch wird dies nur als Vermutung geäußert.[353] Entscheidend gegen diese Richtung sprechen der Traditionskontext der »Verzögerung« und die Funktion in unserem Brief (s. o.).

Nach diesen mehr methodischen Überlegungen kann nun doch Konkreteres zu dieser apokalyptischen Tradition, die der Verfasser im Sinn hat, gesagt werden. Neuerdings haben vor allem O. Cullmann und dann umfassend A. Strobel auf die Aufhalte-Thematik im Kontext des alttestamentlich-jüdisch-christlichen Verzögerungsproblems hingewiesen.[354] Der Kerngedanke davon ist streng theozentrisch: In den Ratschlüssen Gottes liegen die Zeiten unverrückbar fest. Wenn das Ende noch nicht eintritt, sondern sich verzögert, so geschieht dies mit Absicht und Willen Gottes. Strobel geht von Hab 2,3f als dem Grundtext für die Anschauung aus, zu dessen Vorgeschichte allerdings auch Stellen wie Jes 13,22; Ez 12,21ff einbezogen werden. Das Textstück, in dem die Hab-Stelle auf dem Hintergrund der für die Qumran-Gemeinschaft aktuellen Problematik der Verzögerung des Endes kommentiert wird, ist besonders eindrücklich:

»Und Gott sprach zu Habakuk, er solle aufschreiben, was kommen wird über das letzte Geschlecht. Aber die Vollendung der Zeit hat er ihm nicht kundgetan. Und wenn es heißt: *Damit eilen kann, wer es liest,* so bezieht sich seine Deutung auf den Lehrer der Gerechtigkeit, dem Gott kundgetan hat alle Geheimnisse der Worte seiner Knechte, der Propheten. *Denn noch ist eine Schau auf Frist, sie eilt dem Ende zu und lügt nicht.* Seine Deutung ist, daß sich die letzte Zeit in die Länge zieht, und zwar weit hinaus über alles, was die Propheten gesagt haben; denn die Geheimnisse Gottes sind wunderbar. *Wenn*

---

351 Giblin, Threat 181–192; eine Liste mit 12 hbr Verben nach der Mas bei Aus, God's Plan 546, Anm. 45; Sicherheit ist in dieser Frage kaum zu erreichen, so daß vom griech. Wort ausgegangen werden sollte. Die Urteile sind recht verschieden: Aus, aaO. bevorzugt עצר nach Jes 66; Cullmann, Eschatologischer Charakter 317f aram עכב nach Targumim (»in einem fast technischen Sinn gebraucht«, hbr Entsprechung עקב)); Strobel, Untersuchungen 6ff u. ö. אחר nach Hab 2,3.

352 Vgl. die Kritik von W. Schmithals, ThLZ 95 (1970) 200–202; Trilling, Untersuchungen 77f, Anm. 33 u. ö. (Register); knapp und treffend Best 299.

353 Best 301.

354 Cullmann, Der eschatologische Charak-

ter; ders., Wann kommt das Reich Gottes?; Strobel, Untersuchungen; zu 2Thess vor allem 98–116; die material- und kenntnisreiche Abhandlung überzeugt nicht in allen Teilen, auch nicht zu 2Thess. Dennoch dürfte der Nachweis einer breiten »Aufhalte«-Tradition im ganzen gelungen sein. Meine Auffassung stützt sich in der Hauptsache auf Strobels Arbeit, ohne daß ich allerdings seiner Präzisierung für 2Thess – *der* Katechon sei eigentlich Gott selbst, *das* Katechon sein Heilsplan (107) – zustimmen könnte; vgl. Trilling, Untersuchungen 85, Anm. 60; grundsätzlich zustimmend zu Strobel Schulz 116; Ernst, Gegenspieler 56f; K. H. Schwarte, TRE III, 268f; Hahn, Mission 126; vgl. auch zu 4 Esr und sBar ausführlich Harnisch, Verhängnis 248–321.

sie verzieht, so harre auf sie, denn sie wird gewiß kommen, und nicht wird sie ausbleiben. Seine Deutung bezieht sich auf die Männer der Wahrheit, die Täter des Gesetzes, deren Hände nicht müde werden vom Dienst der Wahrheit, wenn die letzte Zeit sich über ihnen hinzieht. Denn alle Zeiten Gottes kommen nach ihrer Ordnung, wie er es ihnen festgesetzt hat in den Geheimnissen seiner Klugheit.«[355]

Die »aufhaltende Macht« ist *die Verzögerung selbst,* die jedoch nicht willkürlich und ohne Kontrolle oder nach eigenen Gesetzen wirkend zu denken ist, sondern die von Gott her einberechnet und verfügt ist. Mit Recht sagt Strobel zunächst, ehe er die Konkretisierung von 2 Thess 2,6f weiter vorantreibt, daß »der Begriff des Katechon . . .« ein terminus technicus »für die in den Weltplan Gottes einberechnete Parusieverzögerung und als solcher ohne einen näheren Inhalt« sei.[356] Dies dürfte genau für unsere Stelle zutreffen. Das Katechon ist ein primär formaler Begriff, der die Funktion der Dehnung der Zeit vor dem Ende, hier vor dem Einbruch des eschatologischen Unheils, verkörpert. Zwischen maskulinischer und neutrischer Fassung besteht kein Unterschied in der Sache. Erwägungen darüber haben m. E. nur den Wert, Möglichkeiten zu beschreiben.[357] Daß der Begriff formal-funktional genommen werden sollte, schließt allerdings ein und nicht aus, daß er in einer religiösen Geschichtserfahrung und -reflexion wurzelt. Nur von dorther kann diese Funktion einsichtig werden. *Hinter* ihr steht Gott selbst, so daß man auch mit Recht sagen kann: Gott selbst ist es, der das Ende aufhält. Aber Gott und/oder sein Zeitplan sind und werden nicht identisch mit der *literarischen Größe* des Katechon. Sichere Fingerzeige für diese Gesamtdeutung sind in dem finalen »damit« (εἰς τό)[358] und in dem Ausdruck »zu seiner Zeit« (ἐν τῷ αὐτοῦ καιρῷ)[359] gegeben.

Das »damit« legt die zweckgerichtete Funktion fest, und »zu seiner Zeit« besagt, daß erst dann, wenn diese Zeit gekommen ist, und keineswegs früher, der »Mensch der Bosheit offenbart« werden wird (V 6b). Da das Katechon bis zu diesem Zeitpunkt aufhalten soll, liegt der Ton in dem Finalsatz auf dem Ende.[360]

355   1 QpHab VII, 1–14a, zit nach Lohse, Die Texte aus Qumran 235f; vgl. dazu Strobel, Untersuchungen 7–14; O. Betz, Offenbarung und Schriftforschung in der Qumransekte, 1960 (WUNT 6).

356   Strobel, Untersuchungen 101.

357   Vgl. schon Dibelius 46: »κατέχειν heißt in dem wohl absichtlich zwischen Mask und Neutr schwankenden apokalyptischen Terminus ›in Banden halten‹« (dazu Anm. 341); vgl. Trilling, Untersuchungen 85f; dort weitere Stimmen in diesem Sinn; jetzt Friedrich 265f. – Der Wechsel zwischen Mask und Neutr kann nicht sicher erklärt werden. Damit fällt jedoch die »theozentrische« Auslegung nicht dahin. Sie ist m. E. die beste, die bisher entwickelt worden ist; zu Best 300f.

358   Zu εἰς τό zur Bezeichnung des Zwecks oder der Folge, vgl. Bl-Debr 402,3; so auch Dobschütz 280; Strobel 104, Anm. 4.

359   Vgl. für die Parusie Christi 1 Tim 6,14f ἥν καιροῖς ἰδίοις δείξει κτλ.

360   Die bei Nestle noch im Apparat stehende (BKDG al gegen א AJK 69 pm [nach Nestle], weitere Zeugen bei Rigaux 663) LA ἑαυτοῦ ist im GNT in den Text aufgenommen. Eine Begründung ist bei Metzger, Commentary, nicht gegeben. Die Entscheidung dürfte fraglich sein, da, wie Rigaux 663 bemerkt, es sich um eine stilistische Korrektur mit Rücksicht auf das vorhergehende αὐτοῦ handeln kann; vgl. auch so Dobschütz 280, Anm. 1; anders Zimmer, Textkritik 329.

Von der Gegenwart ist aber noch mehr zu sagen, als *daß* das Katechon wirkt. 7
Sie ist keine »leere« Zeit, nur ausgesparte Frist des Verzögerns und Wartens. In
ihr ist bereits die widergöttliche Macht wirksam (vgl. 1 Joh 4,3)[361], aber nicht in
offenbarer Realität und in der »Person« des Antichrist, sondern *in der Weise
des* »Mysteriums«.[362] Die parallelen Ausdrücke »Mensch der Bosheit« (V 3b)
und »Geheimnis der Bosheit« (V 7a) erfordern eine analoge Interpretation. Im
»Geheimnis«, d.h. im Verborgenen im Gegensatz zum Offenkundigen, ist
diese verderbliche Macht da, die die Macht des Antichrist selbst ist. Das meint,
wie Dobschütz treffend auslegt: »Sie wirkt wie etwas, das nur die Eingeweih-
ten erkennen, die andern sehen es vielleicht, aber verstehen es nicht, bis es sich
enthüllt...«[363]

Es ist kein Geheimwissen über eine Geheimtradition nötig, sondern das gleiche
»Wissen«, das V 6a meint, das an die gläubige Einsicht appelliert. Wer Augen
und Ohren hat, der erfährt die Gegenkräfte, die sich der Herrschaft und Hoheit
Gottes entgegenstemmen, bereits jetzt. Auch die Empfänger des Schreibens
sollen ihre Erfahrungen von Verfolgung und Bedrängnis (1,4) in diesem Lichte
sehen. Später bittet der Verfasser, daß der Herr sie »stärke und vor dem Bösen
bewahre« (3,3). Die Gegenwart ist gefährlich und düster. Ist auch der
Antichrist selbst noch nicht auf der Bühne der Geschichte, so steht die jetzige
Zeit doch schon in seinem Einflußbereich. Das Unheil wirkt proleptisch von
vorn, von der Zukunft her in die jetzige Zeit hinein. Der Autor will die
Aufmerksamkeit für die Gegenwart schärfen, Abwehrkräfte mobilisieren, zu
standhafter Treue motivieren (vgl. 2,15.17; 3,3.5). Auch soll die gegenwärtige
Gefährdung nicht dadurch übersehen werden, daß man gebannt auf Vorzei-
chen von Kommendem und auf zukünftige Vorgänge starrt.[364]

Die Aussage von V 6a aufnehmend und bestätigend, wird das Katechon erneut
erwähnt, nun im Masculinum. Hinzu kommt nach V 7a allerdings, daß seine
Wirksamkeit noch etwas anders beleuchtet wird. Weil sich im verborgenen
Wirken der Bosheit schon das Kommende als Vorbote ankündigt, wird seine
Tätigkeit unter diesem Andrängen um so dringlicher. Streng gedacht, müßte
man das Katechon auch dem »Geheimnis der Bosheit«, mit dem es die
Gegenwart zu tun hat, konfrontieren, in dem Sinn: Es hält nicht nur den

---

[361] ἐνεργεῖται intr med: »ist wirksam«; vgl.
Bornemann 368; Pr-Bauer s. v. 1b; vgl. 1Thess
2,13; zur Diskussion Best 293f.
[362] Gen epexeg. mit Bornemann 367, der
umschreibt, daß »die Macht der Ungerechtigkeit im Geheimen schon gegenwärtig wirksam« sei; ebenso Dobschütz 280f; Morris
227f; zur Wortstellung vgl. Gal 2,6.9. – Im NT
hat der Ausdruck keine Parallele, doch in
Qumran, z. B. als »Geheimnisse seiner (=Be-
lials) Feindschaft«, 1 QM 14,9; ähnliche Formulierungen, stets im Plur, dort öfter; vgl. die
Angaben bei Trilling, Untersuchungen 81f,
Anm. 49 (Lit); E. Vogt, »Mysteria« in textibus
Qumran, Bib 37 (1956) 247–257; Schippers,

Mythologie 15–19; Braun, Qumran I,
187f.235f; Lührmann, Offenbarungsverständnis 109–112; Strobel, Untersuchungen
14–16.
[363] Dobschütz 281. Furfey, »The Mystery of
Lawlessness«, möchte noch genauer in dem
»Geheimnis« den Plan Satans zur Bekämpfung
des Erlösungswerkes Christi sehen.
[364] Das γάρ am Anfang von V 7a muß nach
dieser Auslegung auf den ganzen V 6 bezogen
werden; gut Frame 263: »›For‹ (γάρ), to
explain the connection between the present
action intimated in τὸ κατέχον and the future
revelation of the Anomos, ...«

Antichrist zurück, sondern es stemmt sich auch gegen die jetzige Weise seines Einwirkens. Doch das wird im Text nicht erkennbar und ist vielleicht zu konsequent angesichts des undeutlichen Textes gedacht.

Der Satz ist eine Ellipse und im ganzen schwierig konstruiert. Ziemlich sicher dürften folgende Bestimmungen sein: μόνον (»nur«) und ἕως (»bis«) gehören zusammen, das ἕως ist dem Subjekt nachgestellt[365], ἄρτι (»jetzt«) gehört zu ὁ κατέχων (»der Aufhaltende«). Ein Verbum ist mindestens in der Übersetzung zu ergänzen, z. B. temporal: »nur (währt es noch eine Weile), bis der beseitigt ist . . .«[366], oder konditional: »nur (ist vorausgesetzt), daß der noch Aufhaltende entfernt ist«.[367] Über die Art der Entfernung des Katechon ist nichts auszumachen, auch eine gewaltsame Unterbindung seiner Tätigkeit ist nicht herauszuhören. Die griechische Redensart hat zunächst neutralen Sinn.[368] Sie kann daher in dieser Verwendung nicht als unangemessen empfunden werden.[369]

Exkurs: Die »aufhaltende Macht«

Literatur: Adamek, J., Vom römischen Endreich der mittelalterlichen Bibelerklärung, München 1938; *Andriessen,* La venue; *Auberlen-Riggenbach* 124–126; *Aus,* God's Plan; *Bahnsen,* Verständnis; *Bammel, E.:* Ein Beitrag zur paulinischen Staatsanschauung, ThLZ 85 (1960) 837–840; *Best* 295–302; *Betz,* Katechon; *Böld, W.,* Obrigkeit von Gott? Studien zum staatstheologischen Aspekt des Neuen Testaments, Hamburg 1962; *Brunec, M.,* De »homine peccati« in 2Thess 2,1–12, VD 35 (1957) 1–33; *Coppens;* Les deux obstacles; *Cullmann,* Eschatologischer Charakter; *ders.,* Wann kommt das Reich Gottes?; *Dibelius* 47–51; *Dobschütz* 291–296; *Ernst,* Gegenspieler 48–63.69–79; *Frame* 259–262; *Freese, to Katechon; Furfey,* Mystery; *Giblin,* Threat 167–242; *Hanse, H.,* ThWNT II, 828–830; *Masson* 104–106; *Milligan* 100f.155–157; *Morris* 224–227; *Neil* 166–173; *Neumann,* Hippolytus von Rom (Anm. 289); *Rigaux* 259–280; *Robinson,* 2Thess 2,6; *Ruiz,* La incredulidad; *Schmid,* Antichrist; *Schmiedel* 38–43; *Schwarte, K. H.,* TRE III, 264–275 (Lit); *Stählin, W.,* Die Gestalt des Antichristen und das *Katechon,* in: Glaube und Geschichte, (FS. J. Lortz) II, Baden-Baden 1957, 1–12; *Stephens, D. J.,* Eschatological Themes in 2Thessalonians, Diss. St. Andrews (unveröffentlicht, vgl. *Best* 300) war mir nicht zugänglich; *Stephenson,* Meaning; *Strobel,* Untersuchungen 98–116; *Trilling,* Untersuchungen 75–93; *ders.,* Antichrist und Papsttum; *Wohlenberg* 177–218.

---

[365] Vgl. Bl-Debr 475,1.

[366] So Dibelius 46; Schulz 117; Neil 167f.

[367] Dahin tendiert wohl Dobschütz 282; ἕως hier mit Konj Aor ohne ἄν, vgl. Bl-Debr 455,6; der primär temporale Sinn des ἕως dürfte sich auch durch die Fortsetzung καὶ τότε empfehlen; entschieden so Rigaux 671; m. E. verfehlt die Rekonstruktion von Strobel, Untersuchungen 104ff, der μυστήριον τῆς ἀνομίας als Hauptsubjekt von V 7 versteht und ἕως ἐκ μέσου γένηται davon abhängig sein läßt; zur Kritik Trilling, Untersuchungen 85, Anm. 60.

[368] Vgl. die Belege bei Pr-Bauer s. v. γίνομαι I 4cβ, μέσος 2; Dobschütz 282 (Belege für die »geläufige Redensart«); Frame 265: »The fact not the manner of the removal is indicated«; doch begegnet die Verbindung von ἐκ μέσου mit γίνομαι nur hier im bibl Griechisch; vgl. auch Rigaux 671; ἐκ μέσου ohne Art mit Konj, s. Bl-Debr 264,6.

[369] So erneut Friedrich 265, doch wohl vor allem in bezug auf »Gott« verstanden; tut man dies, legt sich die Rekonstruktion von Strobel (Anm. 367) allerdings fast notwendig nahe.

I. Verzögerungs-Thematik: Das mit der »aufhaltenden Macht« angesprochene Phänomen muß, wie wir gesehen haben[370], im Zusammenhang der »Verzögerung des Endes« beurteilt werden. Vor allem O. Cullmann[371] und dann A. Strobel[372] haben den Themenkomplex erneut aufgedeckt und seine lange Traditionsgeschichte und seine vielgestaltigen Verzweigungen beschrieben. Strobel führt den Traditionsstrang auf Hab 2,3 zurück und verfolgt dessen Nachwirkungen über Jahrhunderte hin durch die jüdisch-hebräischen, die jüdisch-griechischen und die neutestamentlichen Zeugnisse. Hab 2,3 lautet in der Antwort Gottes auf die beunruhigte Klage über das Ausbleiben des Endes: »Denn erst zu der bestimmten Zeit tritt ein, was du siehst; aber es drängt zum Ende und ist keine Täuschung; wenn es sich verzögert, so warte darauf; denn es kommt, es kommt und bleibt nicht aus.«[373] Der Text enthält Ansatzpunkte für verschiedenartige Anwendungen und Akzentuierungen.[374] Seine Struktur ist entschieden *theozentrisch* gefügt: Gott steht für die Ausführung des Angesagten ein – das »drängende« Ende kommt gewiß, auch wenn »es sich verzögert«. Aber es tritt erst »zu der bestimmten Zeit« ein. In Gott allein, in seinem Willen und in seinem Plan ist das Ende verborgen.[375]

Eine neuere Variante sei noch erwähnt: R.D. Aus kombiniert mit dieser theozentrischen Deutung die der Evangeliums-Verkündigung (s. dazu gleich), gestützt auf Jes 66,7–9.19. *Das* Katechon sei Gottes Wille und Plan, daß allen Völkern das Heil verkündet werden, *der* Katechon sei Gott selbst.[376] Was zurückgehalten wird, sei der Herr (=der Messias), bzw. der Tag des Herrn. Das erfordert entsprechende grammatische Voraussetzungen. Der Autor von 2Thess könne nach Aus durch Jes 66,9 zu eigener Übersetzung des   mit κατέχειν angeregt worden sein.[377] Trotz einiger bedenkenswerter Vorschläge überzeugt mich das Ganze doch nicht, vor allem nicht der Bezug auf Jes 66,19. Die Auseinandersetzung müßte jedoch ins einzelne gehen, was hier nicht möglich ist.

II. Die »aufhaltende Macht« – das römische Reich: Eine weit stärkere Wirkung als dieses theozentrische Argumentationsmuster, das für 2Thess 2 in erster Linie in Betracht kommt, übte eine geschichtstheologische Auslegungsrichtung, die als sein weitester Ausläufer und als sekundärer Seitentrieb

---

[370]   Vgl. S. 88–92.

[371]   Cullmann, Eschatologischer Charakter; ders., Wann kommt das Reich Gottes?

[372]   Strobel* passim; vgl. zu 4 Esr und sBar Harnisch, Verhängnis 268–321.

[373]   Zum Text und zur Textkritik vgl. W. Rudolph, Micha-Nahum-Habakuk-Zephanja, 1977 (KAT), 212–216.

[374]   Im NT vgl. bes. Hebr 10,35–39; 2Petr 3,8f außer unserer Stelle; dazu Strobel* 79–97.

[375]   »Die göttliche Determination der Zeiten« kennt die Weisheitsliteratur (vgl. G. v. Rad, Weisheit in Israel, Neukirchen 1970, 337–363),

sie durchzieht dann die gesamte Apokalyptik; vgl. G. v. Rad, Theologie des Alten Testaments II, München ²1965, 315–337; H. H. Rowley, Apokalyptik. Ihre Form und Bedeutung zur biblischen Zeit, Einsiedeln ³1965; W. Zimmerli, Grundriß der alttestamentlichen Theologie (1972), Berlin ²1978, 211; J. Schreiner, Alttestamentlich-jüdische Apokalyptik, München 1969, 121–125; ausführlich Harnisch, Verhängnis 248–321.

[376]   Aus* 549.

[377]   Vgl. auch so Aus, Relevance 264f, Anm. 52; Jes 66 hat auch in den anderen Arbeiten von Aus eine Schlüsselrolle.

entwickelt wurde, nämlich in der »aufhaltenden Macht« den römischen Staat
zu sehen. Diese Auffassung findet sich zählebig sowohl in dem bis an den
Beginn der Neuzeit reichenden Strang *universal- und endgeschichtlicher
Sicht,* in der diese Geschichtsmacht als ständig präsent gedacht wird, wie auch
in der mit H. Grotius einsetzenden *historisch-zeitgeschichtlichen Betrach-
tungsweise* der Neuzeit. Im ersten Fall ist Paulus als Prophet der zukünftigen
Entwicklung von Welt und Kirche, im zweiten als Zeuge und Deuter der
Ereignisse seiner Zeit gesehen. Diese Entwicklung muß, da sie verbreiteter und
folgenreicher war als andere, die sich aus dem bunten Wirrwarr der
Katechon-Deutungen mit einer gewissen Konstanz und Ernsthaftigkeit
herausheben, wie die auf die Verkündigung des Evangeliums bzw. auf Christus
selbst, auf die Kirche und den Glauben/die Gläubigen, auf den/die Apostel und
Verkünder, auf Engelmächte u. a.[378], besonders zur Sprache kommen. Zunächst: Wie kam es zu dieser Auffassung, angesichts der Tatsache, daß Rom
von Juden und Christen als feindselige gottlose Weltmacht gesehen wurde?
1. Der Ausgangspunkt für die »staatstheologische« Deutung des Katechon ist
die Identifizierung des 4. danielischen Weltreiches (Dan 2; 7) mit dem
römischen Reich. Daniel sah in diesem *Endreich* wahrscheinlich das makedoni-
sche Reich Alexanders, bzw. nach dessen Aufteilung das Reich der Seleuki-
den.[379] Seit dem 1. vorchristlichen Jahrhundert rückt das römische Reich in der
jüdischen Literatur allmählich an diese Stelle ein. Es bildet als *Weltreich* und
Weltmacht die Summe aller Aktivitäten und geschichtlichen Kräfte, die gegen
Gott und das Gottesvolk Israel, ja gegen das »Gottesreich« überhaupt stehen.
Erst nach seinem Untergang kann die messianische Zeit anbrechen.[380] Die
prinzipielle Gegnerschaft des römischen Reiches und die entsprechende Rolle
als apokalyptisches Symbol (»Babylon« u. a.) bleibt für das Judentum über
lange Zeit hin konstant.[381] Im Neuen Testament wirkt diese negative Sicht vor
allem auf die Visionen von den apokalyptischen »Tieren« in Offb (12)13; 17
ein.[382] Ausdrücklich wird die Identifizierung des 4. Weltreiches mit Rom in der
christlichen Literatur erstmals durch Irenäus vollzogen.[383]

[378] Vgl. die S. 94 genannten Exkurse; es
erscheint mir nicht sinnvoll, an dieser Stelle
auch nur einigermaßen repräsentative Listen
für die einzelnen Auslegungen und deren
Autoren aufzustellen; vgl. aber Ernst, Gegenspieler 57, Anm. 1.
[379] Vgl. zu Dan 2, zur Vorstellung der
Weltzeitalter und den Fragen nach der Geschichte und ihrem Ende Plöger, Daniel,
54–57; zu Dan 7f vgl. 118f.130f; Zusammenfassung zu Dan 174–178; vgl. J. M. Schmidt,
Die jüdische Apokalyptik, Neukirchen ²1976,
54–56; Hengel, Judentum 330–345.
[380] Vgl. Ass Mos 10,8; 4Esr 12,11f (dazu
Harnisch, Verhängnis 251–257); sBar 36–40
(dazu Harnisch, ebd. 257–259); vgl. Volz,
Eschatologie 83; Hengel, Judentum 333ff;
Bill. IV/2, 880f.894f.898.

[381] H. Fuchs, Der geistige Widerstand gegen
Rom in der antiken Welt, Berlin 1938; zum
Christentum ebd. 62–73.74.76f. »Das jüdische Volk hatte in der Zähigkeit, mit der es die
Feindschaft gegen die Römer in sich lebendig
erhielt, nirgends im Reiche seinesgleichen«,
ebd. 62, Anm. 77; zu Babylon = Rom vgl. ebd.
74, Anm. 79 und C. H. Hunzinger, Babylon als
Deckname für Rom und die Datierung des 1.
Petrusbriefes, in: Gottes Wort und Gottes
Land (FS H. W. Hertzberg), Göttingen 1965,
67–77.
[382] Die Alte Kirche kritisierte und verhöhnte
den Ewigkeitsanspruch Roms und des Reiches:
vgl. Fuchs (Anm. 381) 87–90; Adamek* 31–51.
[383] Adamek* 31–51.

2. Neben dieser negativen Bewertung des Staates läuft gleichwohl kontinuier-
lich die Mahnung zur und die Praxis der *Fürbitte* für die weltlichen Gewalten,
einschließlich des Kaisers, ja auch für Sicherheit und Wohl des Staates selbst.
Auch darin tritt die Christenheit in jüdisches Erbe ein.[384] Die frühchristlichen
Zeugnisse, die sich vor allem auf die Gebetsweisung in 1Tim 2,1f stützen, sind
zahlreich.[385] Die grundsätzliche Geschiedenheit von Christen und Heiden und
die Überzeugung der Christen vom Untergang des letzten der danielischen
Reiche, des römischen, hinderte nicht das Gebet »für das Heil der Kaiser und
des Staates«. Tertullians Apologetikum (197 nChr) ist für die theoretische und
zugleich pragmatisch-politische Fundierung aufschlußreich.

Tertullian weist darauf hin, daß die Christen im Gegensatz zu den Vorwürfen, sie ehrten
die Götter nicht und brächten für die Kaiser keine Opfer dar, durchaus für den Kaiser
beteten, aber zu dem ewigen, dem *wahren* und lebendigen Gott, und daß aus diesem
Grunde allein dieses Gebet wirksam sei.[386] Daß damit kein blanker Opportunismus[387]
und keine Advokaten-Spitzfindigkeit die Feder führt, erhellt daraus, daß sich der Autor
nicht nur auf die Mahnung 1Tim 2,1f bezieht, sondern auch darauf verweist, daß die
Christen auch für ihre Feinde und Verfolger zu beten hätten.[388] Schließlich stehe auch
dem Gebet für den Staat die christliche Enderwartung nicht entgegen, im Gegenteil:
Die Drangsale, die das Ende der Welt mit sich bringe, würden nur solange aufgehalten,
als das römische Reich bestehe. »Es gibt noch eine andere, höhere Notwendigkeit für
uns Christen, für die Kaiser zu beten, ebenso für den festen Bestand des Reiches und die
römischen Dinge: wir wissen, daß die gewaltige Katastrophe, die dem Erdkreis droht, ja
daß das Ende der Welt, das entsetzliche Drangsale heraufbeschwört, nur durch die Frist
aufgehalten wird, die dem Imperium Romanum gewährt ist. Daher wollen wir dies
nicht auf die Probe stellen, und indem wir um Aufschub beten, fördern wir die Dauer
Roms.«[389]

384 Vgl. Schürer, Geschichte I, 483: unter
den römischen Prokuratoren von 6–41 nChr
wurde täglich zweimal im Tempel auch »für
den Cäsar und das römische Volk« geopfert;
vgl. II, 360–362; III, 462f; vgl. den Exkurs in
M. Dibelius/H. Conzelmann, Die Pastoralbriefe, 1955 (HNT 13), 30f.

385 Tertullian, Apol 31,3; Orig, Cels 8,73;
vgl. Lit bei Fischer, Apostolische Väter 103,
Anm. 384; H. Rahner, Kirche und Staat im
frühen Christentum, München 1961, 40f; als
Beispiel schon das bedeutende Gebet 1 Cl
61,1–3; dazu R. Knopf, HNT, Erg-Bd 146–148
(138f Lit); ferner zum Ganzen H. U. Instinsky,
Die alte Kirche und das Heil des Staates,
München 1963, 41–60; Dibelius/Conzelmann,
Pastoralbriefe (Anm. 384) 28–31 (Belege); M.
Dibelius, Rom und die Christen im ersten
Jahrhundert (1942), in: Botschaft und Ge-
schichte II, Tübingen 1956, 177–228.

386 Tertullian, Apol 30,1.

387 Vgl. die Gleichartigkeit der Gebetsinhalte

mit den vota der Heiden 30,4; dazu die
heidnischen Belege bei Instinsky (Anm. 385)
74, Anm. 19.

388 Tertullian, Apol 31,2.

389 Romanae diuturnitati favemus: Apol
32,1; vgl. 39,2; Übers von Instinsky (Anm.
385) 52; vgl. CChr.SL, Tertulliani Opera p. I/1,
85–171 (142f); die Gedanken nimmt Tertullian
212 in dem Brief an einen afrikanischen
Statthalter erneut und mit starken Worten auf:
»Christianus nullius est hostis, nedum impera-
toris, quem sciens a deo suo constitui, necesse
est ut et ipsum diligat et revereatur et honoret
et salvum velit, cum toto Romano imperio,
quousque saeculum stabit: tamdiu enim stabit«: Ad Scapulam 2,6, CChr.SL, Tertulliani
Opera p. II, 1125–1132 (1128); ob Strobel* 134
(vgl. 140) damit Recht hat, daß die »Bitte um
Aufschub« der Katastrophe in Apol 32,1
»ziemlich unverhüllt tendenziösen Anstrich«
trage, bleibe dahingestellt.

Beide Texte müssen nicht auf 2 Thess 2,6 f Bezug nehmen, wie Strobel mit Recht ausführt.[390] Sie sind aber Belege für die Verzögerungsthematik allgemein wie für die geschichtstheologische Stellung des römischen Reichs in christlicher Sicht und *offen* für die Katechon-Deutung. Der Gedanke des Aufschubs des Endes findet sich auch, teils mit traditionellen jüdischen Begründungen, bei Aristides und Justin.[391] »Daß der römische Staat nach Dan 2 und 7 oder Apoc Joh 13 und 17 das letzte Reich darstellt, mit seinem Abgang also auch das Ende anbricht, kann als allgemeine Ansicht der Christen des 2. Jahrhunderts gelten.«[392]

3. Doch die Verbindung der Verzögerungsanschauung mit 2 Thess 2,6 f dürfte erstmals, wie Strobel wahrscheinlich gemacht hat, nicht durch Tertullian, sondern durch Hippolyt geschehen sein. In seiner montanistischen Zeit habe sich Tertullian ihr angeschlossen (ca. 207 nChr).[393] Hippolyt hat als erster christlicher Theologe in seinem Werk über den »Antichristen« (ca. 200 nChr) die apokalyptisch-eschatologischen Texte des Alten und Neuen Testaments zusammengestellt und zu einer Gesamtdarstellung der Endereignisse geordnet.[394] Ohne 2 Thess 2,6 f zu erwähnen, »gelangt er mittels eines Vergleiches vor allem der Zeugnisse Dan 2 und 7 . . . zu der Ansicht, daß das Hereinbrechen der Endzeit *nicht* zu befürchten sei, solange das römische Reich besteht.[395] Die Anwendung dieser Erkenntnis auf das Verständnis des Katechon von 2 Thess war von hier aus gesehen für ihn ein folgerichtiger, notwendiger Schritt.«[396] Dieser Schritt wird im Daniel-Kommentar (ca. 203/204) vollzogen.[397] Er zitiert 2 Thess 2,1–9 und stellt anschließend die Frage: »Wer ist nun der bis jetzt Aufhaltende, wenn nicht das vierte Tier, nach dessen Absetzung und Beseitigung der Verführer kommen wird?«[398] Damit wurde die folgenreiche »staatstheologische« Deutung eingeleitet. Dennoch findet sich bei Hippolyt an

---

[390] Strobel* 131–135.140.

[391] Vgl. Strobel* 121–126.

[392] Strobel* 140.

[393] Tertullian, De resurr.mortuorum 24,17: CChr.SL, p. II, 921–1012 (952); dazu Strobel* 135–142; die Textanklänge an 2 Thess sind deutlich: et nunc quid teneat scitis, ad revelandum eum (i. e. Antichristum) in suo tempore. Iam enim arcanum iniquitatis agitatur; tantum qui nunc tenet [teneat], donec de medio fiat, quis, nisi Romanus status, cuius abscessio in decem reges dispersa antichristum superducet? Zur Unsicherheit der lat Texte (detinere- =ab-, fernhalten, tenere=festhalten) vgl. Dobschütz 279; Strobel* 136f.

[394] Hipp, De antichristo, GCS I, 2, ed. H. Achelis, Leipzig 1897, 1–47; vgl. Aufbau und Inhalt bei Neumann* 11–53; Hippolyts »Darlegung über Christus und den Antichrist aus den heiligen Schriften ist die ausführlichste systematische Erörterung der Frage nach dem

Antichrist in der Literatur der alten Kirche« (ebd. 11).

[395] Nach De antichristo 19–25.

[396] Strobel* 139f; Hippolyt verfolgt hier und im Daniel-Kommentar die Tendenz, das Ende der Welt als nicht unmittelbar bevorstehend zu erweisen; er steht damit in der Linie der Verzögerungs-Thematik, vgl. Neumann* 47.59 u. ö.; zur Romfeindschaft Hippolyts vgl. auch Fuchs, Der geistige Widerstand (Anm. 381) 76f.

[397] Hipp, Comm. in Dan, GCS I, 1, ed. G. N. Bonwetsch, Leipzig 1897; zu den Datierungsfragen vgl. die Patrologien von B. Altaner, J. Quasten; dazu O. Bardenhewer, Geschichte der altkirchlichen Literatur II, Freiburg ²1914, 573–576.587–590.

[398] Comm. in Dan IV, 21,3: τίς ἐστιν οὖν ὁ κατέχων ἕως ἄρτι, ἀλλ᾽ ἢ τὸ τέταρτον θηρίον, οὗ μεταθέντος καὶ ἐκ μέσου γενομένου ἐλεύσεται ὁ πλάνος.

vielen Stellen noch die ältere »theozentrische« Fassung der Aufhalte- und Verzögerungsthematik.[399]

Doch ist der Siegeszug der neuen Katechon-Auslegung unaufhaltsam, auch wenn sich die theozentrische Anschauung im Osten erneut zu Wort meldet[400], und wenn sich die neue Deutung auf das Imperium Romanum durchaus als *ambivalent* erweist, da sie primär staatsbejahend und auch staatskritisch eingesetzt werden kann. Laktanz ist Zeuge für eine positive Wertung des römischen Staates als einer Macht, die Gesetz und Ordnung garantiert, und die dadurch das Chaos des Endes noch zurückhält.[401] Anderseits zeigt sich die staatskritische Linie in aller Schärfe bei Hippolyt selbst, der zwar den römischen Staat nicht mit dem Antichrist identifiziert, aber dessen Wesen und Gebaren als antichristlich brandmarkt.[402] In derselben Linie steht dann vor allem der Apokalypse-Kommentar Viktorins von Pettau[403], nach dem »der Antichrist die letzte große Führergestalt des Imperiums« darstelle und »schlechthin die endzeitliche widergöttliche Verkörperung des Weltstaates« sei.[404] Staat und antichristliche Herrschaft fallen zusammen. Bemerkenswerte Distanz zur neuen Deutungsrichtung findet sich bei Augustinus, der nur bemerkt, daß »manche« die dunkle Stelle auf das römische Reich deuteten[405], der aber auch eine kirchenkritische Deutung nennt: Das Maß der Bosheit, das unwürdige Glieder der Kirche anhäufen, muß erst voll werden, ehe das Ende kommt.[406]

4. Die Katechon-Deutung, die auf der geschichtstheologischen Sonderstellung des römischen Reiches basiert, blieb der dominierende Auslegungstyp in der Westkirche und wirkte durch alle Umbrüche der Geschichte auch in die Neuzeit bis 1806, ja in Modifikationen noch darüber hinaus, nach. Das kann hier nicht annähernd dargestellt werden.[407] Wichtige Momente in der Entwicklung sind a) die Übertragungen der Reichsidee (»Translatio Imperii«) nach dem Zerfall des römischen Reiches, zunächst auf Karls des Großen Reich, dann auf das »Heilige römische Reich deutscher Nation«, ferner b) die Fortführung der Tradition durch die Reformatoren, schließlich c) die nach 1806

---

[399] Vgl. Hipp, Comm. in Dan IV,12,1.2; 16,16; 23,2 u. ö. vgl. Strobel* 142–147.

[400] Theodor von Kyros (MPG 82, 664f), Theodor von Mopsuestia (MPG 66, 993); eine Verbindung mit der alten Aufhaltethematik ist allerdings bei ihnen nicht erkennbar: so Strobel* 103, Anm. 3.

[401] Lact, Inst VII,25, 8f, CSEL 19, ed. S. Brand, 664f; vgl. die Darstellung bei Wohlenberg 190–192.

[402] Vgl. Neumann* 23f.33.43f u. ö.

[403] CSEL 49, ed. J. Haußleiter; ferner der Ambrosiaster, Ad Thess II,1–8, CSEL 81/3, 238–241; dazu Adamek* 41.43. Weitere Zeugen 50f.

[404] Strobel* 150.

[405] Aug, CivD XX,19,2, CChr.SL 48,731. Die Äußerungen Augustins, daß er sein Nichtwissen bekenne, und daß wir das nicht wissen, was dem Apostel und der Gemeinde (»ihr wißt ja«) bekannt war, wird äußerst häufig, ja wie ein fester Topos erwähnt, auch dann, wenn Ausleger durchaus eigenes »Wissen« vorbringen; vgl. etwa Estius 83; a Piconio 19f.

[406] Vgl. dazu Wohlenberg 192–195; Strobel* 152; weitere Zeugen bei Bornemann 547–572; Schwarte, TRE III, 268f.

[407] Vgl. außer Bornemann nur Wohlenberg 177–218; Frame 259–262; Rigaux 259–280; Best 295–302; Ernst* 49–51; Cullmann, Eschatologischer Charakter 306–309; Schwarte, TRE III, 266–269.

anhebenden Versuche, ideelle Gehalte der zerbrochenen Reichs-Realität zu
erhalten und zu erneuern.

a) Die früh- und hochmittelalterliche Exegese führt mit wenigen Schwankun-
gen, die sich aus den vorgefundenen Auffassungen der älteren ost- und
westkirchlichen Autoren ergaben, diese Linie fort. Das wird belegt von
Rhabanus Maurus, Haymo von Halberstadt, Walafrid Strabo, Herveus
Burgidolensis (mit der augustinischen Einschränkung), Petrus Lombardus,
Nikolaus von Lyra.[408] Bei Thomas von Aquin kommt die Idee einer
»spirituellen Übertragung« des Reiches zur Wirkung: das Katechon sei das
römische Reich, aber fortgesetzt in der römischen Kirche.[409] Der »Abfall« von
2,3 ist oft mit der Katechon-Auffassung verbunden, bzw. als deren Konsequenz nahegelegt. Charakteristisch in dieser Etappe ist der Mangel an
historischer Distanz und Kritik, ein Defizit, das erst im Humanismus aufgeholt
wird. Das ermöglicht jedoch die schlichte und unvermittelte Anwendung auf
die jeweilige Gegenwart.

b) Es gehört gewiß zu den Merkwürdigkeiten innerhalb unseres Themas[410],
daß die traditionelle Auffassung auch in der Reformationszeit in den frühen
Schriftauslegungen fortgeführt wurde, allerdings aufs Ganze gesehen mit
einer entscheidenden Modifikation, die als Frucht geschichtlicher Denkweise
und Forschung gelten darf: »Unter τὸ κατέχον verstand man fast durchgängig
das römische Reich, unter ὁ κατέχων den römischen Kaiser, indem man aus
der Geschichte den Nachweis führte, daß erst aus den Ruinen des römischen
Reichs die Papstgewalt emporgewachsen sei, in bezug auf das in Deutschland
aber fortbestehende römische Kaisertum bemerkte man, daß ›praeter titulum
nihil fere‹ (›außer dem Titel fast nichts‹) davon übrig sei«.[411]

c) Im 19. Jh. wird nun öfter versucht, einzelne Elemente der alten Anschauung
neu zu beleben, wobei konservative und kultur- sowie zeitkritische Interessen
allzu deutlich durchscheinen. Ein insgesamt peinliches Kapitel, das jedoch als
Abgesang den Irrweg der naiv-dogmatischen wie auch der weltgeschichtlich-
aktualisierenden Auslegungstradition um so klarer hervortreten läßt.[412] Ein
obrigkeitsstaatliches Denken, gestützt auf Röm 13,1–9, geht damit häufig

---

[408] Vgl. Bornemann 565–571.
[409] Vgl. Adamek* 94; Bornemann 570 mit
Verweis auf dieselbe Auffassung bei Papst Leo
I., Sermo de apostolis.
[410] Vgl. Rigaux 263.
[411] Bornemann 417; nach ihm deuten auf das
römische Reich J. Bugenhagen, H. Bullinger, J.
Piscator und viele andere; vgl. ebd.
414–417.575–597. M. Luther erklärte bereits
in der Schrift »An den Adel deutscher Nation«,
daß es ein »leeres Fündlein« des Papsttums sei,
daß dieses das römische Reich vom griechischen Kaiser genommen habe; vgl. Wohlenberg 204; gemeint ist der oströmische Kaiser
Phokas (547–610), vgl. F. Dölger, LThK ²VIII,
480f.; über die Zurückweisung der Idee der

»Übertragung« des römischen Reiches an die
Kirche bei Luther geht die Linie bis zu Thomas
Hobbes, der im Schlußkapitel seines »Levia-
than« (1651) von der katholischen Kirche sagt:
»Sie ist die Hexe, die auf dem Grabe des
römischen Reiches sitzt«; nach W. Becker, im
Nachwort zu J. H. Newman, Der Antichrist
nach der Lehre der Väter (1835), München
1951, 115.
[412] Kritik an der Gesamtdeutung u.a. bei
Kliefoth, Eschatologie 223; Dibelius 49f;
Steinmann 54; Cullmann, Eschatologischer
Charakter 306–309; Best 296; Schmid* 338;
doch wieder erneuert von Böld 87–95; Betz*
285f; Lührmann, Offenbarungsverständnis
110f.

Hand in Hand, sowie entsprechende Tendenzen in der Beschreibung »*des* Antichristlichen« und des »Abfalls« in der Gegenwart.[413] Vertreter finden sich im katholischen Bereich häufiger als im evangelischen. Nur einige Beispiele seien genannt.

A. Bisping führt aus: »Der *christliche Staat* ist es also, der als hemmende Macht dem allgemeinen Abfalle von Gott und von den Grundprincipien der Sittlichkeit entgegen-tritt, und so das Erscheinen des ›Mannes der Sünde‹ noch aufhält. Jede Revolution gegen die bestehende (vgl. Röm 13,1) politische Ordnung bereitet mithin das Erscheinen des Antichrists vor . . .«[414] Auch ein Theologe vom Rang J. H. Newmans weiß sich an diese Väter-Auslegung im Anschluß an die Gleichung Rom=4. danielisches Weltreich gebunden: Wohl folge Rom auf Griechenland, aber damit sei noch nicht der Antichrist gekommen noch das römische Reich vergangen . . . »Folglich haben wir noch nicht das Ende des Römischen Reiches erlebt. Das ›was zurückhält‹, existiert noch.« . . . »Gerade in unserer Zeit ist ein wilder Kampf, da der Geist des Antichrist sich zu erheben versucht und die politische Macht in jenen Ländern, die prophetisch ›römisch‹ sind, fest und kräftig ihn niederhält.« . . . »Zum mindesten wissen wir aus der Prophezeiung, daß das gegenwärtige Fachwerk der Gesellschaft und der Regierungen, soweit sie römische Mächte repräsentieren, das ist, was aufhält, und der Antichrist das ist, was sich erheben wird, wenn dieses Zurückhalten wegfällt.«[415]
Vom protestantischen Exegeten H. Olshausen sei zitiert: »Die hemmende Macht aber ist von der Präponderanz der christlichen Welt in ihren germanisch-romanischen Bestandteilen über den Erdkreis, d. h. von dem ganzen rechtlich geordneten politischen Zustand zu verstehen, mit dem auf der einen Seite die stete Repression aller ἀποστασία (»Abfall«) und ἀνομία (»Gesetzlosigkeit«), auf der anderen Seite die fortgehende, ruhige Entwicklung des Christentums gegeben ist. Von diesem Zustande ist das römische Reich als der festeste, geregeltste Staatsorganismus, den die Geschichte kennt, das natürliche Vorbild.«[416]

---

413 Vgl. zum letzten die Kritik bei Althaus, Die letzten Dinge 290–297; zur verhängnisvollen Wirkungsgeschichte von Röm 13 in der neueren Zeit vgl. K. Käsemann, Grundsätzliches zur Interpretation von Römer 13, in: Exegetische Versuche und Besinnungen II, Göttingen 1964, 204–222.
414 Bisping 34.
415 Newman, Der Antichrist (Anm. 411) 15–17.
416 Vgl. Bornemann 432; bei Olshausen am Ende der längeren Ausführung 515–527; ähnliche Bestimmungen bei Bornemann 432–441; z. B. das Katechon sei »der Geist des in sittliche Rechtsordnung verfaßten Völkertums«, »die sittliche Rechtsordnung«; denn in jener letzten Zeit werde »die geistige Macht, welche jetzt das weltliche Rechtsgemeinwesen mit dem Reich Gottes (!) in Eintracht erhalte«, ganz zurück-treten (v. Hofmann; vgl. zustimmend Woh-lenberg 216 f); es sei »die sittliche Rechtsord-nung, welche die höchsten Interessen der Menschheit schützt . . .« (E. Luthardt); »Staat und Gesetz« (J. A. Dorner, System der christli-chen Glaubenslehre II, Berlin 1886², 932); nach Auberlen-Riggenbach 125 ist das Kate-chon »Schirm und Schutz der Obrigkeit« . . ., »damals der römischen, aber noch heute we-sentlich der gleichen Macht«; »es sei die alte soziale Ordnung, Kirche und Staat, der letztere besonders, Röm 13 (Lange) usw.; ein traurig-kurioses Beispiel bietet A. Jeremias, Der Anti-christ in Geschichte und Gegenwart, Relig.-wissenschaftliche Darstellungen für die Ge-genwart, H. 6, Leipzig 1930; dagegen möchte Stählin* 11 f das Katechon in einem tief lotenden Sinne als das »Konservative« verste-hen und die Christen dafür empfindsam machen.

III. Zusammenfassung: Kehren wir zum Ausgangspunkt zurück, kann man in dieser Weise zusammenfassen: Der Verfasser kennt die Anschauung aus der jüdischen Eschatologie, daß der volle Ausbruch der widergöttlichen Kräfte von Gott selbst zurückgehalten wird. Er setzt dieses Wissen ein, um ein weiteres retardierendes Moment zur Beruhigung der Gemüter und zur Kräftigung des Vertrauens einzubringen. Die geheimnisvoll-andeutende, stilistisch harte Redeweise und der eigenartige Wechsel vom Neutrum zum Maskulinum verraten eher Unsicherheit in diesem »Lehrtopos« als absichtliche Verschleierung. Er hatte wohl keine bestimmte(n) Erscheinung(en) seiner Zeit vor Augen als vielmehr eine feste Überzeugung »vom Gang der Dinge« im Herzen. Sicher war ihm der Glaube, daß die Erschütterungen in seiner Zeit und in der Kirche das Wissen um die Treue Gottes und um den Sieg Christi nicht irritieren. Er wollte wohl nicht mehr sagen als dieses: Gott ist in seiner Weise gegenwärtig und am Werk. Er bestimmt auch den Zeitpunkt für das Ende.[417] Eine Beziehung der »aufhaltenden Macht« auf den römischen Staat muß als ganz fernliegend und exegetisch abwegig gelten.

8   Der Satz »Und dann wird offenbart werden . . .« setzt V 7 insofern fort, als er die Zwischenschaltung des Aufhalte-Themas berücksichtigt. Das ergibt die Nuance »dann erst«, nämlich zu »seiner Zeit« (V 6b), die dann gekommen sein wird. In der Sache aber ist es eine Neuaufnahme des Beginns der Antichrist-Passage VV 3b.4. Dort hieß es, daß vor dem »Tag des Herrn« der Antichrist offenbart werden müsse. Jetzt ist diese Feststellung präzisiert und um eine wesentliche Dimension erweitert. Erst dann kann diese »Offenbarung« geschehen, wenn die hemmende Macht nicht mehr wirkt, wenn Gott die Verzögerungs-Frist aufgehoben hat. Statt »Mensch der Bosheit« steht jetzt nur absolut »der Böse« (ὁ ἄνομος). Daß beide Male dieselbe Person gemeint ist, ist nicht zu bezweifeln. Das Verbum ἀποκαλύπτεσθαι (»offenbart werden«) (schon in V 3b) tritt hier aber auch in Kontrast zu μυστήριον (»Geheimnis«) in V 7a. Was in der Zwischenzeit noch verhüllt war, das tritt nun offen hervor.[418]

Der Text verweilt diesmal nicht bei einer Ausstattung dieses Auftritts, sondern wendet sich sofort dem zu, was in dem Ausdruck »Sohn des Verderbens« (V 3c) anklang, seiner Vernichtung. Es klingt fast so, als geschehe sein Erscheinen nur zu dem Zweck, daß er zerstört werde. Das »Erscheinen« des Kyrios Jesus[419] ist überhaupt nicht eigens, d. h. als ein selbständiger Akt beschrieben wie beim Antichrist. Das Interesse ist nicht auf die Parusie Christi (V 1), sondern auf die Gegen-Parusie des Antichrist gesammelt. Daher wirkt die Vernichtung des Gottesfeindes souverän, unvermittelt, wie aus »heiterem Himmel«, aber auch

417   Etwa die gleiche Auffassung bei Dibelius 50; ders., Rom und die Christen (Anm. 385) 186ff; Rigaux 274–279.

418   Gut Dobschütz 284: »... ἀποκαλυφθή-σεται korrespondiert mit μυστήριον, wie ὁ ἄνομος mit τῆς ἀνομίας.«

419   Das gegen B𝔐 stark bezeugte Ἰησοῦς

setzen Nestle und GNT in []; Begründung bei Metzger, Commentary 636; mit Rücksicht auf den durchgängigen Sprachgebrauch in 2Thess gehört es aber sehr wahrscheinlich zum ursprünglichen Text; Rigaux hat es im Text; mit guter Begründung so bereits Zimmer, Textkritik 332 f.

wuchtig durch die parallele Fügung des Relativsatzes. Alle Einzelheiten, die etwa zu einem Anrücken, Aufmarsch, Kampf und Sieg gehörten, bleiben fort, ebenso alle Elemente, die einem dualistischen Denkschema zugehören.[420] Beide Satzglieder des Parallelismus vermitteln den Eindruck unvergleichlicher Souveränität und Überlegenheit. Im ersten ist offenbar Jes 11,4b verwendet, ein Spruch, der den Davidssproß aus dem Baumstumpf Isais als gerechten Richter ansagt:

»Er schlägt ›den Tyrannen‹ mit dem Stab seines Mundes und tötet mit dem Hauch seiner Lippen den Übeltäter.«[421] Die zusammengedrängte Formulierung gewinnt gegenüber Jes noch an deftiger Anschaulichkeit. Allein »mit dem Atem, dem Hauch seines Mundes« geschieht die Vernichtung. Ein kräftiges Anblasen genügt, und schon ist der hinweggefegt, der sich so anmaßend aufführte (V 4b). Noch vergeistigter drückt das der zweite Satzteil aus. Danach ist es nur die »Erscheinung« des Kyrios, die das bewirkt.

Die im Neuen Testament singuläre Kombination von ἐπιφάνεια (»Erscheinung«) und παρουσία (»Ankunft«) könnte dazu reizen, für unsere Stelle eine geringe Differenz zu vermuten, obgleich beide Wörter denselben technischen Sinn haben, nur »Parusie« aus jüdisch-christlicher und »Epiphanie« aus hellenistischer Überlieferung stammt. Dann könnte »Epiphanie« etwa den ersten Augenblick, den Beginn des Parusiegeschehens meinen, im Unterschied zur vollen »Ankunft«, entsprechend der ursprünglichen, nicht technischen Wortbedeutung von »Parusie«.[422] Aber dies ist wohl zu verlockend und zu sublim gedacht gegenüber der näher liegenden Annahme einer Plerophorie, wie sie in 2Thess häufig begegnet.[423]

Der Relativsatz, der nun – erstaunlicherweise – mit der Tätigkeit des Antichrist 9 fortfährt (nach V 8b!), knüpft über V 8b hinweg an ὁ ἄνομος (»der Böse«) (V 8a) an. Das ist ein empfindlicher Bruch in der grammatischen Konstruktion wie in der Gedankenführung. Er erklärt sich aus der Anlage von 2,1–12, von der oben die Rede war.[424] Die lockere Reihung der Sätze entspricht dem an 1,3–12 beobachteten Bild.[425] Der bis V 12 reichende Abschnitt schildert im ersten Teil (bis V 10a) die Aktivitäten des »Bösen«, im zweiten Teil (von V 10b an) das Schicksal derer, die der Verführung des Gottesfeindes zum Opfer fallen. Mit dem letzten wird wieder Gegenwärtig-Aktuelles wie in VV 5–7 angesprochen. Der Unterschied in der Beschreibung der antichristlichen Taten zwischen

---

420 Vgl. schon Dan 12, dazu Plöger, Daniel 177 f; vor allem 1 QM, dazu Osten-Sacken, Gott und Belial 80–87.

421 Übers nach V. Herntrich, Der Prophet Jesaia I, ATD 17, 205 (BH); LXX πατάξει γῆν τῷ λόγῳ τοῦ στόματος αὐτοῦ καὶ ἐν πνεύματι διὰ χειλέων ἀνελεῖ ἀσεβῆ; vgl. 4Esr 13,10 f. Der Verfasser zieht die beiden Verszeilen zusammen: ἀνελεῖ τῷ πνεύματι τοῦ στόματος und fügt eine zweite mit eigener Formulierung hinzu.

422 So erwogen von Dobschütz 286 mit älteren.

423 Vgl. die Listen bei Frame 32–34; Trilling, Untersuchungen 58 f; so auch Dibelius 48; Dupont, Σὺν Χριστῷ 74 f; Schulz 118; vgl. Vg illustratione adventus sui.

424 Vgl. S. 70–72.

425 Vgl. S. 39 f. Schon Dobschütz 286 bemerkte treffend: »Es ist die gleiche rückschreitende Gedankenbewegung von 8 zu 9 ff wie von 3 f zu 5 ff«.

V 4 und VV 9.10a springt in die Augen. Stand dort die Figur eines gottfeindlichen, von Ruhmsucht und Überhebung besessenen Machtwesens Modell, so ist es hier der ebenfalls endzeitliche Pseudoprophet und große Verführer. Beide sind zur Einheit, zu einer »Person« verschmolzen, der »Gesetzlose« ist zugleich der »Weltverführer«.[426] Die Beschreibung seiner Taten beginnt gleichsam von neuem, als sei von den Aktionen in V 4 nicht die Rede gewesen. Auch darin wird die Uneinheitlichkeit der ganzen Passage offenkundig.

Sein Auftritt ist eine »Parusie« wie die Christi, eine Gegen-Parusie, worauf das »offenbar werden« (VV 3.8a) schon deutete.[427] Hier steht nun auch, daß diese Gegen-Parusie in der Kraft Satans geschieht.[428] Warum wurde das nicht in VV 3b.4 gesagt oder angedeutet? Diese Frage ist zwar nicht zu beantworten, sie weist jedoch auch darauf hin, daß hier zwei unterschiedliche Konzeptionen nebeneinander stehen. Der »Mensch der Bosheit« von VV 3b.4 ist als menschlicher Exponent gottfeindlicher Empörung gesehen, die pseudoprophetische Rolle hier zeigt ihn als Werkzeug Satans. Der Ausdruck »in der Kraft Satans« ist daher nicht zur Auslegung von VV 3b.4 zu benutzen, sondern im engeren Sinn kontext-entsprechend vom Besitz der *Wundermacht* und von der Befähigung zum *Wunderwirken* zu verstehen. »Mit aller Macht« (ἐν πάσῃ δυνάμει) bezeichnet wohl die Kraft, Wunder zu wirken, allgemein, und wäre dann den »trügerischen Zeichen und Wundern« übergeordnet.[429]

»Zeichen und Wunder« gehören zum Bilde der/des Falschpropheten, sie bilden gleichsam seine satanische Legitimation. Sie spielen in der jüdischen Apokalyptik eine große Rolle und werden nach Hippolyt[430] vor allem im Mittelalter eifrig diskutiert.[431] Die Zusammenfügung ist topisch und konventionell, was ebenfalls für eine Zweiergruppe spricht.[432] Die satanische Kraft

---

[426]   Vgl. H. Braun, ThWNT VI, 242; als *eine* Figur auch Did 16,4; in Offb sind die beiden symbolischen Tier-Gestalten getrennt: das Tier aus dem Meer (antigöttlicher Weltherrscher 13,1–8) und das Tier aus der Erde (Weltverführer 13,11–18); vgl. Ernst, Gegenspieler 41 f.131–148.

[427]   Vgl. A. Norden, Agnostos Theos (1923), Nachdruck Darmstadt ⁴1956, 386; Tillmann, Die Wiederkunft Christi 140; ebenso Guntermann, Eschatologie 96 u. a.

[428]   Nach G. Bertram, ThWNT II, 649f wird am AT und NT ἐνέργεια, im NT auch das Verbum ἐνεργεῖν »fast immer auf das Wirken göttlicher oder dämonischer Kräfte bezogen, so daß hier ein fast technischer Sprachgebrauch festzustellen ist.« – Zu κατ' ἐνέργειαν vgl. Kol 1,19; Eph 1,19; κατά mit Akk. hier kausal, vgl. Pr-Bauer s.v. II 5aδ: »Oft ist die Norm zugleich der Grund, so daß *nach Maßgabe von* und *auf Grund von* ineinanderfließen«; σατανᾶς ist in allen Schichten des NT vertreten,

seine Existenz und sein Wirken selbstverständlich vorausgesetzt; vgl. bes. zu Qumran und im Frühjudentum W. Foerster, ThWNT VII, 151–164; H. Bietenhard, Die himmlische Welt im Urchristentum und Spätjudentum, 1951 (WUNT 2), 113–116.209–221; BHH III, 1674–1676.

[429]   Gut von Dobschütz 287 erläutert: Die Trias von δυνάμεις, σημεῖα, τέρατα, die noch (mit verschiedener Wortstellung) Apg 2,22; 2Kor 12,12 vorkommt, stimme wegen des Sing bei δύναμις nicht genau; »man wird also eine Pseudotrias, Paarung mit Unterteilung anzunehmen haben«; vgl. Dobschütz 43; in Trilling, Untersuchungen 55 wurde 2Thess 2,9 noch als »einziges sicheres Beispiel« für Dreiergruppen in 2Thess, die für 1Thess so typisch sind, genannt. Dies korrigiere ich hiermit.

[430]   Hipp, De antichristo 6.

[431]   Vgl. Bousset, Antichrist 115–124; Ernst, Gegenspieler 41–48.

[432]   Bereits profan; vgl. Pr-Bauer 1483 oben;

kommt vor allem darin zum Tragen, daß es lügnerische, trügerische Mirakel sind. Damit ist gewiß nicht gemeint, daß es sich um Scheinwunder, Gaukeleien, um zauberisches Blendwerk handelt, sondern daß sie tatsächlich geschehen und zu Betrug und Täuschung führen, da ihre wahre Kraftquelle nicht offen liegt und erkennbar ist. Der Verfasser dachte an wirkliche Vorkommnisse, qualifizierte sie aber sofort durch das beigefügte »trügerische«.[433]

In loser Anknüpfung folgt eine weitere Aussage über die Auswirkung der Gegen-Parusie, nämlich »jede Art Verführung der Ungerechtigkeit«.[434] Diese Aussage tritt neben die erste. Sie läßt als Folge der ersten Hauptwirkung der satanischen Macht, den Täuschungswundern, nun die Irreführung selbst erscheinen, die diese verursachen. Das ist eine Täuschung, die entweder von der »Ungerechtigkeit« inspiriert ist[435], oder eine »ungerechte« Täuschung.[436] Das Wort ἀδικία (»Ungerechtigkeit«) hat oft die weite Bedeutung von Sünde, Frevelhaftigkeit, Ruchlosigkeit als einer ethischen Gesamthaltung, wie es auch zur ἀνομία (»Gesetzlosigkeit«) (V 3) gesagt wurde.[437] Sie kann daher in Kontrast zu »Wahrheit« als einer ebenso umfassenden Wirklichkeit treten (vgl. Röm 1,18; Joh 7,18). Da in V 12 diese Entgegensetzung geschieht, ist für V 10 der gleiche gefüllte Sinn anzunehmen. Es ist der Trug, der der Ungerechtigkeit entstammt, jener Macht, die im Kern sündige Ruchlosigkeit ist, ja, die mit der »Bosheit« des »Bösen« identisch ist.[438]

10a

Exkurs: Papsttum und Antichrist

Literatur: Asendorf, U., Eschatologie bei Luther, Göttingen 1967; *Dempf, A.*, Sacrum Imperium. Geschichts- und Staatstheologie des Mittelalters und der politischen Renaissance, München/Berlin 1929; *Hartman, S. S.* u.a., Antichrist, TRE III, 20–50; *Kliefoth*, Eschatologie; *Maag, V.*, Der Antichrist als Symbol des Bösen, in: Das Böse, Studien aus dem C. G. Jung-Institut Zürich XIII, Zürich 1961, 63–89; *Oswald*, Eschatologie; *Preuß*, Die Vorstellungen vom Antichrist (Anm. 36); *Trilling*, Antichrist und Papsttum.

Eminente Geschichtswirkung erhielten Idee und Gestalt des Antichristen nach 2Thess 2 durch die Deutung M. Luthers und der Reformation auf das

Mk 13,22/Mt 24,24 von Pseudochristi und Pseudopropheten; τέρας im NT nur im Plur und in Verbindung mit σημεῖα, und zwar 16mal.

[433] Das Subst τὸ φεῦδος adj umgesetzt; der Gen φεύδους als Gen qual verstanden.

[434] Das erste ἐν in V 9 ist noch für σημεῖα καὶ τέρατα wirksam, das zweite ἐν V10 setzt neu ein, ist aber noch von κατ' ἐνέργειαν τοῦ σατανᾶ abhängig.

[435] So Best 307: Gen causat.

[436] Im zweiten Falle stünde der (qual) Gen in hebraisierender Weise für ein Adj, so Dobschütz 288; Rigaux 676; Bl-Debr 165.

[437] Vgl.S.83f und die Beispiele bei Pr-Bauer s.v. ἀδικία; Milligan 104; Röm 1,18 mit ἀλήθεια wie hier verbunden; vgl. 1Kor 13,6.

[438] Vgl. Hebr 3,13 (τῇ) ἀπάτῃ τῆς ἁμαρτίας.

Papsttum. Das muß in einem Kommentar wie diesem wenigstens kurz angemerkt werden, auch wenn die Thematik für beide Seiten beschwerlich ist. Kurz muß der Hinweis sein, da eine kaum überschaubare Literatur darüber belehrt, daß es sich um ein ausladendes und verzweigtes Thema handelt, das die Geschichte der westlichen Kirchen und Reiche ca. 600 Jahre durchzieht. Kurz kann er auch deshalb sein, weil eine neue knappe Aufarbeitung des Themas bestens Auskunft gibt.[439] Ich beschränke mich auf einige Bemerkungen, die mir wichtig zu sein scheinen.

Luthers Identifizierung des Antichristen mit dem Papsttum steht in einer langen Tradition kirchenkritischer Applikation biblischer Texte, als deren stärkster Impulsgeber Augustin gelten muß. Durch die Aufnahme einiger Elemente des Kirchenbildes des Donatisten Tyconius und besonders der Übernahme seiner sieben hermeneutischen Regeln (in: De doctrina Christiana 31–37) wurde ermöglicht, Antichrist und Antichristliches aus der Endzeit in die jeweilige Gegenwart der Kirche als deren immanente und ständige Bedrohung, die jederzeit, besonders in Krisenzeiten, aktualisiert werden konnte, zu ziehen.[440]

Diese Auslegungsrichtung wurde durch die Franziskaner-Spiritualen, gestützt auf die Weissagungen und die Schriftauslegung des Joachim von Fiore, wieder ins Universal- und Endgeschichtliche umgebogen und in der Erwartung, daß im Jahr 1260 das Zeitalter des Geistes anbrechen werde, konkretisiert.[441] Die Verbindung der kirchenkritischen Linie mit einer schwächer oder stärker ausgeprägten Enderwartung bestimmen jedoch das Bild bis zum Beginn der Reformation, wobei die im Volk verwurzelte, ins Phantastische ausgestaltete Antichrist-Legende lebendig blieb und nebenher lief.[442] Innerkirchliche Aufbrüche sind in der vorreformatorischen Zeit mit den Namen des Prager Reformpredigers Johann Militsch von Kremsier (Anbruch des Endes 1367), John Wyclif in England, Johann Hus verbunden. Die Anklage, daß die Kirche selbst antichristlich sei, ist in verschiedenen Ausprägungen allen gemeinsam.[443]

Nach zunächst privat geäußertem Verdacht vertrat M. Luther in den Operationes in Psalmos (zu Ps 6–10) »normalerweise nur hypothetisch und unter bestimmten Bedingungen« die Bezeichnung des Papstes als Antichrist.[444]

[439] Art. Antichrist, TRE III, 20–50: I. Religionsgeschichtlich (S. S. Hartman), II. Neues Testament (O. Böcher), III. Alte Kirche und Mittelalter (G. A. Benrath), IV. Reformations- und Neuzeit (G. Seebaß), V. Philosophisch (J. Salaquarda); alles mit umfangreichen Literaturangaben; vgl. auch Trilling*.

[440] Vgl. Benrath, TRE III, 25; E. Bernheim, Mittelalterliche Zeitanschauungen in ihrem Einfluß auf Politik und Geschichtsschreibung I: Die Zeitanschauungen: Die Augustinischen Ideen – Antichrist und Friedensfürst – Regnum und Sacerdotium, Tübingen 1918; zu Tyconius

und Augustin vgl. Dempf, Sacrum Imperium 119–122; D. Rauh, Das Bild des Antichrist im Mittelalter: Von Tyconius zum deutschen Symbolismus, BGPhMA.NF 9, Münster 1973.
[441] Vgl. E. Benz, Ecclesia Spiritualis. Kirchenidee und Geschichtstheologie der franziskanischen Reformation, Stuttgart 1934; Dempf, Sacrum Imperium 269–334.
[442] Vgl. bes. die Epistel De ortu et tempore Antichristi (ca. 950) des Abtes Adso: MPL 101, 1291–1298; dazu Benrath, TRE III, 25f.
[443] Vgl. Näheres Benrath, TRE III, 27f.
[444] Seebaß, TRE III, 29.

Doch seit »Mitte 1520 ist er überzeugt, im Papsttum dem Antichrist schlechthin gegenüberzustehen. Diese Gleichsetzung hat er seit seiner Schrift Adversus execrabilem Antichristi bullam (WA 6, 597–629) öffentlich mit aller Schärfe und ohne jeden Abstrich Zeit seines Lebens vertreten«.[445] Wenn ich recht sehe, sind für die Beurteilung der lutherischen Position folgende Merkmale wichtig.

1. Die Anschauung hat sich in dieser Wucht vor allem deshalb konkretisieren können, weil Luther davon überzeugt war, daß das Ende der Welt nahe sei, ja unmittelbar bevorstehe.[446]

2. Luther steht in einer kirchenkritischen Tradition, die er aufnimmt, die er aber in einzigartiger Konzentration auf das Papsttum als Institution bezieht, also nicht auf einen einzelnen Papst, wie es bis dahin öfter geschehen war. Dies darf wohl auch von katholischer Seite, trotz aller scharfen, öfter auch maßlosen Polemik subjektiv als ein charismatisch-prophetischer Vorgang angesehen werden, eine bestürzende »Entdeckung«, die mit der des »Evangeliums« aus Röm 1,17 verglichen werden kann.

3. Luthers Antichrist-Anschauung ist im Unterschied zur volkstümlichen Antichrist-Legende streng religiös motiviert. Freiheit und Evangelium sind unterdrückt durch die Tyrannei des Papsttums, die sich über die Schrift erhebt und damit letztlich an die Stelle Christi, ja an Gottes Platz stellt.[447] Es geht dem Reformator um das Evangelium, um die rechte *Lehre*. Der Angriff gewinnt damit tiefen Ernst und prinzipiellen Charakter.

4. Der entscheidende neutestamentliche Schriftort für Luthers Erkenntnis ist 2Thess 2, ein Text, in dem die Antichrist-Figur ebenfalls streng religiös entworfen ist, wie wir sahen.[448] Etwa gleichwertig rangieren Dan 8 (9 ; 11 ; 12), in weiterem Abstand Mt 24, Offb und 1Joh 2,18 ; 4,1–3, ferner für den Erweis der »letzten Zeit« 1Tim 4,1–3 ; 2Petr 2,1–3. Die einzelnen Züge des Bildes von 2Thess 2, besonders das »Sich-Überheben« und »In-den-Tempel(= die Kirche)-Setzen« (V 4) regen zu vielfältigen Identifizierungen mit dem Papsttum an.[449]

Diese vier Merkmale weisen, wenn sie richtig bestimmt sind, m. E. aus, daß die Gleichung Antichrist = Papsttum in der einmaligen biographisch-kirchenge-schichtlichen Position M. Luthers gründet und davon unablösbar ist (vor allem Punkt 1.), und daß sie sich daher nicht eignet, in den systematischen Bestand der »Glaubenslehre« aufgenommen zu werden, wie es in der frühen Kontroverstheologie und dann in der Orthodoxie geschah.[450]

---

[445]   Seebaß, TRE III, 29 ; Weiteres über die Anfänge siehe Trilling*, 261–264.

[446]   Die Belege dafür sind zahlreich ; vgl. Seebaß, TRE III, 31.33 ; Preuß* 89 f ; Hinweise bei Trilling*, Anm. 34.

[447]   Vgl. Seebaß, TRE III, 29 f.

[448]   Vgl. S. 83–87.

[449]   Das einzelne kann hier nicht genannt werden ; vgl. nur Preuß*, passim ; Register unter 2Thess 2.

[450]   Über die Schwierigkeiten mit dem Lehr-Topos und über die allmähliche Verwässerung der Idee, auch über deren inner-reformatori-sche Anwendungen vgl. Seebaß, TRE III 32–34.36–39 ; übrigens : in der frühen katholi-schen Kontroverstheologie wurden wohl die Angriffe zurückgewiesen, Luther selbst wurde aber nie als Antichrist bezeichnet ; so auch Preuß* 215–217 ; anders noch Bornemann 417.

Die Papst-Antichrist-These wurde in Flugschriften, Bilderzyklen und Dramen breit popularisiert und auch von Zwingli und Calvin übernommen.[451] Besondere Dignität und eine gewisse Lehrverbindlichkeit erhielt sie durch die Aufnahme in mehrere Bekenntnisschriften, so vor allem in Melanchthons Traktat De potestate et primatu papae (1537) und in Luthers Schmalkaldische Artikel.[452] Bis zur praktischen Aufgabe der Papst-Antichrist-These in der Aufklärung und bis zu ihrer Umwandlung im Pietismus[453] blieb »diese Auslegung, daß der Papst der Antichrist sei, die offizielle der Reformationskirche ... und hat wohl über zwei Jahrhunderte bei den protestantischen Exegeten und Dogmatikern ebenso wie bei den Polemikern Gültigkeit gehabt«.[454] Ausläufer ziehen sich bis ins 19./20. Jahrhundert hinein[455], wenn auch eine zeit- und kulturkritische Linie zu dominieren begann und man überwiegend von »*dem* Antichristlichen« sprach.[456]

In protestantischen dogmatischen Lehrbüchern begegnet teilweise noch kritische Auseinandersetzung mit diesem Erbe. Die Bekenntnisschriften halten das Wissen darum wach.[457] In katholischen Lehrbüchern führt »der Antichrist« an seinem traditionellen und festen Ort der »Vorzeichen der Wiederkunft Christi« noch ein vergleichsweise bescheidenes Dasein.[458] Aufs

---

[451] Vgl. Seebaß, TRE III, 31 f.

[452] Traktat in BSLK 469–498; vgl. Art. XI: 484, Z. 19–28 mit Auslegung von 2Thess 2,3 f auf das Papsttum in drei Punkten; Schmalkald. Art.: BSLK 405–468; bes. II, Art. 4,11 (lat): Hoc proprie loquendo est se effere supra et contra Deum, sicut Paulus 2. Thess. 2. loquitur (431).

[453] Vgl. Seebaß, TRE III, 38 f.

[454] Bornemann 415.

[455] Seebaß, TRE III, 39 f.

[456] Preuß* 181 z. B. schlägt für seine Zeit vor, »das Endgeschichtliche« auszuscheiden und doch den Kern der Sache beizubehalten: »schroffste Ablehnung des Papismus« ... »das System müssen wir verwerfen« (182). Wird aber »das Endgeschichtliche« abgestreift, muß die Konsequenz lauten: »Dadurch wird er freilich von ›dem‹ Antichrist zu ›einem‹ Antichrist degradiert« (ebd., Anm. 1). – Untergründig lebt davon noch manches an Aversion und antirömischem Affekt bei einzelnen, in Kreisen und Gemeinden heute noch weiter, wie mir versichert worden ist.

[457] Vgl. als Beispiele E. Luthardt, Die Lehre von den letzten Dingen, Leipzig ³1885, 146–165, eine allgemeinverständliche, leicht erbauliche Auslegung von 2Thess 2,1–12; die Deutung auf das Papsttum wird abgelehnt, obgleich »im Papsttum bei aller Frömmigkeit einzelner Träger desselben ein antichristliches Element« sei (156); Kliefoth* 205–225 setzt sich temperamentvoll von der Papst-Ausle-

gung ab, soviel Antichristliches an dem Papsttum sei (221–225). Beide erwähnen M. Luther nie, nur die ›alten Dogmatiker‹ u. ä., Kliefoth einmal die Bekenntnisschriften (225); J. A. Dorner, System der christlichen Glaubenslehre II/1, Berlin ²1886, 934 erwähnt die reformatorische Position nur im Vorbeigehen, ebenso Althaus, Die letzten Dinge 284; Weiteres bei Preuß* 267–273; E. Schlink, Theologie der lutherischen Bekenntnisschriften, Berlin 1954, 231–235, führt aus, daß in den Bekenntnisschriften den Aussagen über das Wesen des Antichristen größere Verbindlichkeit zukomme als denen über den Papst als Antichrist (234) und meint, daß man sorgfältig abwägen müsse, »inwieweit diese zeitgeschichtlichen Aussagen über den Antichristen als Dogma oder als Paradigma zu verstehen« seien (233); vgl. Asendorf* 159–187; W. Elert, Der christliche Glaube. Grundlinien der lutherischen Dogmatik, Berlin 1940, 636–644 geht nicht darauf ein, wie vorher auch nicht M. Kähler, Die Wissenschaft der christlichen Lehre (Leipzig ³1905), Nachdruck Neukirchen 1966, 449–451. Engagiert nimmt das Thema jedoch Stählin, Die Gestalt, auf; er sieht den Kern der biblischen Aussagen in einer inneren Bedrohung der Kirche durch »das Antichristliche«, die stets aktuell sei.

[458] Oswald* 250 f zur Apostasie, 252–258 zum Antichrist, hauptsächlich nach 2Thess als der »Hauptquelle«; über Person und Erscheinung des Antichrists sei jedoch »dogmatisch

Ganze gesehen dürfte der Antichrist als eine endzeitliche Individualität aus der christlichen Glaubenslehre verschwunden sein, ein Fazit, das nach der so dramatischen Geschichte doch verblüfft. Im Rückblick auf die Wandlungen seit dem kirchlichen Altertum sagt J. Salaquarda: »Schließlich verschwand der Antichrist aus der allgemeinen Diskussion, denn er hört auf zu existieren, wenn er nicht mehr als selbständige und unterscheidbare Person oder zumindest Institution gefaßt wird.«[459] Möglichkeiten für heutige Rezeption werden in der Zusammenfassung genannt.[460] Luthers »Entdeckung« und das reformatorische Erbe als bleibende Anfrage an die katholische Theologie und Kirche auch heute zu vernehmen, habe ich anderenorts anzuregen versucht.[461]

3. Irrglaube und Gericht (2,10b–12)

Die Verführung bringt jene ins Verderben, »welche verlorengehen« (noch V 10a). Das heißt auch: nur bei ihnen, nicht bei denen, die »der Wahrheit geglaubt haben« (V 12), kommen die Verführungskünste ans Ziel. »Für die Verlorenen« klingt befremdlich, da durch das Praesens schon das Lebensgeschick vorentschieden zu sein scheint und prädestinatianische Assoziationen geweckt werden. Diese abgekürzte und undifferenzierte Redeweise ist im Alten und auch im Neuen Testament geläufig.[462] Sie nimmt vorweg, was als Ergebnis ihrer Lebensentscheidung und -führung erst erwiesen werden könnte.

nichts entschieden« (252); L. Lercher, Institutiones Theologiae Dogmaticae IV/2, Innsbruck ³1949, 543f; J. A. de Aldama u. a., Sacrae Theologiae Summa IV, Madrid 1951, 802f; etwas ausführlicher und mit Hinweisen auf ältere Lit L. Atzberger, Handbuch der katholischen Dogmatik IV (von M. J. Scheeben), Freiburg ²1925, 903f; breitere Darstellung, Kombination von Abfall und Antichrist und Zurückweisung der Papstantichrist-Deutung bei H. Schell, Katholische Dogmatik III/2, Paderborn 1893, 825–828; Besprechung der bibl Texte und kritische Sichtung der Auslegungsgeschichte bei J. Pohle, Lehrbuch der Dogmatik III, Paderborn ⁶1916, 772–775; spärlich F. Diekamp/K. Jüssen, Katholische Dogmatik nach den Grundsätzen des heiligen Thomas III, Münster ¹¹/¹²1954, 421f; B. Bartmann, Lehrbuch der Dogmatik II, Freiburg ⁶1923, 510; L. Ott, Grundriß der katholischen Dogmatik, Freiburg ⁶1963, 580; M. Schmaus, Katholische Dogmatik IV/2, München ⁵1959, 170–188 enthält die breiteste Darstellung mit den meisten Elementen der Tradition; sicher ist ihm vor allem, daß der Antichrist eine »politische Figur« (186), ein Tyrann und Weltherr-

scher totalitären Stils sei, wofür »heute die Bedingungen« ... »wesentlich günstiger als in den vergangenen Zeiten« seien (187). Auch noch und erneut, doch in geschickter Kombination mit der Christologie von Chalkedon: J. Ratzinger, Eschatologie-Tod und ewiges Leben, Kleine Katholische Dogmatik, von J. Auer und J. Ratzinger, Bd IX, Regensburg (1977) ³1978, 161f (Lit 136f). Durchbrochen wird die Tradition in MySal V, 1976: K. H. Schelkle bringt dort 753f.765f knapp den bibl Befund, in der systematischen Darstellung von W. Breuning 779–890 kommt das Thema nicht vor; vgl. zur Neuorientierung der katholischen Eschatologie auch Th. Rast, in: Bilanz der Theologie im 20. Jahrhundert III, Freiburg 1970, 294–315.
[459] Salaquarda, TRE III, 44: dort auch 47–49 zu Nietzsche, zur Philosophie und Literatur nach Nietzsche (Dostojewski, Lagerlöf, Solowjew, Roth).
[460] Vgl. S. 115f.
[461] Trilling, Antichrist und Papsttum.
[462] Vgl. den gleichen Gebrauch bei Paulus: 1Kor 1,18, 2Kor 2,15; 4,3; τοῖς ἀπολλυμένοις ist Dat incommodi; vgl. A. Oepke, ThWNT I, 393–395.

10b Das wird durch die Fortsetzung verdeutlicht: Sie haben »die Liebe zur Wahrheit« nicht ergriffen. Der Gedanke einer unverschuldeten, schicksalhaften oder gar aktiv von Gott verfügten Vorherbestimmung zum Verderben ist ganz fernzuhalten.[463] Die Möglichkeit, das Leben zu gewinnen, »gerettet zu werden«, hat sich ihnen als Alternative zum »verlorengehen« dargeboten.[464] Beide Verben haben umfassenden heilstheologischen Sinn. Sie benennen die beiden Pole, zwischen denen sich menschliches Leben entscheiden und bewähren soll, in jener Ausschließlichkeit, die die Botschaft Jesu und das Neue Testament insgesamt kennzeichnet.[465]

ἀλήθεια (»Wahrheit«) markiert hier nicht den Weg zu Erkenntnis und Wissen im profanen Verständnis, sondern sie ist Wahrheit, die von Gott ausgeht, die durch ihn autorisiert ist und nun in der Gemeinde verwahrt wird (vgl. zu V. 12). Sie ist »Heilswahrheit«, ist präsent und angeboten, sie kann daher angenommen, »ergriffen« werden. Daß sie durch Jesus Christus offenkundig und vermittelt wurde, ja mit seinem Leben und Geschick als die *christliche* Heilswahrheit gesiegelt ist, klingt nicht an. Es ist für den Verfasser wohl selbstverständlich und vorausgesetzt, aber auch nicht christologisch reflektiert.

Eigenartig in diesem Kontext und nur hier im Neuen Testament gebraucht ist der Ausdruck »Liebe zur Wahrheit«. Kann man die Liebe zur Wahrheit annehmen, oder nicht nur die Wahrheit selbst? Es liegt nahe, hier eine offene, einladende Formulierung zu vermuten, die auf den Menschen allgemein, auf seine ethische Bindung an Wahrheit, seine Sehnsucht nach ihr oder auf seine Verpflichtung zur Wahrheitssuche blickte. Der Brief würde, träfe diese Vermutung zu, diese fundamentale und existentielle Situation des Menschen ansprechen und jene verurteilen, die »überhaupt keine Liebe zur Wahrheit« hatten. Oder er meinte die alle Menschen bindende »sittlich-religiöse Wahrheit im allgemeinsten Sinne«, ohne schon an die im Evangelium erschlossene zu denken.[466] Ein verlockender Gedanke, der heute erfreut aufgegriffen werden könnte, um die Heilssituation derer, die nicht ernsthaft mit dem Evangelium konfrontiert worden sind, zu beleuchten, und um eine Hilfe für diese bedrängende Frage zu erhalten. Doch ist diese Aussicht vom Text her sicher versperrt. Auch die geistreiche Annahme, es handle sich um ein Wortspiel zu »Verführung der Ungerechtigkeit« (V 10a) dürfte kaum zutreffen.[467]

---

463 Doch vgl. Calvin 214 zu V 11; gegen Prädestination Rigaux 677. – Im Unterschied zum prinzipiellen Dualismus in Qumran, nach dem die »Söhne der Finsternis« zur Vernichtung bestimmt sind, vgl. 1QM I, 1–6; Osten-Sacken, Gott und Belial 73–87.106–108; doch vgl. ebd. 195f.200–205 zur »Erweichung« des strengen Prädestinatianismus in CD und Test XII; vgl. CD II, 2–13; Test Jud 20,1ff (Einführung des Geistes der Einsicht des Verstandes neben den beiden Geistern des Frevels und der Wahrheit); Test L 19,1.

464 Klass ἀνθ' ὧν, hier wie mehrfach im NT, heißt »dafür daß«=ἀντὶ τούτων ὅτι; vgl. Bl-Debr 208,1; Mayser II,2,375.

465 Vgl. das Nebeneinander in 1Kor 1,18; 2Kor 2,15.

466 So Bornemann 373.

467 So Dobschütz 289: Aber bei der Parallele von ἀπάτη ἀδικίας zu ἀγάπη ἀληθείας läßt

Der Hauptbegriff ist ohne Zweifel »Wahrheit«, und zwar im Sinne der Wahrheit des Evangeliums, die V 12 meint. Die Verbindung mit »Liebe« entstammt wahrscheinlich der Vorliebe des Autors für solche gedrungenen Substantivverbindungen.[468] Daß die Liebe zu den tragenden Pfeilern der christlichen Glaubenswahrheit gehört, ist ihm geläufig (vgl. 1,3 ; 2,13.16 ; 3,5), aber es kommt doch in unlebendigen formalisierten Wendungen zum Vorschein.[469]

Das Präsens in »deshalb schickt ihnen Gott...« verlebendigt den Stil und aktualisiert die Aussage. Die Intention hat sich anscheinend von V 10b an unter der Hand verschoben. Mußte man die Verführungen des Antichristen und die schrecklichen Folgen für deren Opfer in der *Zukunft* denken, wenn das verfehlte Leben der »Verlorenen« aufgedeckt wird und dann die Strafe ergeht, so scheinen wir jetzt in die Gegenwart versetzt zu sein. Der Tempuswechsel zum Präsens kann allerdings nur stilistische Gründe haben[470], so daß auch die Ausführungen von VV 11 f von dem Endgeschehen zu verstehen wären. Doch verschwimmen die klaren Konturen, wie es sich in V 10b ankündigt und wie es durch V 12 bestätigt wird.[471] Die »Ungläubigen« haben die Liebe zur Wahrheit nicht ergriffen, das ist gleichbedeutend mit: sie haben der Wahrheit nicht geglaubt (V 12). Dies kann aber nicht durch die Lügenmanöver des Antichrist bei seinem Erscheinen verursacht sein, sondern muß als Fazit des ganzen Lebens, das sich dem Angebot des Evangeliums verweigerte, verstanden werden.[472] Anders käme ja nur die Zeitspanne vom Auftreten des Antichrist bis zum Gericht als Bewährungssituation in Betracht. Der Verfasser hat aber wie schon in 1,8.9a die menschliche Grundentscheidung zwischen Glauben und Unglauben vor Augen.

Die Erklärung für diese merkwürdige Verschiebung ergibt sich aus der Anlage von 2,1–12[473], näherhin für die VV 9–12 aus dem vorausgegangenen Textstück über das Katechon und das »Geheimnis der Bosheit« (VV 5–7). Die gegenwärtige Zeit ist von Gottes Wirksamkeit und von den Mächten des Bösen bestimmt, der Mensch lebt im Widerstreit zwischen ihnen. Er kann die Wahrheit ergreifen oder seine Freude am Unrecht finden (V 12). Rückblickend auf VV 9.10a muß man sogar sagen, daß »jede Art Verführung«, die der

11

---

sich zwar phonetischer Gleichklang feststellen, aber sprachlich und inhaltlich sind beide Formulierungen doch zu weit voneinander entfernt; auch Jud 12; 2Petr 2,13 sind keine Parallelen (zu Dobschütz, ebd.).

[468] In 1Thess 1,6; 2,13 ist der λόγος mit δέχεσθαι verbunden. Dibelius 47 empfindet die Formulierung als »auffällig« und denkt dabei an den Sinn »die wahre Religion« wie bei Philo, Spec Leg IV, 178.

[469] Als eigenes Thema zu stark betont von Rigaux 677 f ; Best 308 mit richtigem Empfinden: »Liebe zur Wahrheit« sei identisch mit »Glaubensgehorsam« ; gemeint sei von Paulus

jedoch »das jüdische Volk« – ein für unseren Autor abwegiger Gedanke.

[470] Vgl. ἐστίν V 9.

[471] Die Eigenart des Textes leuchtet ein im Vergleich zu Did 16,6 f, wo dem Antichrist und Abfall drei »Zeichen« der Parusie Christi folgen.

[472] Vielleicht entstammt die LA πέμψει Kpl it vg^d sy (ausführlicher bei Rigaux 676) dieser Überlegung ; van Leeuwen z.St. faßt πέμπει als »prophetisches Perfekt«, kaum zu Recht ; vgl. das Folgende.

[473] Vgl. S. 70–72.

Ruchlosigkeit entstammt (V 10a), nicht nur als eine Summe der trügerischen Zeichen und Wunder des Gottesfeindes zu begreifen ist, sondern noch stärker die gegenwärtige Zwischenzeit »vor dem Sturm« meint. Gestützt wird diese Deutung dadurch, daß in VV 11 f einige Wörter wiederkehren, die vorher verwendet worden waren (Täuschung/Lüge, Ungerechtigkeit, Wahrheit/Liebe zur Wahrheit). *Alle* kommen ins Gericht, offenbar also nicht nur die Zeitgenossen des zeitlich hinausgeschobenen Antichrist-Dramas. Schließlich ist auch das positive Gegenstück in 2,13 f mit einzubeziehen. Dort wird gegenwärtig, zum Teil mit den gleichen Worten, für all das Dank gesagt, was die »Verlorenen« verfehlt haben.

Im Unterschied zu VV 9.10a ist es aber nun *Gott selbst*, von dem die Verführung zum Irrtum ausgeht. Zweck und »Absicht« sind unmißverständlich ausgesprochen.[474] Diese Aussage kann auf keinerlei Weise abgeschwächt werden, sei es auch nur dadurch, daß man so erklärte: »Gott gibt den satanischen Lügenwundern des Antichrists irreführende Kraft ...«[475] Die Schärfe des Gedankens wird erst dann voll spürbar, wenn man VV 11 f nicht unbesehen als Fortsetzung liest, sondern die Situation »der Verlorenen« (V 10a) damit nochmals angesprochen sieht. Im ersten Fall könnten wir, auch gestützt auf die Entsprechung von ἐνέργεια (»Kraft«) beim Wirken Satans und Gottes (VV 9.11), annehmen, daß die andere verborgene Seite des Geschehens, nämlich die souveräne und unangetastete Oberherrschaft Gottes – auch über den Satan – angesprochen werden solle. Doch ist dieser Weg dann versperrt, wenn die Beobachtungen zu VV 10b.11 das Richtige treffen. Die Aussage behält ihre Härte, sie läßt sich nicht auf die Sondersituation des Antichrist-Aktes einschränken.

Offenbar verlangt eine so streng theozentrische, alttestamentlich geprägte Denkweise des Verfassers (vgl. 1 Kön 22,23; Ez 14,9), alle Ursächlichkeit radikal in Gott zu verankern. Daß anderwärts im Neuen Testament ähnliches steht, wie die Verstockung durch Gott im Evangelium (Mk 4,12) oder die Souveränität in Erbarmung und Verstoßung bei Paulus (Röm 9,18.22), erleichtert das Verständnis für den biblischen Kontext, aber nicht das Verständnis der Aussage selbst.

Auch die öfter zum Vergleich herangezogene Passage Röm 1,28–32[476] trifft die Aussage hier nicht genau. Dort wird dreimal die Tätigkeit Gottes als ein »Übergeben« (παρέδωκεν VV 24.26.28) beschrieben: Gott übergab »die Heiden« an die Unreinheit (V 24), an schändliche Leidenschaften (V 26), an verwerfliche Vernunft, das Ungehörige zu tun (V 28). Zwischen diesen Aussagen (vgl. Apg 7,42) und denen in 2,11 scheint ein erheblicher Unterschied schon deshalb zu sein, weil es hier um die Grundtäuschung und damit um das ganze Geschick des Menschen geht. Auch kann παρέδωκεν (»er hat sie übergeben«) schon als Vollzug göttlicher Strafe für das, wofür sich »die Heiden« bereits entschieden hatten, verstanden werden[477], während hier die *Verursachung* durch Gott

---

474 διὰ τοῦτο ... εἰς τό ... ἵνα.
475 Dobschütz 290.
476 Besonders von Bornemann 374 f betont

und für die paulinische Herkunft von 2 Thess gewertet.
477 Vgl. Schlier, Römerbrief 59 f.

der von ihm verhängten Strafe entgegentreibt (V 12). Die Erleichterungen vieler
Kirchenväter und neuerer Exegeten in eine »Zulassung« anstelle einer Herbeiführung
des Irrtums ist mit Recht abgewiesen worden.[478] Auch vermag ich den Gedanken, daß
Gott das Böse und Satans Wirken für seine eigenen Ziele benutze[479], nicht zu erkennen.

Der Anstoß bleibt für ein Denken, das Gottes Allwirksamkeit und Allmächtig-
keit nicht mehr in dieser unreflektierten, nicht durch Vernunft und
philosophische Tradition vermittelten Weise zu erfassen vermag.

Die Schlußaussage spricht vom Gericht über die Irregeführten. »Damit alle   12
gerichtet werden« hat sein Gegenstück in »damit sie gerettet würden« (V 10b).
Anstelle der Rettung, in der ihr Leben gewonnen worden wäre, trifft sie jetzt
das (Straf-)Urteil.[480] Damit erst findet das logisch weit vorgezogene »für die
Verlorenen« (V 10a) seine Erklärung. Es ist das Gerichtsurteil zum Verderben
(vgl. 1,9). In einem ausgewogenen Parallelismus sind jene nochmals, mit
paränetischem Unterton, geradezu feierlich vorgestellt: »die der Wahrheit
nicht glaubten, sondern sich am Unrecht freuten«. Versteht man unter
ἀλήϑεια (»Wahrheit«) die evangelische und kirchliche Lehrwahrheit, wie es
angemessen ist[481], ergibt sich kein exakter Gegensatz zu ἀδικία (»Unrecht«)
(vgl. aber Röm 1,18 ; 2,8). Doch ist ἀδικία als ein weiter Begriff zu nehmen[482],
der eine Lebensform bezeichnet. Auch ist die schwache Differenz wohl durch
den Parallelismus erkauft. Entsprechendes gilt für das Partizipien-Paar
πιστεύσαντες (»glaubten«) und εὐδοκήσαντες (»Wohlgefallen hatten«).[483]

Es ist ein enges Netz weniger tragender Gedanken, das der Verfasser
gesponnen hat. Dem im voraus festliegenden Schema von Lüge/Ungerechtig-
keit/Gericht/Verderben korrespondiert die positive Seite, auf der Wahrheit/
Glaube/Rettung stehen. Zwischenstufen und Schattierungen gibt es in dem
schwarz und weiß gemalten Bilde nicht. Darin liegen die Stärke und die
Schwäche dieser theologischen Denkart, wie es schon zu 1,3–12 bemerkt
worden ist.[484]

Das Hauptproblem, vor dem der Verfasser stand und um dessentwillen der Zusammen-
Brief geschrieben wurde, ist die Ansage, daß der Parusie-Tag jetzt anbreche, fassung
und eine dadurch hervorgerufene Verwirrung. Dabei spielte die Berufung auf
Paulus, sehr wahrscheinlich auf Äußerungen in 1 Thess, eine Rolle. Wer die
Nachricht verbreitete (ein einzelner, eine Gruppe?) und wie weit ihre Wellen
schlugen, wissen wir nicht. Auch lassen sich die Motive nicht erkennen. Stehen
im Hintergrund die »Bedrängnisse« (1,4), die als auslösende Erfahrung die
Ankunft des Herrn unmittelbar erwarten ließen? Ist es der »Überdruck«, der
sich unter der »Verzögerung« der Parusie gebildet hat und der in diesem Ventil
abgelassen wurde? Oder handelt es sich um einen prophetisch-charismatischen
Aufbruch, der aus dem Ungenügen in einer schon lau und müde gewordenen

---

[478] Von Bornemann 374 ; Dobschütz 290 u. a.
[479] Morris 234 ; ähnlich Neil 176.
[480] κριϑῆναι nimmt hier den Sinn von
κατακριϑῆναι, Hebr 13,4, an : Dobschütz 291.

[481] Vgl. Trilling, Untersuchungen 110–114.
[482] Vgl. zu V 10a S. 105.
[483] Vgl. zu V 10b S. 110 f.
[484] Vgl. S. 67 f.

Gemeinde heraus geschah? Wir können diese Fragen nicht beantworten. Der Brief gehört mit seiner wichtigsten Fragestellung und mit der Antwort dazu in den geschichtlichen Kontext der frühkirchlichen Parusieproblematik.

Unser Verfasser geht einen eigenen Weg, der im Neuen Testament keine Parallele hat, sondern nur einzelne Berührungen mit anderen Texten und Konzeptionen aufweist. Bei Paulus insbesondere findet sich keine »Deutung von Zeichen der Zeit als Vorzeichen«.[485] Hier werden als Vorzeichen »der Abfall« und das Erscheinen des »Menschen der Bosheit« genannt. Über den Ausdruck »der Abfall« wird aber nichts Näheres mitgeteilt. Auch ist nicht sicher zu erkennen, in welcher Weise der »Abfall« mit dem Auftreten des Antichrist verbunden gesehen wird, etwa als unmittelbare Vorbereitung oder als bereits von ihm inspirierte Aktion. Auch daran erkennt man die selektive, bruchstückhafte, auf Weniges reduzierte Art der Darstellung.

1. Das Interesse haftet hauptsächlich an dem Widersacher selbst, so stark, daß das Thema der Parusie Christi (2,1) ganz zurücktritt. Die Figur des Widergottes ist von alttestamentlich-jüdischer Überlieferung inspiriert und trägt keinerlei spezifisch christliche Züge. Nirgendwo im Neuen Testament findet sich eine vergleichbare Schilderung.[486] Alttestamentliche Stellen finden Verwendung, teils in deutlichen, teils in nur zu vermutenden Zitatanklängen. In dem Bild sind ferner zwei verschiedene Traditionen miteinander verschmolzen, die eines gottlosen Tyrannen und Erzfeindes Gottes und seines Volkes (VV 3b.4.8a), und die eines großen Verführers und Pseudopropheten (VV 9.10a). Der mächtige Eindruck wird dadurch noch verstärkt. Für *das Ganze* dieser apokalyptischen Figur aber gibt es keine Parallele in dem uns bekannten und vergleichbaren Schrifttum.[487]

Der Autor des Briefes hat dieses Bild als *eine* kompakte *Repräsentanzfigur* für gottfeindliche usurpatorische Macht und für die Verführung und Blendung der Menschen durch Mirakel und Lüge »geschaffen«. Er verwendete dazu einige bereitliegende »Steine«, die er jedoch nicht sorgsam behauen und verfugt, sondern gleichsam roh aufeinandergetürmt hat. Auch konnte er wohl an eine Überzeugung der Gemeinde, *daß* »Abfall« und »Antichrist« vor der Parusie kommen müssen, anknüpfen. Was im Vergleich mit zeitgenössischen Texten auffällt, ist die Sparsamkeit der Mittel und die strenge Konzentration auf die religiöse Aussage. Auch diese beiden Merkmale gehören zum Eindruck wuchtiger Geschlossenheit.

2. Es wäre zu einfach, diese Gestalt dadurch »entmythisieren« zu wollen, daß man ihre Elemente auf die religionsgeschichtlichen Ursprünge zurückführte

---

[485] Baumgarten, Apokalyptik 181.

[486] Auch die Berührungen mit Mk 13 parr vermögen keine literarische Abhängigkeit zu begründen, sondern weisen wohl nur auf die Verwandtschaft gemeinsamer urchristlicher Sprache in späterer Zeit hin. Dafür spricht eine größere Nähe zu Mt als zu Mk; vgl. die Tabelle

bei Rigaux 100f; Bekanntschaft des Paulus mit der synopt bzw. jesuanischen Überlieferung vertritt Schippers, Mythologie 10–12.

[487] Am nächsten steht vielleicht die Schilderung in der »kleinen Apokalypse« Did 16,3f; doch ist sie weithin aus neutestamentlichen Texten kompiliert.

und das Ganze auf diese Weise »auflöste«. Zurück bliebe dann eine
zeitgeschichtlich gebundene Anschauung, in der sich endgeschichtliche
Erwartungen, Ängste, Befürchtungen, aber auch Glaubensüberzeugungen
konkretisiert hätten. Aber könnten wir dieser Anschauung Chancen für eine
sinnvolle Vergegenwärtigung geben? Die traditionelle Einbeziehung der
apokalyptischen Figuren und Vorgänge in ein System der Glaubenslehre und
Dogmatik und die früher weithin geübte Methode, die Mosaiksteinchen
zusammenzusetzen, die sich für die Konstruktion eines Ablaufs der »letzten
Dinge« eignen, geht an den Texten vorbei und ist nicht mehr vollziehbar.[488] Die
Versuche, den Antichrist *weltgeschichtlich* zu identifizieren, haben sich von
selbst ad absurdum geführt. Aber auch die mit der historischen Kritik
einsetzenden Bemühungen, *zeitgeschichtliche* Anspielungen oder Identifizierungen für 2Thess 2 ausfindig zu machen, führten nicht zum Erfolg und
mußten aufgegeben werden. Bei der Annahme paulinischer Verfasserschaft
waren sie stets besonders belastet (z. B. für Nero als Antichrist), aber auch bei
Aufgabe derselben erwiesen sie sich als undurchführbar. Dies kann heute als
sicheres Ergebnis gelten, auch wenn die einzelnen Daten dafür nicht (mehr)
aufgeführt und diskutiert werden.[489] Mit diesen Bemerkungen könnte der
Weg, doch Möglichkeiten für eine Vergegenwärtigung des seltsamen Textes zu
finden, als verbaut erscheinen.

3. Dennoch soll ein Versuch, vor allem hinsichtlich des *Antichrist,* skizziert
werden. Nehmen wir ihn als *Repräsentanzgestalt,* darf man vielleicht in
folgende zwei Richtungen denken.

a) Die *Gottfeindlichkeit* des Antichrist. Sie ist das hervorstechende Merkmal an
der Gestalt. Er ist aus *diesem* Grund ein »Mensch der Bosheit«, ein
Widersacher und Empörer, ein Usurpator des »Tempels« als dem »Ort«, der
Gott allein gebührt. Sein Ziel ist erst erreicht, wenn er sich selbst zu Gott
erklärt hat. Ein Anti-Gott im strengen Sinn. Er repräsentiert die Bestreitung
Gottes selbst, die These, »daß Gott nicht sei«, und daß ihm nicht die Zukunft
und das letzte Wort, die letzte Tat gehören sollen. Er ist damit die fundamentale
Bedrohung und Infragestellung menschlich-christlicher Hoffnung. Das
»Ende« ist radikal gedacht und nicht auf das »je eigene« Ende des einzelnen
Menschen in seinem Tod reduziert. »Ende« ist ein ebenso grundlegendes und
dauerndes Thema menschlicher Reflexion wie »Anfang«. Welche Macht an
diesem »Ende« letztlich die Geschichte aufnimmt oder wie beschaffen jenes
Ende ist, in das diese Geschichte einmündet, diese Fragen stehen hier im
Hintergrund, sie sind heute ebenso präsent wie damals. Wird das Ende Gott
gehören oder einem Anti-Gott? Diese scharfe Alternative deckt der Text auf,
und er gibt auch eine eindeutige Antwort, die aus dem Glauben und Hoffen
vieler Generationen gespeist ist. Die Antichrist-Konzeption ist auch eine

---

[488] Vgl. auch K. Rahner, Theologische Prin-
zipien der Hermeneutik eschatologischer Aussagen, in: Schriften zur Theologie IV, Zürich
1960, 401–437; F. Buri/J. M. Lochmann/H.

Ott, Dogmatik im Dialog I, Gütersloh 1973,
230–240.
[489] Vgl. die S. 94 genannte Literatur.

Herausforderung des Glaubens an den wahren Gott. In ihr ist der Mythus eschatologisiert, »das Böse« in einem Symbol Gestalt geworden. Als Symbol wird auch eine Vermittlung zur Gegenwart ermöglicht.[490]

b) Der Verfasser reflektiert auch die *gegenwärtige Situation* im Licht des Endes. Der Anti-Gott und das Anti-Göttliche sind auch jetzt präsent, und zwar in der Weise des »Geheimnisses der Bosheit« (V 7). Mit der Präsenz Gottes ist auch die Bestreitung Gottes auf dem Plan. Von diesem Gegensatz ist die Gegenwart innerlich bestimmt, weder Gott oder Christus noch der Antichrist treten »offen« hervor. Der Glaube aber hat den Sinn und das Organ für ihre Erkenntnis, damit er über die wahren Hintergründe und über die verborgenen Antinomien des Geschehens in der Welt nicht im Zweifel sein soll. Das Wirken Jesu vollzieht sich als Kampf und im Widerstreit gegen die dunklen Mächte, die der Gottesherrschaft entgegenwirken und die bei ihm »Satan« heißen.[491] Paulus und die anderen neutestamentlichen Autoren schätzen die Situation der Christen und der Welt ebenso ein. Erst im Licht dieses Wissens vergeht alle Verharmlosung und billig-optimistische Beurteilung. Von diesem Wissen wird aber auch die Kraft widerständiger Hoffnung und zäher Geduld (vgl. 1,4) herausgefordert.

4. *Die »aufhaltende Macht«*: Der Autor stellt noch eine dritte apokalyptische Größe vor, das Katechon. Auch sie ist eine Repräsentanzgröße, die für die Verzögerung des offenen Hervortretens des Antichrist sorgt. Sie ist die Verkörperung des Willens Gottes, nach dem das Ende hinausgeschoben werden soll. Auskünfte darüber, warum dies geschieht, erhalten wir nicht. Wichtig ist vor allem, daß die »aufhaltende Macht« gegenwärtig anwesend ist und allein durch ihre Existenz eine Gegenmacht gegen das »Geheimnis der Bosheit« bildet (vgl. Einzelerklärung). Nimmt man zu der sparsamen Redeweise die reiche Tradition dieser Vorstellung hinzu, darf auch deren positive Gesamtrichtung mit einbezogen werden: Gott wartet aus Nachsicht, Geduld, Erbarmen, um Gelegenheit zur Buße zu geben u. ä.[492] Dann kann man das Katechon auch als eine Gestalt der Güte Gottes sehen.

5. Die Frage der *Naherwartung*: Der Brief bleibt bei der Naherwartung, doch in einer anderen Weise, als dies in 1Thess 4,13–17; 5,2f; 1Kor 15,51f der Fall ist. Seine Tendenz läuft nicht darauf hinaus, die Naherwartung zu eliminieren oder radikal umzubauen, sondern darauf, sie in einer bestimmten Richtung neu zu interpretieren. Sie bleibt durchaus erhalten, wird aber nicht eingeschärft.[493] Sie wird gedämpft und von ungeduldigem Ausbrechen zurückgehalten, aber doch nicht so auf eine Zeit der »Kirche« und weltweiter Mission bezogen, wie das bei Mt (vgl. Mt 28,18–20) oder bei Lk (vgl. Lk 24,44–49; Apg

---

[490] Vgl. vor allem V. Maag, Der Antichrist als Symbol des Bösen, in: Das Böse. Studien aus dem C. G. Jung-Institut Zürich XIII, Zürich 1961, 63–89.
[491] Vgl. J. Jeremias, Neutestamentliche Theologie I, Gütersloh 1971 (Nachdruck Berlin 1973), 98f; W. Trilling, Die Botschaft Jesu, Freiburg 1978, 49f.
[492] Vgl. Strobel, Untersuchungen 7–86.
[493] Ähnlich Lührmann, Offenbarungsverständnis 112.

1,1–8) der Fall ist. Die Adressaten des Briefes werden vor allem zu ausdauernder Geduld, zu Standfestigkeit, zum Festhalten an den apostolischen Überlieferungen aufgerufen. Ein anspornender Auftrag und Dienst »in der Welt« kommt außer der eher konventionellen Stelle 3,1 nicht in den Blick. Es entsteht der Eindruck, man müsse nur »überwintern« bis zum Sommer, und dies unter notvollen Bedingungen.

Theologisch ist als eigenständige Leistung des Verfassers anzusehen, durch seine Konzeption der »Zwischenzeit« eine traditionelle Antichrist-Anschauung aktualisiert zu haben.[494] Er hätte sich ja auch mit der »einfachen« Antwort begnügen können: Der Tag des Herrn kann noch nicht da sein, weil der Antichrist noch nicht da ist oder da war. Aber dies hätte den gespannt nur nach vorn, auf Signale und »Vorzeichen« fixierten Blick noch nicht lösen können, sondern ihm nur andere Objekte verschafft. Vor allem hätte es die Verwirrung und den Schrecken (V 2a) nicht bannen und die Gläubigen auf das Bestehen der gegenwärtigen Situation nicht hinlenken können. Gerade das soll aber durch die Einführung der beiden Größen in VV 6f erreicht werden. Daß diese Tendenz richtig erkannt sein dürfte, ergibt sich aus der Fortsetzung in VV 10b–12. Da geht es um die unter Punkt 1. genannte Alternative zwischen Gott und Wider-Gott, die aber jetzt von der Lage des Menschen her beurteilt wird. Die Alternative birgt in sich die Forderung der Entscheidung zwischen Glauben und Unglauben. Ein lapidarer Gegensatz, der den Kern trifft, auch wenn uns die Art, in der er dargestellt wird, fremd ist und auch so wohl kaum nachvollzogen werden kann.

Ob der Autor »Erfolg« hatte? Wir können es nicht wissen. Aber er hat sich mit seinen Mitteln und Möglichkeiten in einer Grundfrage der jungen Kirche engagiert und mitgeholfen, über eine Not hinwegzukommen.

4. Dank für die Erwählung (2,13–14)

13 Wir aber müssen Gott allezeit für euch danksagen, vom Herrn geliebte Brüder, daß euch Gott vom Anbeginn an erwählt hat zur Rettung, in der Heiligung durch den Geist und im Glauben an die Wahrheit, 14 wozu er euch auch berufen hat durch unser Evangelium, um die Herrlichkeit unseres Herrn Jesus Christus zu erwerben.

1. Literarkritik

Analyse

In 2,1–12 waren die Parallelen zu 1Thess fast vollständig versiegt.[495] Dieses Bild wandelt sich plötzlich. Der kleine Abschnitt zeigt in auffälliger Weise

---

494 Vgl. Trilling, Untersuchungen 131; Lindemann, Abfassungszweck 45; in anderer

Weise geschieht dies in 1Joh 2,18; 4,1–3.
495 Vgl. S. 70f.

Anklänge an 1Thess. Und zwar ist es nicht ein bestimmter Abschnitt, an den sich der Verfasser angelehnt hätte, sondern es sind mehrere Stellen, die in fast bunter Wahllosigkeit Berührungen aufweisen. Daß sich die Verwandtschaft von 2Thess mit 1Thess besonders in solchen, über den ganzen Brief verstreuten Parallelen zeigt, ist ihr hervorstechendes Merkmal. Hier ist das besonders gut zu beobachten.[496]
Zunächst ist die Tatsache einer zweiten Danksagung im gleichen Brief zu erwähnen. Dies ist nur noch in 1Thess 2,13 der Fall und stellt eine Besonderheit dieses Briefes dar.[497] Der auffällige Einsatz mit einer »Danksagung« paßt auch zu der Verwandtschaft mit anderen Abschnitts-Anfängen in 1Thess.[498]

Im einzelnen finden sich hauptsächlich folgende Berührungen: ἠγαπημένοι ὑπὸ κυρίου (»vom Herrn geliebte Brüder«) (V 13a) steht am Beginn der ersten Danksagung 1Thess 1,4 als ἀδελφοὶ ἠγαπημένοι ὑπὸ[τοῦ] θεοῦ.[499] Der Gedanke der »Berufung« (1Thess 1,4), der gleich nachfolgt, klingt verbal in V 13b an (τὴν ἐκλογὴν ὑμῶν/ὅτι εἵλατο ὑμᾶς), ebenso erscheint der in 1Thess 1,5 damit verbundene Verweis auf τὸ εὐαγγέλιον ἡμῶν (»unser Evangelium«) in V 14a. Von der Berufung Gottes »in sein Reich und seine Herrlichkeit« (1Thess 2,12) finden sich die Reminiszenzen »berufen« und »Herrlichkeit« in V 14ab: τοῦ καλοῦντος ὑμᾶς εἰς τὴν ἑαυτοῦ βασιλείαν καὶ δόξαν/ἐκάλεσεν ὑμᾶς ... εἰς περιποίησιν δόξης. Ἐν ἁγιασμῷ πνεύματος in V 13b nimmt ἁγιασμός (»Heiligung«) auf, das im ersten Brief gleich 3mal erwähnt ist, 1Thess 4,3.4.7. Am seltsamsten ist der Vergleich mit 1Thess 5,9: (Gott hat uns nicht zum Zorn bestimmt), ἀλλὰ εἰς περιποίησιν σωτηρίας δια τοῦ κυρίου Ἰησοῦ Χριστοῦ (»sondern um die Rettung zu erwerben durch unseren Herrn Jesus Christus«). In VV 13.14 taucht alles einzelne auch auf, aber in anderen Kombinationen. περιποίησις (»Erwerbung«) gibt es bei Paulus nur an dieser Stelle (1Thess). Aber die Objekte sind verschieden, obgleich beide Wörter in demselben Kontext vorkommen: σωτηρίας (»Rettung«) (1Thess 5,9), δόξης (»Herrlichkeit«) (V 14b). Und dazu noch die wörtlich übereinstimmende Formel »unseres Herrn Jesus Christus«, die 2Thess am Schluß verwendet (V 14b).

Zur numerischen Aufführung der Übereinstimmungen kommt die Beobachtung hinzu, daß die paulinischen Gedanken und Begriffe in neuer Art und in nahezu beliebigen Relationen verwendet werden. Das Beziehungsgefüge ist verschieden, daher erhalten die Wörter und Wendungen andere Sinnuancen. Das wird die Einzelerklärung zeigen.

---

[496]   Vgl. Wrede, Echtheit 13 f; Trilling, Untersuchungen 74 f; Laub, Verkündigung 153 f.
[497]   Schmithals, Gnostiker 139 f.155 f (vorher: Die Thessalonicherbriefe 298.301), diente diese Besonderheit als Indiz für seinen Teilungsvorschlag; nach ihm bildet 2,13 f das Proömium des von ihm postulierten Briefes C; vgl. auch Trilling, Forschungsübersicht.

[498]   Vgl. 3,1 τὸ λοιπόν mit 1Thess 4,1; 3,16 αὐτὸς δὲ ὁ κύριος mit 1Thess 5,23 αὐτὸς δὲ ὁ θεός; 3,18 ἡ χάρις τοῦ κυρίου κτλ mit 1Thess 5,28.
[499]   Niederschlag in Korrekturen von 2Thess: θεοῦ in D d vg.

2. Formkritik

Es geht um eine Eucharistie wie in 1,3.[500] Ebenso wie dort ist die Form nicht rein, sondern irritiert. Das kleine Stück, das aus einem Satz besteht, ist inhaltlich eine Fortführung von und eine Ergänzung zu 2,10b–12.[501] Neben das Geschick der Ungläubigen, die verlorengehen, wird das schöne Los der Gläubigen, die gerettet werden, gestellt.[502] Und dies dient auch als Ausgangspunkt für die in VV 15–17 folgende Mahnung. Die VV 13.14 enthalten eine lehrhafte gedrängte Darlegung über die Heilssituation der Christen.[503] Die didaktische Ausführung ist formal in eine Danksagung gekleidet. Durch diese formkritische Einstufung schwindet der oft empfundene Anstoß des Neueinsatzes mit dem emphatischen ἡμεῖς (»wir«) eher; sie ist ein weiteres Argument gegen die Authentizität neben der Absicht der Imitation von 1Thess 2,13.[504] Es fehlt jede persönliche Note und jeder Hinweis auf eine bestimmte Gemeindesituation. Beides ist aber in 1Thess besonders eindrücklich gegeben. Streng genommen wäre die Fortführung durch »*euch aber* hat erwählt« (V 13b) einleuchtender, wie von Dobschütz richtig empfindet.[505] Wir finden, wie schon zu 1,3–12 und 2,1–12 festgestellt, einen Zwitter, hier die Verbindung einer »kleinen Summe« über die Berufung und den Heilsstand der Gläubigen mit der Form einer Danksagung.

Der Eingang deckt sich außer der Stellung der Verben und einem eingeschobenen »aber« wörtlich mit 1,3a. Das auffällige »müssen«[506] ist hier sogar noch eher motiviert als dort, da das Vorangehende auf den Text einwirkt. Gewiß kann und soll der Christ »allezeit« beten und danken (vgl. 1Thess 2,13; Phm 4; Hebr 13,15 u.ö.)[507], doch klingt die Mahnung hier recht formelhaft. Das δέ (»aber«) ist wenig betont und daher nicht mit allerlei spitzfindigen Vermutungen zu belasten.[508] »Brüder« ist hier an der einzigen Stelle im Brief zu »vom Herrn geliebte Brüder« erweitert.[509] Es ist einer der wenigen herzlichen und warmen Töne. Doch veranlaßt ist die Erweiterung gewiß durch die gleiche Wendung in 1Thess 1,4, nur daß dort »Gott« statt »Herr« steht. Denn im ganzen Neuen Testament kommt dieser passivische Ausdruck nur noch einmal

Erklärung

13

---

[500] Schubert, Form 29f u.ö. ordnet den Text seinem Danksagungs-Typ 1b zu; vgl. auch oben Anm. 85 zu 1,3.; O'Brien,Thanksgivings 184 unterscheidet den Text von der »Eingangs-Danksagung« 1,3ff und weist ihm keine »epistolary function« zu, d.h. keine Funktion, in dem die Thematik eines Briefes im ganzen angesprochen wird.

[501] Vgl. S. 69f.

[502] Der Gedanke einer »Sicherung der Heilsgewißheit«, den Dobschütz 266 u.ö. als leitende Idee nennt, trifft die Intention nicht.

[503] Der didaktische Charakter und die Dichte der Gedankenfolge werden auch betont von Rigaux 680f; vgl. das Zitat aus J. Denney, The Epistles to the Thessalonians, London 1892, 342 bei O'Brien, Thanksgivings 184; vgl.

O'Brien selbst 193; Rigaux 181 verweist zum Vergleich auf den Abschluß der Gemeinderegel 1 QS XI, 15–22.

[504] Vgl. Schmithals, Gnostiker 155; Laub, Verkündigung 153f.

[505] Dobschütz 297.

[506] Vgl. dazu S. 43f.

[507] Vgl. Deichgräber, Gotteshymnus 212; die Formelhaftigkeit dieser Aussagen wurde untersucht von R. Kerkhoff, Das unablässige Gebet, München 1954.

[508] Mit Dobschütz 297; anders O'Brien, Thanksgivings 185.

[509] Zum Fehlen des Artikels vgl. Bl-Debr 254,1; at.liche Wendungen (vgl. Dtn 33,12) klingen an; vgl. auch Kol 3,12; Rigaux 371.

ähnlich vor (Jud 1 »von Gott dem Vater Geliebte«). Mit dem »Herrn« ist Jesus Christus gemeint wie im ganzen Brief[510], eine notwendige Annahme, da es zwischen dem zweimaligen »Gott« steht. Dies gehört zur alttestamentlichen Färbung und zum Christusbild des 2 Thess.

Hier steht »vom Herrn geliebte Brüder« gleichwohl passend, als feierliche Intonation für das Thema der Erwählung. Das ist ein Geschehen der *Liebe*, das von Gott ausgeht (2,16b), auf Gott hin wieder zurückgelenkt (3,5), und das vom Herrn beständig realisiert (2,13a) wird. Darin gründet zuletzt die Bruderschaft der Christen.

Nach der gewichtigen Hinführung in V 13a folgt in einem Begründungssatz, dem zwei Folgesätze angeschlossen sind, der Inhalt des Dankes an Gott. Die tragende Wirklichkeit, in der die Christen leben und aus der der Dank aufsteigt, ist: Er hat euch erwählt. Nicht eigenes Wollen oder Vermögen, auch nicht zuerst der Entschluß zum Glauben haben sie in diesen Stand versetzt, sondern der unergründliche *Gnadenwille* Gottes, der sich ihnen zuwandte und sie ergriff.[511]

Dessen Ziel ist die »Rettung«, dorthin tendiert er von allem Anfang, dort erst wird er auch zum Ende gelangen. Damit sind die Pole markiert, zwischen denen sich christliches Leben entfalten kann und soll. »Rettung« (σωτηρία) gilt umfassend für das ganze »Heil«, in Gegenwart und Zukunft, wie es in Christus aufgetan und in der Glaubenssprache der Kirche seit Paulus und dann seit der zweiten Generation verankert ist.[512]

Eine Differenz in der Textüberlieferung ist schwierig zu beurteilen. Soll »als Erstling« (ἀπαρχήν) oder »von Anfang an« (ἀπ' ἀρχῆς) gelesen und übersetzt werden?[513]

Die Textzeugen halten sich etwa die Waage. ἀπαρχή ist ein beliebter Ausdruck bei Paulus. Bezeichnet er im übertragenen Sinn damit Personen oder Gemeinden, die als »Erstlinge« das Evangelium angenommen haben, wird er determiniert. Epainetos ist der Erstling Asiens für Christus (Röm 16,5), ebenso das Haus des Stephanas (1 Kor 16,15). Käme das hier in Betracht, würden die Thessalonicher etwa als »Erstling Makedoniens« (was historisch allerdings nicht zuträfe) o. ä. verstanden werden. Im Erwählungskontext hat ἀπαρχή absolut nur Jak 1,18 aufzuweisen. Anderseits: ἀπ' ἀρχῆς verwendet Paulus überhaupt nicht, im Unterschied zu etlichen neutestamentlichen Schriften, die es für den Anfang der Schöpfung, des Christusgeschehens, der Evangeliums-Predigt u. a. gebrauchen (vgl. Mk 10,6/Mt 19,4.8; 24,21; Lk 1,2; 2 Petr 3,4; häufig in den joh Schriften). Mit diesem ziemlich klaren paulinischen Sprachge-

---

510   Vgl. S. 57.
511   αἱρέομαι med im NT nur noch – in anderem Sinn – Phil 1,22; Hebr 11,25 »vorziehen«; vgl. H. Schlier, ThWNT I, 179; häufiger sind Komposita; vgl. Bl-Debr 81,4; das Simplex selten in LXX für die Erwählungswirklichkeit Israels; vgl. Stellen bei Dobschütz 298; Hatch-Redp s. v. bei Paulus meist mit καλέω ausgedrückt, das hier mit εὐαγγέλιον verbun-

den ist, V 14a; vgl. O'Brien, Thanksgivings 187, bes. Anm. 125.
512   Vgl. Brox, Pastoralbriefe 232 f; W. Foerster, ThWNT VII, 1017 f.
513   Die LA konnten leicht verschrieben werden; ἀπαρχήν bezeugen BFG^gr P 33 81 1739 vg syr^h cop^bo al, ἀπ' ἀρχῆς ℵ DKLΨ, die meisten Minuskeln, it^{d.g.61.86} syr^p cop^sa arm eth al (nach Metzger, Commentary 636).

brauch könnte man auch hier zugunsten von »Erstling« subsidiär argumentieren – wenn der Brief von Paulus stammte. So geschieht es tatsächlich zur Verblüffung im Kommentar zur Textausgabe des GNT für die Lesart ἀπαρχήν: Bei Paulus komme ἀπ' ἀρχῆς nicht vor, das Wort ἀρχή bezeichne bei ihm außer Phil 4,15 stets »Mächte«.[514] Das ist eine sachkritische Entscheidung, die auf dem Urteil über die Verfasserschaft fußt. Ginge man nur hypothetisch von der nichtpaulinischen Abfassung aus, stellte sich das Verhältnis anders dar. Doch könnte man auch rein textkritisch ἀπ' ἀρχῆς als die schwierigere Lesart ansehen, wie es Rigaux und Best tun.[515]

Nun fügt sich der Gedanke der Erwählung ohne Zweifel besser zu »von Anfang an« als zu »Erstling«. Anders stände auch »Erstling« beziehungslos im Text. Wenn man die konkrete Thessalonicher-Gemeinde damit angesprochen sähe, müßte man eine Beziehung ergänzen. Das ist schwieriger als die Erwählung durch Gott von Urbeginn an ausgesprochen zu finden, ein Gedanke, der auch Paulus nicht fremd ist (vgl. Röm 8,29 f; auch Röm 1,1; Gal 1,15), und der ganz ähnlich in Eph 1,4 formuliert wird: »der uns auserwählte (ἐξελέξατο) in ihm vor Grundlegung der Welt«. In unserem Text wird die Polarität von Auserwählung und Rettung noch präzisiert. Von Ewigkeit, dem Uranfang her, liegt es in Gottes gnädigem Wollen fest, Rettung am Ende zu gewähren. Davon ist gläubiges Leben letztlich getragen, und darin soll es sich festmachen (vgl. 2,15a).

Wie sich das realisiert, sagen die beiden parallelen Beifügungen in gedrängter Kürze. Sie beziehen sich auf den ganzen »Daß«-Satz. Es geschieht erstens durch die Heiligung, die der Geist Gottes bewirkt, zweitens in dem Glauben an die Wahrheit.[516] Nach der Reihenfolge der Akte beim Christwerden könnte man die umgekehrte Ordnung erwarten, so daß zuerst vom Glauben, dann von der Geistheiligung gesprochen würde. Daran ist hier nicht gedacht, auch wohl nicht daran, daß der Glaube der Wirkung des Geistes entspringt[517], sondern an sachliche Aufzählung und Zuordnung. Es sind zwei wesentliche und treffsicher gewählte »Glaubensstücke«. Das erste steht der grundlegenden Erwählung näher und weist auf die Tat Gottes hin, die auch hier das erste und grundlegende Faktum im Christenleben ist. Das zweite meint nicht den Vorgang des Zum-Glauben-Kommens, sondern den Glauben an die entwickelte christliche Lehrwahrheit, gemäß 2,12.[518]

Gleichwohl klingt paulinisches Glaubensverständnis in dem auch für die Wendung »Glauben an die Wahrheit« wirksamen »durch« (ἐν) noch mit. Die

---

[514] Metzger, Commentary 636 f. – Vgl. aber πρὸ τῶν αἰώνων (1 Kor 2,7), ἀπὸ τῶν αἰώνων (Kol 1,26).

[515] Die Meinungen der Kommentatoren sind geteilt; Rigaux 682 entscheidet sich für ἀπ' ἀρχῆς; vgl. Masson 108; Friedrich 268 f; ebenso mit ausführlicher Diskussion O'Brien, Thanksgivings 187 f; dgl. Best 312–314 (aber vom Beginn in der Zeit, nicht »von Ewigkeit her«); anders Schulz 179 f; Dibelius 50 f; Aus,

God's Plan 550, Anm. 71; Schweizer, Der zweite Thess 100; W. Bieder, Die Berufung im NT, 1961 (AThANT 38), 40: Die Gemeinde sei als Erstling zu einer missionarischen Existenz, d. h. im Blick auf alle Nachfolgenden, berufen.

[516] Der erste ist ein Gen auct, der zweite ein Gen obj; vgl. Dobschütz 299; vgl. gleichlautend 1 Petr 1,2 ἐν ἁγιασμῷ πνεύματος.

[517] So Dobschütz 299.

[518] Vgl. S. 113.

Erwählung realisiert sich »in und durch Glauben«. Strikt von Paulus scheidet aber doch die Formel selbst, die bei ihm nie und im Neuen Testament nur hier begegnet. Paulus spricht von der Wahrheit Gottes (Röm 1,25 ; 3,7 ; 15,8) und der Wahrheit des Evangeliums (Gal 2,5.14 ; vgl. 5,7), aber jeweils in anderem Verständnis von Wahrheit als hier. Am nächsten stehen dem Text Formulierungen des 1. und besonders des 2. Petrusbriefes. Vom »Gehorsam gegenüber der Wahrheit« (ἐν τῇ ὑπακοῇ τῆς ἀληθείας) spricht 1Petr 1,22, von der »vorhandenen Wahrheit« (des Glaubens) (ἐν τῇ παρούσῃ ἀληθείᾳ) 2Petr 1,12 und fast technisch vom »Weg der Wahrheit« (ἡ ὁδός τῆς ἀληθείας) 2Petr 2,2.[519] Das ist schon fixierte »Kirchensprache«.

14 Der erste Folgesatz, der sich auf »Rettung« bezieht[520], greift »chronologisch« weiter zurück, auf die anfängliche Evangeliumsverkündigung durch den Apostel.[521] Auch Paulus spricht von »seinem« oder »unserem« Evangelium, das grundlegend das Evangelium Gottes oder Christi ist (vgl. nur 1Thess 1,5 ; 2,2.8 ; 3,2). Niemals aber sagt er, daß die »Berufung« durch Verkündigung des oder gar »seines« Evangeliums geschehe. Berufung ist bei ihm in strenger Ausschließlichkeit und in offenbar gezielter Konsequenz allein Gott vorbehalten und wird nicht einmal Christus zugeschrieben. Das gilt für das Substantiv und für das häufigere Verbum, wenn die Berufung zum Heil und Glauben ausgedrückt werden sollen wie hier.[522] »Berufung« steht für Paulus noch oberhalb der aktuellen Predigt des Evangeliums, ganz in der Nähe von Erwählung. Das Wort ist dann, wenn es nicht absolut steht, stets mit solchen Objekten verbunden, die streng eschatologische Bedeutung haben, wie »Reich und Herrlichkeit« (1Thess 2,12), »Heiligung« (1Thess 4,7), »Gemeinschaft mit seinem Sohn« (1Kor 1,9), »Freiheit« (Gal 5,13 ; vgl. auch Phil 3,14 ; 1Petr 5,10).[523]

Diese streng theozentrisch-heilstheologische paulinische Konzeption von »Berufung« kennt keine Ausnahme. Das wird auch dadurch gestützt, daß bei ihm niemals »Evangelium« und »berufen«/»Berufung« miteinander verbal verbunden begegnen.[524] Auch neben »Erwählung« bleibt die Formulierung »Berufung durch unser Evangelium« auffällig (vgl. ganz anders Röm 8,29f). Es ist zu bezweifeln, ob der Apostel so geschrieben hätte. Aus der Intention des Verfassers aber ist es leicht zu begreifen. Er bringt in die »kleine Summe« zwei weitere Hauptstücke aus paulinischer Tradition ein, das von Paulus theologisch

519 Vgl. Schelkle, Petrusbriefe 194.204f ; vgl. R. Bultmann, ThWNT I, 244f.
520 εἰς ὅ zur Verbindung zweier Sätze wie 1,11 ; vgl. Dobschütz 300.
521 τὸ εὐαγγέλιον ἡμῶν hat in der Sache den gleichen Sinn wie τὸ μαρτύριον ἡμῶν 1,10b ; vgl. S. 61.
522 Vgl. K. L. Schmidt, ThWNT III, 492–494.
523 Auch für Gal 5,8 trifft das zu ; ebenso wohl für Gal 1,15 im Erwählungskontext ; eine Ausnahme bildet nur 1Kor 7,22 (vgl. 1,26), doch im Zusammenhang des Sondergebrauchs

von 7,15–24 als »Stand« ; vgl. K. L. Schmidt, ThWNT III, 488–492 ; Rigaux 183.
524 Undeutlich H. Schlier, Der Brief an die Epheser, Düsseldorf 1957, 82 zu Eph 1,18: der Ruf ergehe »im« Evangelium, was nicht zu bestreiten ist ; doch die genannten Belege dafür, daß dies auch von Paulus so ausgesprochen wurde (Kol 1,5.23 ; Gal 1,6ff ; 2Thess 2,14 ; 1Tim 2,8f), sagen dies gerade nicht ; vgl. auch zur Parallelität des nt.lichen καλεῖν zum at.lichen ἁγιάζειν Delling, in: Studien 408f.

tiefgründig reflektierte »Evangelium« und die »Berufung« durch Gott. Man
kann in V 14a eine charakteristisch verformte, geraffte Aufnahme von 1 Thess
1,4b.5 sehen.

Der zweite Folgesatz nennt als Ziel den Erwerb der Herrlichkeit des Herrn. Es
ergibt sich anscheinend eine Dublette zu V 13b, wo bereits »Rettung« als dieses
Ziel genannt war. Der Eindruck könnte täuschen, wenn man annähme, daß erst
vom Erwählungswillen Gottes die Rede sei, in V 14 von dessen Verwirklichung. Beide Sätze von V 14 wären dann V 13b als dem Obersatz sachlich
untergeordnet zu fassen.[525] Dagegen sträuben sich aber die Beifügungen, die
von Heiligung durch den Geist und vom Glauben an die Wahrheit sprechen.
Auch das ist schon »Verwirklichung«. So muß es bei dem Eindruck bleiben, daß
der Verfasser in loser Fügung Grundgedanken zusammenstellt und dabei
weder eine präzise grammatische Konstruktion bildet noch eine eindringende-
re Reflexion über die Beziehungen der Aussagen untereinander erkennen läßt.
Auf die Fragen, wie sich Erwählung und Berufung, Gottes Wirken und des
Apostels »Rolle«, Heiligung und Glauben, Rettung und Herrlichkeit Christi
zueinander verhalten, erhalten wir keine Antwort. Gewiß trifft das auch für
andere neutestamentliche Texte zu, hier aber doch gehäuft und so geartet, daß
es genau dem Stil des Verfassers entspricht.

Unser Satz ist mit 1 Thess 2,12b und 5,9 zu vergleichen. Gemeinsamkeiten und
Unterschiede ergeben ein ähnliches Bild wie beim vorausgehenden Satz.[526] Zu
»erwerben« sei die Herrlichkeit, die dem Kyrios eignet (Gen des Besitzens)
– das ist ein Gedanke, der nun doch überrascht. Die Parallele 1 Thess 5,9 hat das
für Paulus und für die Sache so wichtige »durch« (διά), das den Gedanken in
andere Richtung als hier laufen läßt: *durch* unseren Herrn Jesus Christus
möge geschehen, daß wir die Rettung erwerben. Die Verbindung von Christi
eigener »Herrlichkeit« mit »erwerben« ist hart, so daß von Dobschütz fragt, ob
nicht ein διά (»durch«) vor τοῦ κυρίου (»unseres Herrn«) ausgefallen sein
könnte.[527] Dafür gibt es jedoch keine Anzeichen. Die eigene Aktivität des
Menschen ist in jedem Fall angesprochen. Müßten wir bei dem Verfasser
vielleicht doch eine Unklarheit über die kompromißlose paulinische Gnaden-
lehre mit einbeziehen? (Doch vgl. auch Phil 2,12.)

Anderseits geben Verbum und Substantiv einen gewissen Spielraum.[528] Vor
allem Hebr 10,39 kommt als Analogie in Betracht, worauf mehrere Ausleger
verweisen.[529] »Wir aber gehören nicht zu denen, die zurückweichen und

---

525 Dem stellte sich das καί nach εἰς
ὅ schwach entgegen, wenn es zum ursprünglichen Text gehörte. Das ist wenig wahrscheinlich. Die Auffassungen sind geteilt; vgl. Dobschütz 300, Anm. 2 kritisch; Rigaux 684 im
Text; das GNT läßt es fort.
526 Vgl. zur Analyse S. 118.
527 Dobschütz 300.
528 Vgl. Pr-Bauer s. v. περιποιεῖν 2: »sich
erwerben«, »sich gewinnen«, περιποίησις 2:

»die Erwerbung«, »das Gewinnen«; vgl. Liddell-Scott 1384 (Belege); LXX hat das Subst
nur 3mal, stets für »Besitz«: 2 Chr 14,13; Hag
2,10; Mal 3,17. Von den 5 Stellen im NT haben
diesen pass Sinn Eph 1,14; 1 Petr 2,9 (Zitat) als
»Besitz«, »Eigentum«; die anderen sind
1 Thess 5,9; 2 Thess 2,14; Hebr 10,39.
529 Rigaux 685f.570f mit älteren; Morris
160f; vgl. O'Brien, Thanksgivings 191.

verlorengehen, sondern zu denen, die glauben und das Leben bewahren/gewinnen.« εἰς περιποίησιν (ψυχῆς) kann neben »Bewahrung«, »Erhaltung«[530] auch als »Erlangen«, »Gewinnen« genommen werden. Das empfiehlt sich auch für unsere Stelle. Dann wäre der Hauptanstoß ausgeräumt. Die Formulierung mag in diesem allgemeinen Sinn gewählt worden sein.

IV. Ermahnender Teil: Mahnungen, Gebetswünsche, Anordnungen (2,15–3,16)

Analyse   *1. Gliederung*

Der Brief ist relativ übersichtlich disponiert und in drei größere Einheiten zu gliedern. An die beiden Hauptabschnitte von 1,3–12 und 2,1–12.13–14[531] schließt sich ein längerer paränetischer Teil an, der bis zum Briefschluß mit 3,16 reicht. Nur 3,6–12 bildet in dem dritten Teil einen längeren und thematisch profilierteren Abschnitt, in dem die Frage der »Unordentlichen« behandelt wird. Doch steht er in einer Folge kleinerer verwandter Einheiten (2,15–17; 3,1–5; 3,13–16), von denen er sich durch einige Besonderheiten abhebt: durch ein konkretes Thema, größere Ausführlichkeit der Behandlung, Betonung des befehlenden Charakters »im Herrn« (3,6.12), durch das »Fehlen« einer abschließenden Bitte an den Herrn. Doch die Verwandtschaft ist stärker als die Unterschiedenheit. Dabei ist zu bedenken, daß das Gefüge des Briefes von 2,(13)15 an lockerer ist als in den beiden vorhergehenden Teilen, und daß daher jede Einteilung etwas künstlich ist. Kein systematischer Raster vermag den Textbestand von 2,(13).15–3,16 logisch oder literarisch exakt aufzugliedern. Die ganze Frage ist auch von untergeordneter Bedeutung.

Die Zusammenziehung der Abschnitte in 2,15–3,16 zu *einem* dritten Teil im Brief ist ungewöhnlich und bisher nicht vorgeschlagen und praktiziert worden.[532] Sie bedarf kurzer Begründung an dieser Stelle. Weitere Gründe folgen jeweils bei den Unterabschnitten.
a) Als äußeres, wenig auffälliges Indiz wurde auf die »Bruder«-Anrede hingewiesen. Darauf allein dürfte man sich nicht stützen, wenn nicht andere und gewichtigere Gründe hinzukämen. Dies ist jedoch der Fall, wie sich gleich zeigen wird. Die Anrede steht zu Beginn aller Abschnitte (2,15; 3,1; 3,6; 3,13).
b) Diese Abschnitte weisen fast durchgängig eine *Zweiteilung* auf. Zunächst kommen Bitten, Mahnungen, Aufforderungen oder Anweisungen, die stilistisch untereinander verwandt sind, wobei nur 3,1 etwas aus dem Rahmen

---

[530]   So Pr-Bauer s. v. 1; O. Michel, Hebräer (KEK) z. St.
[531]   Zu 2,13 f vgl. S. 117–119.
[532]   Die meisten nehmen 3,1–15(16)(18) als Einheit; Rigaux faßt 2,1–3,5 zusammen; Schmiedel kommt unserem Vorschlag nahe und nimmt 2,13–3,18 als »praktischen Hauptteil« (44).

fällt. Der zweite Teil lenkt diese Mahnungen und Anweisungen auf den Herrn hin: Er möge das Gewünschte befördern, befestigen, führen, begleiten und zum guten Ende bringen. In den Anfängen dieser an den Herrn gerichteten Wünsche und Bitten finden sich ebenfalls stilistisch verwandte Formulierungen.[533] Eine Sonderstellung behauptet auch in dieser Hinsicht 3,6–12. Dort kann man den Verweis auf den Herrn in die Anweisung einbezogen sehen, die »im Namen des Herrn« bzw. »im Herrn« ergeht, was zweimal betont wird (3,6.12). In 3,1–5 ist dieses Element verstärkt durch zweimalige Nennung des Kyrios, ohne daß die Zweigliedrigkeit dieses Abschnitts dadurch zerstört würde (3,3.5).

c) Hinzu kommt aa) die Ähnlichkeit der *Inhalte* und bb) die *Verschränkung* der kleinen Einheiten untereinander.

aa) Außer in 3,6–12 ist der Inhalt ganz allgemein, die Aussagen innerhalb der einzelnen Gruppen könnten zum Teil leicht ausgetauscht werden. Zum Beispiel ist von 2,15 her, der Mahnung, bei den apostolischen Überlieferungen zu bleiben, die Bitte um Trost im zweiten Teil kaum motiviert (2,16f) bzw. könnte sogar passender anstelle von 3,3–5 stehen. Diese Allgemeinheit der Ermahnungen und die Gruppierung zu einzelnen »Päckchen« erwecken den Eindruck etwas mühsamer Füllung der ganzen »Paränese«. Man erlebt mehrere Anläufe, die schon den Schluß einleiten könnten, der dann doch noch lange nicht kommt. Diese Eigenart erklärt sich am ungezwungensten aus der Anlehnung an 1Thess mit dessen schwer durchsichtiger Gliederung in oft verwandten Texteinheiten.[534]

bb) Dazu gehört, daß die Einheiten untereinander vielfältig verschränkt sind, daß mehrfach das gleiche in anderem Zusammenhang oder mit anderem Ausdruck gesagt wird. Beispiele dafür: der Hinweis auf einen/den Brief 2,15; 3,14, die Bitte um »Stärkung« 2,17; 3,3, die Bitte um Bewahrung vor bösen Menschen/vor dem Bösen 3,2.3, die Bindung an die »Überlieferungen« 2,15; 3,6.

Diese drei Beobachtungen berechtigen dazu, 2,15–3,16 als *einen* paränetischen Teil, der in vier Einzelabschnitte gegliedert werden kann, anzusehen und

---

[533] Vgl. 2,16 αὐτὸς δὲ ὁ κύριος; 3,3 πιστὸς δέ ἐστιν ὁ κύριος (vgl. 3,5); 3,13 αὐτὸς δὲ ὁ κύριος.

[534] Nach Fertigstellung des Manuskriptes entdecke ich, daß bereits Wrede (Echtheit 78f) Ähnliches beobachtet hatte, was mir eine interessante Bestätigung ist. Der Gedankengang werde in 3,1–5, ja schon von 2,13 an, eigentümlich »unruhig und schwankend«. »Fast in jedem Satz ein neuer Anfang: 2,13.14 eine Danksagung, 2,15 eine Mahnung, 2,16f ein Gebetswunsch, 3,1 eine Aufforderung zur Fürbitte für das Evangelium und den Apostel, 3,3 abrupt hinzugefügt ein Ausdruck der Zuversicht auf Gott, 3,4 ein anderer Ausdruck des Vertrauens, auf das Verhalten der Leser gehend, 3,5 wieder ein Gebetswunsch.« Der Verfasser komme »nicht mehr recht vom Fleck«, man verspüre ein »Versiegen des Gedankenflusses«. Zu 3,6–12 meinte Wrede, daß der Verfasser den Gedanken, mit 3,1ff zu schließen, »aufgegeben« habe. »Vielleicht erschien ihm sein bisheriges Schreiben allzu kurz. Vor allem aber werden wir annehmen, daß ihm die Worte des ersten Briefes über das Stillesein und Arbeiten nachträglich noch ins Auge fielen und als besonders wichtig und passend für sein Publikum erschienen« (ebd. 80).

auszulegen. Dieser Vorschlag ist einer von mehreren möglichen. Er ist soviel wert wie die Gründe, die dafür geltend gemacht werden, und wie die Durchsichtigkeit der Auslegung, die mit ihm zu erzielen ist. Auf die literarischen Beziehungen zu 1 Thess wird bei den einzelnen Abschnitten näher eingegangen.

2. Formkritik:

Paränetische Züge wurden schon in den beiden ersten Teilen beobachtet, nur anklingend in 1,11 f[535], deutlicher in 2,1 f. 5–7.10b–12 wahrnehmbar[536]. Der ganze Brief hat paränetischen Charakter. Im engeren Sinn trifft das jedoch für den dritten Teil zu. Darin begegnet uns ein für 2 Thess charakteristischer paränetischer Stil, der sich von dem in 1 Thess (vgl. bes. 5,14–22) und von dem anderer paulinischer Passagen unterscheidet.[537] Er entspricht den Eigentümlichkeiten, die für 2 Thess insgesamt zutreffen: Allgemeinheit der Rede, die keine konkrete Situation erkennen läßt, eine gewisse Armut, Einlinigkeit und Farblosigkeit des Gedankens, stereotype Wiederholungen einiger Ausdrücke, umständlich-plerophore Substantivverbindungen, Vorliebe für Parallelismen u. a. All dies findet sich hier auch.

Es seien noch zwei Merkmale genannt, die nur für die Paränesen zutreffen. Das erste ist die Verbindung von Ermahnung und Gebetswunsch, von der die Rede war. Sie findet sich in dieser Form, d. h. in einer Folge gleichgerichteter Abschnitte, wenn ich recht sehe, im Neuen Testament nicht mehr.[538] Der Inhalt der Mahnung wird jeweils auf den Herrn bezogen, bei ihm verankert und als Bitte zu ihm hingetragen, so daß sich eine Doppelung ergibt: dem Wort des »Apostels« *an* die Gemeinde korrespondiert seine Bitte *für* die Gemeinde. Das zweite Merkmal betrifft den Abschnitt 3,6–12. Da tritt das autoritativ-befehlende Moment stark hervor. Es ist keine Paränese im paulinischen Verständnis[539], sondern formkritisch eine *apostolische Anordnung*. Durch die Einbettung in den dritten Teil erscheint sie jedoch eher als paränetischer Sonderfall. Davor (2,15–17; 3,1–5) und danach (3,13–16) finden wir die genannte Gattung. Dieser Sonderfall muß seine Ursache in der Intention des Autors und in einer speziellen Beziehung zu 1 Thess haben (vgl. Einzelauslegung). Sieht man ihn im Rahmen der Gesamt-Paränese von 2,15–3,16, verliert er etwas von seiner Schärfe. Offenkundig wird an ihm wohl, daß sich die Paränese in späterer Zeit in der Richtung akzentuierter apostolischer Weisung entwickelt bzw. daß der Autor selbst zu dieser Entwicklung beitrug.[540] Denn

---

535 Vgl. S. 62 f.
536 Vgl. zu den Stellen.
537 Bei Trilling, Untersuchungen 95–101 sind einige Merkmale und Unterschiede genannt.
538 Für Einzelfälle wären außer 1 Thess 5,18–23(23) noch 1 Petr 5,8–10(10); Jud 20–25(24) zu vergleichen.
539 Vgl. Trilling, Untersuchungen 100; gewiß gibt es bei Paulus auch »Anordnungen«

(vgl. 1 Thess 4,2.11; 1 Kor 11,17), aber keinen zusammenhängenden Abschnitt vergleichbaren Charakters.
540 Vgl. dieselbe Erscheinung in den Past, z. B. 1 Tim 1,18; 6,13 f; indirekt über »Timotheus« 1,3; 4,11; 5,7; 6,17; O. Schmitz, ThWNT V, 759–762. Zu ApostVät ebd. 762 f, Anm. 36.

das anordnend-autoritative Element fehlt auch in den anderen Abschnitten nicht (vgl. 2,15 ; 3,14f).[541]

1. Mahnung und Anrufung des Herrn (2,15–17)

15 Daher nun, Brüder, steht fest, und haltet fest die Überlieferungen, über die ihr belehrt worden seid, sei es durch ein Wort oder durch einen Brief von uns. 16 Er aber, unser Herr Jesus Christus und Gott unser Vater, der uns geliebt hat und der uns gegeben hat ewigen Trost und gute Hoffnung in Gnaden, 17 er tröste eure Herzen und festige (sie) in jedem guten Werk und Wort.

Außer dem Gesagten gilt für den Gebetswunsch (VV 16f), daß die **Analyse** Berührungen mit 1Thess deutlich hervortreten. Neben 1Thess 3,2b ist es vor allem der ganze Abschnitt 3,11–13, der Ausdrücke und Gedanken bereitstellte. Ein sklavisches »Ausschreiben« oder primitives Imitieren ist hier ebenso wenig wie bei den übrigen Paralleltexten der Fall (mit der Ausnahme von 3,8, s. dort). Es geht um Umprägung und selbständige Neuformulierung vorgefundener Gedanken. Sichere Anzeichen für die Anlehnung an 1Thess sind die jeweils fast gleichlautenden Anfänge in zwei aufeinanderfolgenden Abschnitten (2,16; 3,1) und einige Besonderheiten. Gegenüber 1Thess 3,11 sind »Gott« und »Kyrios« umgestellt, so daß an erster Stelle »unser Herr Jesus Christus« steht (vgl. 2Kor 13,13 und die Einzelerklärung). Seltsam ist die Vertauschung in V 17 von »tröste eure Herzen« gegenüber »stärke eure Herzen« in 1Thess 3,13.

Die verstärkte Folgerungspartikel »also denn« ist gut paulinisch[542] und bezieht **Erklärung** die Mahnung grammatisch auf die Inhalte der Danksagung VV 13f. Dem, was Gott gewirkt hat, was aber auch schon menschliches Mitwirken ansprach[543], **15** folgt nun der ausdrückliche Aufruf. Ein Hinweis auf diesen Zusammenhang ist allerdings nicht zu erkennen. Die Formulierung ist so allgemein, ja sie geht auch durch den Verweis auf »Wort *oder* Brief« weit darüber hinaus. Auch bei »*den* Überlieferungen« ergibt sich kein engerer Kontextbezug. Daher muß man V 15 doch von VV 13f absetzen und als eine Mahnung werten, die der Autor generell und in Hinsicht auf den ganzen Brief einschärfen will. Die beiden Imperative sind für unseren Verfasser typisch. Absolut gesetztes »stehet fest« (στήκετε) gibt es nur hier im Corpus Paulinum.[544] Das »stehet

---

541 Die paränetische Einheit 2,15–3,16 mit ihrer Untergliederung hatte ich in Untersuchungen 95–101 noch nicht erkannt, so daß das autoritative Element in 3,6–12.13–16 zu einseitig herausgestellt wurde. Auch erscheinen die anderen Teile 2,15–17; 3,1–5 irgendwie ortlos und wie Füllsel, wenn sie nicht zu einem Ganzen zusammengebunden werden. Der neue Vorschlag dürfte dem Text besser gerecht werden.

542 ἄρα οὖν im NT nur bei Paulus; auch 1Thess 5,6.

543 Vgl. S. 123f.

544 In Gal 5,1 ist zu ergänzen »in der Freiheit«; vgl. Pr-Bauer s. v. στήκειν.

fest *im Herrn«* in 1 Thess 3,8 (vgl. Phil 4,1) gab eine besondere Note. Andere
Beifügungen wie »im Glauben« (1 Kor 16,13), »in einem Geist« (Phil 1,27)
leisteten das gleiche. Hier muß hinzugedacht werden, was an Bedrängnis aus
1,4 und an Verwirrung aus 2,1 f zu entnehmen war, aber auch das Wissen um
die Heilstat Gottes gemäß 2,13 f. Gewiß ist nicht gedacht an eine »allgemeine
sittliche Mahnung«, sondern an das treue Bewahren des geschenkten Heils und
an das standhafte Ausharren in der Anfechtung, der der Glaube ausgesetzt
ist.[545]

Der zweite Imperativ führt das gezielt fort in der Aufforderung, »die
Überlieferungen festzuhalten« (κρατεῖτε τὰς παραδόσεις), die vom Apostel
herkommen. Sie sind ihnen gelehrt worden, »sei es durch ein Wort, sei es
durch einen Brief von uns«. [546] Geht man von einem Paulusbrief aus, muß
dieser *Gedanke* noch nicht befremdlich sein. Der Apostel könnte an die
mündliche Unterweisung, die bei der Gemeindegründung geschah, und an
seinen ersten Brief erinnern, wobei Silvanus und Timotheus bei beiden
beteiligt waren.[547] Solche »Erinnerung« geschieht öfter und mit wechselnden
Ausdrücken (vgl. 1 Kor 4,17 ; Röm 6,17). Auch das didaktische Moment, das
hier stark betont erscheint (ἐδιδάχθητε), ist ihm nicht fremd (vgl. Phil 4,9 ;
Röm 16,17 ; doch vgl. Kol 1,7 ; Eph 4,20). Ebensowenig trifft das für
»Tradition« als solche und für Traditionsterminologie zu (vgl. 1 Kor 11,2.23 ;
15,3 u. ö.).[548] Doch auch in dem allgemeinen paulinischen Anschauungsbereich
wirkt die Formulierung in V 15 auffällig. Vor allem trifft das für die Zuordnung
von »Überlieferungen« einerseits, für »Wort und Brief« anderseits zu. Weder
der Ausdruck »die Überlieferungen festhalten«[549] noch die Verbindung von
»Wort« und »Brief« haben bei Paulus eine Entsprechung, ja sie sind im Neuen
Testament singulär. Der Unterschied zu 1 Thess 4,1 f, einem vergleichbaren
Text, springt in die Augen. Anders wirkt allerdings der Text, wenn man von
nichtpaulinischer Abfassung ausgeht, ja, erst unter dieser Betrachtung
erschließt er sich voll dem Verständnis.

Zunächst : Mit »Wort oder Brief« *kann* im Rahmen der Brieffiktion auf die
Gemeinde, auf die Anfangsverkündigung und auf 1 Thess Bezug genommen
sein. Das Fehlen des Artikels bei »Brief« muß nicht dagegen sprechen.[550] Doch

---

[545] Schrage, Einzelgebote 78 jedoch denkt an
die Paränese und die sittlichen Anweisungen
(1 Thess 4,2) ; vgl. 129 f ; Masson 109 f mit
vielen an die eschatologischen Belehrungen.

[546] ἡμῶν ist ohne Zweifel auf λόγος und auf
ἐπιστολή zu beziehen ; das ist schon durch εἴτε
... εἴτε (vgl. 1 Thess 5,10) gefordert ; vgl.
Bl-Debr 454,3 ; Dobschütz 301 ; Frame 283 ;
gegen Lindemann, Abfassungszweck 37, der
nur auf ἐπιστολή bezieht und damit auf 1 Thess
verwiesen sieht ; vgl. Einleitung S. 24.

[547] Vgl. Frame 283 f ; Wohlenberg 162 f ; die
Beziehung auf 1 Thess wird durchweg angenommen.

[548] Vgl. Rigaux 687 ; L. Cerfaux, La Tradition

selon saint Paul, in : Recueil II, 253–263.
Cerfaux rechnet unsere Stelle zu den diszipli-
nären Traditionen (wie 1 Kor 11,2), nicht zu den
das Evangelium betreffenden (wie 1 Kor
15,1–11).

[549] Vgl. andere Verwendungsarten wie in Kol
2,19 »am Haupt = Christus festhalten«, Offb
2,13 »meinen Namen festhalten« (vgl. 2,14
κρατοῦντας τὴν διδαχὴν Βαλαάμ) ; vgl. Test
N 3,1 τὸ θέλημα τοῦ θεοῦ ; bes. mit Gen wie
Hebr 4,14 »am Bekenntnis festhalten« ; 6,18
»an der Hoffnung« ; Mk 7,3 von der »Überlieferung der Ältesten« ; vgl. Gal 1,14 ; Kol 2,8.

[550] 3,14a mit Artikel bezieht sich wie 1 Thess
5,27 ; Kol 4,16 auf den *vorliegenden* Brief ;

klingt der Passus allgemeiner, das Ganze der christlichen Wahrheit und Lehre umgreifend.

Ähnlich spricht man in späterer Zeit von »dem überlieferten Glauben« (Jud 3) und dem »überlieferten heiligen Gebot« (2Petr 2,21). Der Glaube ist bereits lehrbare und tradierbare Überlieferung. Es handelt sich nicht um einzelne Traditionen, Gemeindebräuche, Glaubensstücke, gottesdienstliche »Formulare«, Einzelanweisungen (wie 3,6). Das Bemerkenswerte ist zuerst darin zu sehen, daß offenbar der Gesamtbestand des Glaubens *als Überlieferung* qualifiziert wird. Darauf weist die Verbindung mit »Lehre« (vgl. auch, aber anders Kol 2,6f) und die globale Formulierung »durch Wort oder Brief von uns«. »So spricht ein Späterer, der die Paradosis als Gegenstand der kirchlichen Lehre kennt, oder umgekehrt, der die kirchliche Lehre (nur) in der Gestalt der Paradosis kennt.«[551]

Weiterhin ist das Nebeneinander von »Wort oder Brief« zu bedenken. Beides ist unterschieden, aber auch in gewisser Weise gleichgeordnet und durch den Ausdruck »Überlieferungen, über die ihr belehrt worden seid« auch einander zugeordnet. Es kann kaum bezweifelt werden: Es ist des Paulus Wort und Brief, die aus der Optik der späteren Zeit als fundamental für die christlichen Glaubenswahrheiten und Lebensweisungen gelten. Des Paulus Wort und Brief werden gleichsam amtlich autorisiert – und zwar durch den fingierten Paulus selbst. Das stellt den Passus neben 2Petr 3,15 (vgl. Kol 3,15), wo ebenfalls über das Thema »Paulusbrief« reflektiert wird.[552] Nimmt man diese Auslegung an, dann muß dieser Vorgang, soweit er einen (Paulus-)Brief betrifft, als Vorstufe der Kanonsbildung angesehen werden. Damit ist bereits mit ausgesprochen, daß es nicht nur um die Qualifizierung der – mündlichen und schriftlichen – Äußerungen des Apostels namens Paulus geht, sondern um ein Element innerhalb der Entwicklung »des Apostolischen« überhaupt. Wort und Brief haben schon teil an der Dignität, die »das Apostolische« noch innerhalb des 1. Jahrhunderts gewinnt.

Von daher scheint es ein kleiner Schritt zu sein, auch die beiden »Quellen« gesondert und in ihrem Zueinander in den Blick zu fassen, als »mündliche« und »schriftliche« Überlieferung. Der Text lädt ohne Zweifel dazu ein, auch wenn diese Folgerung aus ihm selbst nicht abgeleitet werden kann. Doch konnte sich eine bald anhebende und dann äußerst folgenreiche Entwicklung auf ihn stützen. Dobschütz nennt die Stelle einen »locus classicus« der patristischen Exegeten »für die Unterscheidung einer doppelten Tradition ἐγγράφως καὶ ἀγράφως« (»schriftlich und nichtschriftlich«).[553]

Kemmler, Faith 191, Anm. 124: Der Art. hat demonstrative Bedeutung; vgl. Best 318f; daß hier dennoch 2Thess gemeint sei, ist kaum anzunehmen; vgl. das Folgende.
[551] Trilling, Untersuchungen 115f; zum Thema insgesamt ebd. 115–118 (Lit); vgl. zum Prozeß der urchristlichen Lehr- und Paradosis-

Entwicklung Bultmann, Theologie 471–497.
[552] Dautzenberg, Theologie 99; vgl. Friedrich 269f; Schelkle, Petrusbriefe 235–239; ders., Spätapostolische Briefe.
[553] Dobschütz 301, Anm. 3; vgl. zu Theodor v. M. und Theodoret v. K. Frame 284.

Wir können die Entwicklung hier nicht nachzeichnen.[554] Nur einige charakteristische Stimmen aus nachreformatorischer Zeit seien genannt.

Die reformatorische Polemik gegen das Traditionsverständnis der röm.-kath. Kirche setzt an dieser Schriftstelle früh ein. Bereits J. Calvin findet in der paulinischen Aussage »die ganze Lehre« (totam doctrinam) der christlichen Kirche ausgesprochen, und will damit die Legitimierung späterer kirchlicher, »menschlicher« Traditionen von dieser Stelle aus unterbinden. In jedem Fall enthalte »der Brief« die reine Lehre (die keiner Ergänzung bedürfe, wie sinngemäß zu erläutern ist).[555] Die Kontroverse darüber, *was* als verbindliche, göttliche und apostolische Tradition in der Kirche zu gelten habe und *wie* ihr Verhältnis zur »Schrift« zu bestimmen sei, steht im Hintergrund und läßt den Text zum konfessionellen Streitobjekt werden.[556]

Als typisch für die entwickelte kontroverstheologische katholische Position kann W. Estius gelten, der reichhaltig informiert und entschieden, knapp und klar argumentiert. Er lehnt jede Unterscheidung zwischen den Arten von Traditionen ab.[557] Die nicht-schriftlichen Überlieferungen seien jene, die von den Aposteln auf deren Nachfolger übergegangen seien. Die lange Reihe der Zeugen, von Irenäus angefangen, wird mit den Formulierungen des Tridentinums (Sess. 4, c. 1) beschlossen, welche auch den Ausgangspunkt für die neueren Reflexionen in der katholischen Theologie bis zum 2. Vatikanischen Konzil hin bilden.[558] Eine polemische Argumentation gegen die »Häretiker« schließt sich an, ehe Estius zum Apostel zurücklenkt. Paulus mahne die Thessalonicher, die Überlieferungen, die von ihm gelehrt wurden, sei es anwesend durch seine Rede, sei es abwesend durch seinen Brief, im Gedächtnis, im Glauben, in der Beobachtung treu festzuhalten. Paulus-Exegese und katholisch-kirchlich-tridentinische Traditionslehre decken sich nahtlos.

Die Neueren begnügen sich mit weniger Aufwand, meist nur mit allgemeinen Hinweisen darüber, daß »die vorliegende Stelle mit Recht als eine der schlagendsten für das katholische Traditionsprinzip« zu betrachten sei[559], daß mit dem hl. Chrysostomus

---

[554] Bornemann hat für die Alte Kirche und für das Mittelalter einige Angaben aus den wenigen Kommentierungen zu den Thess mitgeteilt, darunter auch Stimmen, die sich auf 2Thess 2,15 beziehen. Theophylakt (557): Hochschätzung der Tradition in der Kirche (nach Chrysostomus); Pelagius (564); Thomas v. Aquin (570) in einer nüchternen Sentenz, die häufig zitiert wird (auch von Rigaux 689): Unde patet, quod multa in ecclesia sunt ab Apostolis docta, et ideo servanda; ein Standard-Zitat aus Chrysostomus (488) kehrt regelmäßig bis in die neueste Zeit wieder: »Hieraus erhellt, daß die Apostel nicht alles brieflich, sondern vieles auch ungeschrieben überliefert haben. Das eine ist aber so glaubwürdig wie das andere. Darum halten wir auch die Überlieferung der Kirche für glaubwürdig. Es ist Überlieferung der Kirche – forsche nicht weiter« (Est traditio, non quaeras amplius); vgl. Bisping 41; auch Estius 96; Bernardin a. P. 27, Maßl 202; Schaefer 172; Rigaux 689.

[555] Calvin 217 z.St.: »Quid autem continent epistolae, nisi puram doctrinam...« Polemik gegen »die Papisten« bestimmt den Abschnitt, in dem Calvin übrigens bezeichnenderweise κρατεῖτε παραδόσεις mit »tenete institutiones« übersetzt (vgl. auch M. Luther »Satzungen«; Lünemann 233 »Unterweisungen im Christentum«); vgl. Masson 109, Anm. 6.

[556] Vgl. H. Bullinger bei Bornemann 591: »Traditiones apostolicae non pugnant cum scriptis epistolis.«; H. Zanchius ebd. 594; N. Selneccer ebd. 585; aus dem 17. Jahrhundert J. Crocius ebd. 628 u. a.

[557] Estius 95: »Porro traditiones vocat doctrinas et instituta religionis Christianae, sive ea pertineant ad fidem sive ad externum cultum religionis, ut sunt ceremoniae...«; zum Ganzen vgl. ebd. 95–97.

[558] Vaticanum II, Konstitution über die göttliche Offenbarung; J. Ratzinger, LThK ²X, 293–299; P. Lengsfeld, in: MySal I, 239–288.463–496.

[559] Bisping 41.

»alle katholischen Erklärer einen Beweis« aus der Stelle folgern, »daß die Quelle des Glaubens heilige Schrift und mündliche ... Überlieferung sind«[560], oder distanzierter: »Von Chrysostomus an bis Knabenbauer sieht die katholische Auslegung in diesem Verse die klassische Belegstelle für die kirchliche Lehre von der Überlieferung: Schrift *und* Überlieferung sind die Quellen unseres Glaubens.«[561] Erst B. Rigaux sagt klar, daß es ein Irrweg sei, den Text als solchen gegen die Reformatoren zu benutzen, und daß Paulus nicht als Zeuge für die entwickelte katholische Traditionslehre beansprucht werden dürfe.[562]

Außer historischer Schulung war es wohl auch konfessionelle Sensibilität, durch welche der Vers eine Rolle in der *Echtheitsdebatte* um 2 Thess erhielt. A. Hilgenfeld sagt bereits: »Die persönliche Ansprache an die Leser 2 Thess 2,13–3,5 bietet uns ja schon eine ziemlich katholische Empfehlung der mündlichen und schriftlichen Überlieferungen des Apostels im Allgemeinen (2,15, vgl. 3,6) dar, welche über die ganz bestimmten Überlieferungen 1 Kor 11,2; 15,3 hinausgehen möchte.«[563] Jedoch trat diese Beobachtung hinter der heftig umstrittenen »Eschatologie« des Briefs und dann der Analyse der literarischen Beziehungen zu 1 Thess[564] zurück, um in der jüngsten Diskussion um den sog. »Frühkatholizismus« erneut Interesse zu finden.[565]

Der Satz setzt wuchtig ein mit »er aber, unser Herr Jesus Christus und Gott   16
unser Vater«, einer Befrachtung, die weder von V 15 noch vom Inhalt des Wunsches VV 16b.17 her begründet erscheint. Die anderen Abschnitte bringen nicht wesentlich verschiedene Gedanken. Die Erklärung dafür ergibt sich aus der Parallele 1 Thess 3,11, die ebenfalls Gott und Christus nennt (vgl. auch 1 Thess 5,23 mit 2 Thess 3,16a).[566] Daß der Autor dadurch seinen Aufruf, festzustehen und die Überlieferungen festzuhalten, besonders herausstellen wollte, ist eher zu verneinen, da sich der Gebetswunsch auf Tröstung und Stärkung richtet.

Vermutlich hat er Gott deshalb an die zweite Stelle gerückt, weil er den folgenden Partizipialsatz anknüpfen und die Heilsgaben wie in 2,13b.14 auf Gott als ihren Ursprung zurückführen wollte.[567] Wiederum ist Gottes Gnadenerweis zweifach aufgefaltet (vgl. 2,13b). Die erste und grundlegende Tat ist, daß Gott uns geliebt hat. Worin sich die Liebe zeigte, ist nicht gesagt, doch für die Leser sicher vorausgesetzt. Der Verfasser verkündet nicht neu und proklamiert nicht missionarisch Gottes Heilswerk in seinem Sohn, sondern er tradiert bereits zu »Überlieferung« Geronnenes. Und zu den Hauptstücken des

---

[560] Schaefer 172.
[561] Steinmann 56.
[562] Rigaux 689.
[563] Hilgenfeld, Die beiden Briefe 260 f; vgl. vorsichtiger Kern, Über 2 Thess 213.
[564] Vgl. Holtzmann, zum 2 Thess; Wrede, Echtheit; bis zu Schmithals, Gnostiker 140 f u. ö.
[565] Vgl. S. Schulz, Die Mitte der Schrift, Stuttgart 1976, 98–100.
[566] Zur »echt jüdischen Wendung« αὐτὸς δὲ

ὁ θεός vgl. Harder, Paulus und das Gebet 63 f.
[567] So auch Delling, Gottes- und Christusbezeichnungen (Anm. 40); vgl. ders., Geprägte partizipiale Gottesaussagen in der urchristlichen Verkündigung, ebd. 401–416 (Kurzfassung von StTh 17 [1963] 1–59), zu 2,16 S. 409.415; vgl. Norden, Agnostos Theos (Anm. 427) 166–176; Harder, Paulus und das Gebet 44 f. – Griechische Väter benutzten die Stelle mit der Voranstellung des Kyrios gegen die Arianer; vgl. Estius 97.

christlichen Glaubens gehört, daß alles in Gottes Liebe seinen Grund und Ausgang hat (vgl. Röm 8,37–39).

Die zweite Partizipialaussage steht in enger Verbindung damit, ja, sie soll vielleicht als Folge der Liebe angesehen werden. Wieder sind zwei Gaben genannt, »beide Ausdrücke volltönend im schwungvollen Gebetsstil«[568]: ewigen Trost und gute Hoffnung. Der Beter blickt gleich auf das Ziel und das Ende sowie aufs Ganze (vergleichbar mit 2,13b.14b). Gottes Liebe hat einen »Trost« gewährt, der verläßlich und dauernd ist, der auch durch Schreckensmeldungen nicht irritiert werden kann (2,2c), eben weil er von *Gott* herkommt. Das ist keine Tröstung für den Augenblick, die stürmische Wellen glättet, und kein nur menschlicher Trost, den nur die Kraft des eigenen Herzens erfüllt, sondern die *eine* Heilsgabe Gottes unter dem Aspekt der Zuversicht und tragender Ruhe.[569] Darin darf das neue Leben des Christen sicher und im Frieden sein.

Das gleiche ist auch mit »guter Hoffnung« gesagt, einer zunächst blaß klingenden Wendung, die auch singulär im Neuen Testament ist. »Hoffnung« steht nicht absolut wie »Glaube«, sie ist auch nicht mit einem Objekt verbunden als Hoffnung auf ewiges Leben (Tit 3,7) oder auf Rettung (1Thess 5,8). Mit »guter Hoffnung« sind die Ausdrücke »lebendige Hoffnung« (1Petr 1,3) und »selige Hoffnung« (Tit 2,13) vergleichbar. »Gute Hoffnung« ist gewiß, gemessen an den großen eschatologischen Inhalten etwa in Röm 8, ein matter Ausdruck. Aber das »gut« (ἀγαθή) hat doch auch eigenen Reiz. Es bezieht die Hoffnung in allgemein-menschliches Verhalten und Erwarten ein. Solche Hoffnung kann in den täglichen Anforderungen, in Strapazen und Verdruß wohltätig und freundlich wirken, wie ein gutes Wort oder ein guter Mensch neben mir. Das muß noch keine Verbilligung von christlicher Hoffnung sein.

Paulinischer Klang wird in dem adverbial zugesetzten »in Gnaden« (ἐν χάριτι) hörbar, das sich auf das zweite Partizip »und uns gab« (καὶ δούς) bezieht und den Gratis-Charakter der Heilsgüter eigens betont.[570]

17 Die Bitte selbst wird mit zwei Verben ausgedrückt, deren erstes an den »Trost« (V 16b) anknüpft und deren zweites mit »stehet fest« in V 15 verwandt ist. Beide Verben begegnen miteinander im Neuen Testament nur noch 1Thess 3,2b; »stärken« (στηρίζειν) wird vornehmlich in späteren neutestamentlichen Schriften gebraucht (vgl. noch 3,3).[571] Gott als Spender ewigen Trostes möge Trost für die Herzen *jetzt* gewähren. Die einmalige und dauernde Gabe des Trostes, die das Leben untergründig im Frieden erhält, möchte in dieser Stunde der Not den Empfängern erfahrbar werden (vgl. 2Kor 1,3f).

---

[568] Dobschütz 302.

[569] Vgl. zu αἰώνιος H. Sasse, ThWNT I, 208f.

[570] Doch vgl. Eph 2,5.8.

[571] NT und ApostVät fast nur im übertr. Sinn; Paulus nur 1Thess 3,2; 3,13; Röm 1,11 (16,25!); auch Lk 22,32; Apg 18,23; vor allem jedoch in verwandten späteren Texten: Jak 5,8 mit at.lich klingendem στηρίξατε τὰς καρδίας ἡμῶν, ὅτι ἡ παρουσία τοῦ κυρίου ἤγγικεν (vgl. anders 1Thess 3,13); 1Petr 5,10; 2Petr 1,12 (Pass); Offb 3,2; vgl. dazu IgnPhld (Überschrift); 1Cl 8,5; 13,3; 18,12; 35,5 (!).

Das zweite Verbum »festigen«, »stärken«, wie das erste im Optativ gesetzt, bezieht sich generalisierend auf das Tun in den täglichen Anforderungen. Es führt die Mahnung, im Glauben festzustehen (2,15), in die praktische Bewährung hinüber. »In jedem guten Werk und Wort« weist auf keine bestimmte Situation hin, sondern auf die hinter dem Brief nur allgemein erkennbare. So allgemein soll auch das Wort genommen werden: In allem, was ihr sagt und wirkt, möge euch die Kraft Gottes stützen und festigen (vgl. Kol 1,10).[572] »Gut« ist sicher nicht in dem Sinne betont, daß dies nur für die guten Worte und Taten gelten solle, nicht aber für die schlechten – das wäre eine Banalität. Die Lebensfrucht von Christen ist selbstverständlich als gut angesehen. Freundliche Voraussetzung dieser Annahme und die Erwartung, daß dies auch weiter geschehe (vgl. 3,4.13), gehen Hand in Hand. Die Allgemeinheit des Gebetswunsches V 17 ermöglicht seine Allgemeingültigkeit (vgl. auch Hebr 13,20f). Gottes Trost für den inneren Menschen und sein stärkender Beistand für die aus ihm hervorgehenden Worte und Taten ergeben eine schöne Einheit. Sie bezeugen ein Wissen um die Freude und Last, die christliches Leben kennzeichnen, das *auf Dauer* durchgehalten werden soll.

2. Gebetsbitte und Gebetswunsch (3,1–5)

1 Im übrigen betet für uns, Brüder, damit das Wort des Herrn laufe und (so) verherrlicht werde wie auch bei euch, 2 und damit wir errettet werden von den schlechten und bösen Menschen; denn nicht jedermanns (Sache) ist der Glaube. 3 Treu aber ist der Herr, der euch stärken und vor dem Bösen bewahren wird. 4 Wir haben aber im Herrn Vertrauen zu euch (gefaßt), daß ihr, was wir anordnen, auch tut und tun werdet. 5 Der Herr aber lenke eure Herzen hin zur Liebe Gottes und zur Geduld Christi.

Der Abschnitt ist bei gleicher Grundstruktur wie die anderen 2,15–17; Analyse 3,13–16; (3,6–12) im Stil holprig und in Komposition und Gedankenführung uneinheitlich. Das erste Thema ist die Mahnung, an die Briefempfänger, Fürbitte zu üben. Doch wird nur die Bitte des Apostels ums Gebet ausgesprochen und nicht auch umgekehrt die Gemeinde des Gebetes des Apostels versichert.[573] Dann verliert sich das Thema. Dafür folgen in zwei Neueinsätzen Verweise auf den Kyrios, wobei der erste als Vergewisserung der Treue des Herrn *zu* den Adressaten (V 3), der zweite als Gebetswunsch an den Herrn (V 5) *für* die Adressaten (wie in 2,17) formuliert ist. Schwierig und befremdlich findet sich mit V 4 ein Satz eingeschoben, der anscheinend ganz

---

[572] στηρίζειν ist zwar auch auf τὰς καρδίας zu beziehen, aber der zweite Satzteil hat doch eigenes Gewicht, so daß man auch mit »euch« übersetzen könnte (in einigen Texten so ergänzt). Vgl. Dobschütz 303, Anm. 3; Rigaux 690 erklärt dies aus Analogie zu 1 Thess 3,2.

[573] Daher ist »Gegenseitige Fürbitte« als Überschrift bei Dobschütz 305 ungenau.

unmotiviert von dem Vertrauen des Apostels spricht, daß sie seine »Anweisungen« befolgen und dies auch ferner tun werden. Gewiß verbinden der Verweis auf den Kyrios (V 4 »im Herrn«) und die Futura der Gewißheit (»stärken wird«, »bewahren wird«, »tun werdet«), die Verse 3 und 4, so daß sie als zusammengehörig gelten können. Dennoch will alles nur mühsam zueinander passen. Gleichwohl muß der Abschnitt als *eine* Untereinheit genommen werden, wie die Bezüge zwischen den einzelnen Versen und auch der klar abgehobene Beginn 3,6 zeigen. Wie erklärt sich diese Uneinheitlichkeit? Nur eine Vermutung kann dazu vorgetragen werden.

Der Verfasser wollte vielleicht einen Abschnitt anschließen, in dem als eine Art Gegenstück zu 2,15–17 an den *Dienst des Apostels* erinnert und dieser ihrem Gebet ans Herz gelegt wird. Eine ausdrückliche Aufforderung zum Gebet der Gemeinde findet sich am Ende des 1Thess: »Brüder, betet auch für uns!« (5,25) Weitere Anregungen boten sich in 1Thess 4,1 f an. Zum vorhergehenden Stück 1Thess 3,11–13 zeigten sich Beziehungen in 2Thess 2,15–17. Verwandt sind mit dem folgenden 1Thess 4,1 f außer dem einleitenden »im übrigen« (dort τὸ λοιπὸν [οὖν]) die Hinweise darauf, daß die Thessalonicher »von uns empfangen haben«, wie man leben muß (1Thess 4,1b), daß dies bei ihnen auch angenommen ist und getan wird (4,1c), ja daß sie auch um die »Anordnungen« (τίνας παραγγελίας) des Apostels wissen (4,2 vgl. 4,10). Die Situation des Apostels und dessen Empfehlung für die Fürbitte der Gemeinde mögen der Haftpunkt für den Abschnitt gewesen sein.

Für eine überzeugende Durchführung fehlte aber dem Verfasser Kenntnis einer bestimmten Lage des Paulus, wie sie in allen echten Briefen durchschlägt, so daß er nur blasse Allgemeinplätze bringen konnte (VV 1.2). Aus dem gleichen Grund konnte ihm eine Darstellung des Verhältnisses zwischen Apostel und Gemeinde aufgrund gemeinsamer Erfahrungen wie in 1Thess nicht gelingen. Schließlich griff er auf ähnliche paränetische Inhalte wie in 2,15–17 zurück und füllte damit das Ganze auf. So mag vielleicht dieser uneinheitlichste und unbefriedigendste Teil des ganzen Briefes entstanden sein. Im einzelnen zeigen sich noch manche Anleihen bei 1Thess, die die Unselbständigkeit unterstreichen.[574]

Erklärung »Im übrigen« (τὸ λοιπόν) braucht nicht als Anzeichen dafür gesehen werden, daß ein Schlußteil des Briefes einsetzt[575], sondern erklärt sich aus der Vorlage
1   1Thess 4,1. Zur Bitte des Apostels *für* die Gemeinde 2,16f kommt als Gegenstück die Aufforderung *an* die Gemeinde, auch für ihn zu beten (vgl. 1Thess 5,25). Zwischen Paulus und den Gemeinden herrschen Geben und

---

[574] Dies gilt vor allem für λόγος τοῦ κυρίου V 1; es kommt bei Paulus und in den nt.lichen Briefen nur noch 1Thess 1,8 vor; 4,15 meint ein bestimmtes Wort; Phil 1,14 ist textkritisch unsicher (wie Apg 12,24); 1Tim 6,3 hat den Plur. – Das Verbum κατευθύνειν V 5 im NT nur noch 2mal: Lk 1,79 und gleichlautend im Optativ 1Thess 3,11, also auch im engeren Kontext von 1Thess 3,11–4,2. – Interessant ist der Vergleich mit Röm 15,30–33.

[575] So bes. Schmithals, Gnostiker, der λοιπὸν οὖν / τὸ λοιπόν zu den Briefschlüssen seiner rekonstruierten Briefe C und D rechnet; vgl. 153f.91–97 u.ö.: C-Schluß ab 2Thess 2,15, D-Schluß ab 1Thess 3,11.

Nehmen, Mitsorgen und Mittragen, in gegenseitiger Ermutigung und im
wechselseitigen Gedenken vor Gott, im Wissen um die gleiche Berufung,
welche sich in unterschiedlichen Aufgaben und Diensten verwirklicht. So
entspricht es der Einsicht und   Praxis des Paulus selbst (vgl. 1Thess 1,2–10;
2,7b–9; 3,6–10; 2Kor 1,3–11 u. ö.), so wird es vorbildhaft hier aufgenommen.
Zwei Intentionen werden für die Richtung des Gebetes genannt, die in zwei
Finalsätzen hintereinander geordnet sind.[576] Die erste bezieht sich auf den
vorrangigen Dienst des Apostels, den der Verkündigung, die zweite auf seine
persönliche Lage. »Daß das Wort des Herrn laufe«, ist eine farbige
Redewendung, die alttestamentlich empfunden ist und nur hier im Neuen
Testament vorkommt.[577] Neben »laufen« tritt als zweites Verbum »verherr-
licht werden«, das dem Verfasser besonders liegt (vgl. 1,10.12).[578] Das Wort des
Herrn gelangte auch zu den Briefempfängern hin und brachte dort Frucht. Es
wurde aufgenommen und darin als lebenskräftig und göttlich erwiesen. In der
Fürbitte von 1,12 hieß es, daß »der Name unseres Herrn Jesus Christus unter
euch verherrlicht« werden möge. Beide Aussagen sind verwandt. Das Wort des
Herrn bringt den Herrn selbst herbei und läßt ihn wirken. Wird der Name des
Kyrios verherrlicht, so ist er damit selbst gemeint. Wie das in der
Adressaten-Gemeinde geschah, möge es auch anderswo – Konkretes fehlt auch
hier – geschehen.

Es ist der einzige Hinweis im Brief auf die dynamische, missionarische
Dimension des Glaubens, der allerdings dadurch eingeschränkt wird, daß
damit (nur) der Apostel-Dienst typisierend bezeichnet wird. Im Horizont des
Denkens und Empfindens, den der Brief im ganzen erkennen läßt, ist jedoch
diese Dimension ausgeblendet bzw. auf den »Binnenraum« eingeengt.[579]
Gleichwohl spricht diese Gebetsintention etwas Notwendiges gerafft und
anschaulich aus, es ist eine Perle unter den Sätzen des 2Thess. Eine bleibende
Mahnung an die Christen und an die Gemeinden, über alle persönlichen und
der eigenen Situation verhafteten Gebetsthemen hinaus dieses eine Thema
nicht zu verlieren, daß das Wort des Evangeliums laufe und Frucht bringe.

Im zweiten »damit«-Satz schlägt die Stimmung gleichsam jäh um. Neben die   2
Aussicht auf sieghaften Lauf und auf göttlichen Krafterweis des Evangeliums
tritt die persönliche Lage des Apostels in düsterer Perspektive. Dies gilt auch
dann, wenn man das Verbum nicht so scharf mit »erretten von«, sondern

---

[576] 2mal ἵνα, vgl. mit 1,11f ἵνα … ὅπως.
[577] Vgl. Ps LXX 147,4; »laufen« und »Wort«
nur hier in LXX beisammen; τρέχειν verwendet Paulus gern für seinen missionarischen
Dienst, vgl. 1Kor 9,26; Gal 2,2; Phil 2,16; zum
Vorstellungskreis O. Bauernfeind, ThWNT
VIII, 230–232; Victor C. Pfitzner, Paul and the
Agon Motiv, 1967 (NT.S 16), 49f.82–129.
[578] Die Verben τρέχειν und δοξάζειν sind
beizuordnen und πρὸς ὑμᾶς als »bei euch«
(nicht »zu euch«) auf δοξάζηται zu beziehen;
anders Dobschütz 306.

[579] Vgl. Hahn, Mission 120–126 über »das
Auseinandertreten von Mission und Kirche« in
der nachpaulinischen Tradition; dort 125f
treffend auch zu 2Thess: »der missionarische
Aspekt« sei »so gut wie ganz verschwunden«
(125); vgl. Trilling, Untersuchungen 123; Chr.
Burchard, Formen der Vermittlung christlichen Glaubens im Neuen Testament, EvTh
38(1978) 313–340.

milder als »bewahren vor«, »schützen vor« wiedergibt.[580] Die dunkle Tönung ist nicht zureichend dadurch erklärt, daß die zweite Bitte auch zur Erfüllung der ersten dienen soll: Damit das Wort des Herrn laufen könne, möchte der Apostel nicht von Menschen behindert werden. Der Artikel bei »den« schlechten und bösen Menschen erweckt den Eindruck, als stände der Apostel selbst unter permanenter Bedrohung von seiten solcher Leute (vgl. anders Phil 1,24). Und der kurze, resigniert klingende Satz, daß der Glaube nicht jedermanns Sache sei, verstärkt noch diese Empfindung. Wie ist das zu erklären?

Zunächst: Solche dunklen Töne in Ängsten, Befürchtungen oder aufgrund schwerer Gefahren finden sich auch bei Paulus reichlich, ja oft erschütternd (vgl. nur 1Thess 2,1 f; 3,5; 2Kor 1,8–11; 2,4; Röm 15,30 f; Phil 2,25–28). Das kennzeichnet sein aufreibendes Leben wie auch sein Bedürfnis, die Gemeinden darum wissen zu lassen. Immer beziehen sich solche Äußerungen auf *bestimmte* Nöte. Hier klingt alttestamentliche Redeweise, vor allem der Psalmen, an[581], die den Ausdruck als *allgemeinen Topos* beurteilen läßt. Doch reicht dies zur Erklärung noch nicht aus. Vielmehr dürfte in der düsteren Zeichnung wiederum Typisches im Paulusbild eingefangen sein. Paulus ist der späteren Zeit auch als der bedrängte, bekämpfte, erfolglose, ja vereinsamte Apostel gegenwärtig, wie die Pastoralbriefe besonders eindrücklich zeigen.[582] Paulus wird in zwei charakteristischen Zügen erfaßt, nämlich als rastloser Verkünder und als angefeindeter Apostel. Durch böse Menschen wurde sein und des Herrenwortes Lauf behindert. In späterer Zeit sieht man ihn nicht nur als den erfolgreichen Boten, sondern auch als den am Widerstand Gereiften. Ihn trifft keine Schuld dafür, daß sein Werk nicht weiter gedieh, sie trifft allein »die schlechten und bösen Menschen«.

Die Erklärung für dieses rätselhafte Geschehen, das ja eigentlich der Überzeugung von der sieghaften Kraft des »Wortes des Herrn« zuwiderläuft, findet der Verfasser darin, daß der Glaube nicht aller Sache sei. Dieser Satz ist, will man ihn nicht als Banalität ansehen, ein Satz der Erfahrung mit dem Evangelium. Er klingt gegenüber den harten Verdikten 1,6–9 und 2,10b–12 überraschend, ja fast »liberal«. Der Grund dafür ist aus dem Zusammenhang mit dem typisierten »Apostelbild« zu sehen. Die Grenzen des Erfolges »des Apostels« werden von denen markiert, die schlecht und böse sind. Hätten Sie sich der Botschaft geöffnet und den Glauben angenommen, wären sie es nicht und würden sie sich ihm nicht in den Weg stellen. Blitzartig leuchtet die Situation und Mentalität des Autors für einen Augenblick auf. Es erstaunt nur, wie rasch die meisten Ausleger über das Sätzchen hinweggehen.[583]

---

[580]   Vgl. Pr-Bauer s. v.; dazu Did 5,2 nach dem Lasterkatalog ρυσθείητε, τέκνα, ἀπὸ τούτων ἁπάντων.

[581]   Vgl. auch Jes 25,4; vgl. Jer 15,21; 1Makk 14,14; vgl. Hatch-Redp 1254 f; die Wendung nur hier im NT; vgl. Pr-Bauer s. v. ῥύομαι.

[582]   Vgl. 2Tim 4,9–18; 3,11; vgl. N. Brox, Zu den persönlichen Notizen der Pastoralbriefe, BZ NF 13 (1969) 76–94; P. Trummer, Die Paulustradition der Pastoralbriefe, 1978 (BET 8).

[583]   Oder sollte πίστις mit »Treue« übersetzt werden (vgl. S. 47 f)? Manches spräche dafür, vor allem die Fortsetzung in V 3. Dennoch ist es vom Kontext her wenig wahrscheinlich.

Der folgende Vers knüpft äußerlich an die beiden vorangegangenen an, indem 3
er das Thema »des Bösen« weiterführt, vielleicht auch schon durch das
Wortspiel mit »Glaube« und »treu« veranlaßt (πίστις/πιστός), das im
Deutschen nicht wiederzugeben ist.[584] Verweigern sich Menschen dem
Glauben, so ist aber auf die Treue des Herrn Verlaß.[585] Dennoch läuft der
Gedanke in andere Richtung, er wendet sich der Sorge *für die Gemeinde* zu.
Die Aufforderung, für den Apostel zu beten, erhält ihr erstes Gegenstück in der
Versicherung, daß der Herr für die Gemeinde sorgen werde (das zweite folgt in
V 5). Erneut wird die »Stärkung« (στηρίξει) genannt wie in 2,17. Dazu kommt
die »Bewahrung vor dem Bösen« (φυλάξει ἀπὸ τοῦ πονηροῦ), wobei ein
schwächeres Verbum als beim Apostel (V 2) gewählt ist.[586] »Das Böse« ist
generell zu verstehen, so daß maskulinischer (»Satan«, vgl. 2,9; Eph 6,16) oder
neutrischer Sinn nicht unterschieden werden kann und soll.[587] Hier wird die
Gewißheit ausgesagt, daß der Herr beides, Stärkung und Bewahrung,
vollbringen und daß sich darin seine Treue erweisen werde (Futur). Beides
gehört im Glaubensvollzug zusammen. Das Wissen um erfahrene Treue
ermutigt zu neuem Bitten, und die Bitte appelliert an die erhoffte Treue.
Dennoch klingt der Satz etwas mager und konventionell.

Eine neue Wendung, die für den Brief bezeichnend ist, erfolgt in V 4. Der 4
Apostel ist sich sicher, daß die Gemeinde bei seinen Anweisungen bleibt.
Zwischen V 3 und V 4 ist ein Sprung. Gewiß kann man eine Verknüpfung
gewinnen, wenn man einen Zwischengedanken zugrunde legt, der etwa
besagte: Der Herr wird das Seine in Treue tun – aber die Gemeinde muß und
wird auch das Ihre tun. Aber der Duktus von V 4 verläuft nicht so. Vielmehr
steht der Apostel selbst im Zentrum der Aussage. *Er* vertraut darauf, daß sie
seine Anweisungen befolgen (vgl. 2,15). Welcher Art die Anordnungen sind
und worauf sie sich beziehen, kann man nicht erkennen.[588] Das ist an dieser
Stelle besonders auffällig, weil sich aus der Umgebung kein Bezugspunkt für
das »was« (ἃ παραγγέλλομεν) aufspüren läßt. Sicher kann man zumindest
dies sagen: *Der Herr* und *der Apostel* stehen der Gemeinde gegenüber, beide
stehen aber auch – natürlich in gestufter Rangordnung – nebeneinander. Daß
die Gemeinde fest steht und gedeiht, hängt sowohl von der Treue des Herrn als
auch von der Befolgung der apostolischen Weisungen ab.[589] Es bleiben damit

[584] Wäre ein Wortspiel beabsichtigt, was ich
nicht zu entscheiden wage, könnte sich der
unvermittelte Einsatz mit πιστὸς (δέ ἐστιν ὁ
κύριος) erklären, ein Einsatz, der in den
analogen Fällen jeweils eine *Anrufung* des
Herrn einleitet, 2,16a; 3,5.16.

[585] πιστός am Satzanfang und mit Bezug auf
Gott oder Christus bei Paulus häufig; vgl. bes.
1Kor 1,9; 1Thess 5,24.

[586] Zu ῥύομαι vgl. zu V 2; φυλάσσειν bei
Paulus nur 2mal vom Halten des Gesetzes,
Röm 2,26; Gal 6,13; fast technisch in 1Tim
6,20; 2Tim 1,14 für das Bewahren der πα-
ραθήκη.

[587] Vgl. zu πονηρός im popular-ethischen
Verständnis Kol 1,21; 1Tim 6,4; 2Tim 3,13;
4,18; 2Joh 11; 3Joh 10; Dibelius 53 erinnert an
Did 10,5 ῥύσασθαι αὐτὴν ἀπὸ παντὸς
πονηροῦ und erwägt für hier und den Vater-
unserschluß Mt 6,13 Herkunft aus jüdischen
Gebetswendungen.

[588] Dobschütz 308 denkt auch hier an das
Festhalten an der »Heilsgewißheit« – eine
offenkundige Verlegenheitsauskunft. Würde
das mit παραγγέλλειν ausgedrückt?

[589] καί vor ποιεῖτε steht bei Nestle und GNT
in []; Rigaux 696 hat es im Text, vgl. den
Apparat ebd.

auch, wie der Verfasser in VV 1 f begonnen hatte, der apostolische Dienst und die apostolische Autorität thematisch. Aber dies reicht zum Verständnis des Verses wohl noch nicht aus.

Wie mag die Verbindung so heterogener Elemente zustande gekommen sein? Als Antwort legt sich die in der Analyse geäußerte Vermutung nahe, daß sie durch 1Thess 4,1f ausgelöst worden ist.

In der dortigen Paränese geht es um den »Wandel« (περιπατεῖν) der Christen in Thessalonich, um die rechte gottgefällige Lebensführung. Dort findet sich die Wendung »im Herrn Jesus« (4,1; vgl. »durch den Herrn Jesus« 4,2), die eine gewisse Entsprechung in »im Herrn« hat (vgl. 3,12.6). Da steht auch, daß die Thessalonicher »schon so wandeln« (καθὼς καὶ περιπατεῖτε 4,1), wie es die Mahnung besagt, die nun erneut und auf Zukunft hin ergeht, und schließlich ist auch von »Anordnungen« (τίνας παραγγελίας) die Rede, die der Apostel gab.[590]

Das sind drei Berührungen mit 1Thess. Auch für 2Thess wäre, träfe die Vermutung zu, als Zwischengedanke der des christlichen »Wandels« der Gemeinde zu ergänzen. Darauf wären der Beistand des Herrn und die Weisungen des Apostels zu beziehen. Das kann man allerdings aus dem Text selbst nicht oder nur mit Hilfe von Kombinationen erkennen. Zieht man jedoch den Abschnitt aus 1Thess heran, dann ergibt sich ein Hintergrund für unseren so »ortlos« wirkenden Satz.

Das Verfahren wäre dann so vorzustellen: Der Verfasser formte V 4 aufgrund des Vorbildes von 1Thess selbständig, weil ihm der Gedanke wegen der Betonung der apostolischen Autorität neben dem vom stärkenden und bewahrenden Wirken des Herrn (V 3) wichtig war. Es entstand dabei ein »Einzelspruch«, der für den Eindruck der ganzen Passage VV 1–5 vor allem verantwortlich ist: Das ist kein lebendiger Rede- oder Schreibfluß, sondern eine hölzerne Gruppierung von einzelnen Sätzen.

5   Ein Gebetswunsch beschließt diesen Teil. Auch dessen Inhalte sind allgemein, die Bitte könnte auch an anderen Stellen stehen. Von der Bedrohung durch das Böse (V 3), von dem erhofften Fortschreiten auf dem Wege (V 4), ja von den vielfältigen Inhalten in VV 1–4, oder gar von der Dramatik in 1,4 und 2,1f, klingt nichts mehr nach. Die Bitte ist gleichsam weltüberhoben, von hoher Warte her gesprochen, und auch feierlich-rhythmisch stilisiert. An 1Thess 3,11 erinnert unüberhörbar nur das Verbum »lenken«, beide Male im Optativ (κατευθύναι). Dem Verfasser ist der dortige Kontext gegenwärtig. In 1Thess bezieht sich das Verbum aber auf einen gewünschten Besuch bei der Gemeinde, zu dem Gott des Paulus Weg lenken möge. Hier sollen »eure Herzen« (gleichlautend 2,17) in zweifache Richtung bewegt und gesteuert werden. Das ist zuerst die Liebe Gottes, dann die Geduld Christi.

»Die Herzen hinlenken« ist eine geläufige Wendung im Septuaginta-Griechisch (vgl. 1Chr 29,18; 2Chr 12,14; 19,3; Sir 49,3), die bei Paulus nicht

---

[590]   Das Subst παραγγελία nur an dieser Stelle bei Paulus; das Verbum in 1Kor 7,11; 11,17; 1Thess 4,11; in 2Thess 4mal, in 1Tim gar 5mal; vgl. auch Anm. 605; zum verpflichtenden Charakter apostolischer Anordnungen vgl. Schrage, Einzelgebote 105 f.

begegnet. Wie sind aber die Genitive zu verstehen? Recht unterschiedliche Vorschläge werden dazu gemacht, eine eindeutige Antwort ist offenbar schwer zu gewinnen.

Eine Entscheidung ist schon in der Frage zu treffen, ob sie gleichartig zu fassen sind, also *beide* als objektive oder als subjektive Genitive.[591] Im ersten Fall ergäbe das die Bedeutung »die Liebe zu Gott«, zu der wir hingelenkt werden sollen[592], und »die Ausdauer auf Christus hin«, was wiederum unterschiedlich als »geduldiges Warten auf seine Parusie«[593] oder etwa als Orientierung an seinem vorbildlichen Verhalten in der Passion[594] bezogen werden könnte. Im zweiten Fall wäre an jene Liebe zu denken, die *Gott uns* erweist, nach dem geläufigen paulinischen Gebrauch (vgl. 2Kor 13,13; Röm 5,5.8; 8,39), und an die Geduld, die Christus (in seinem Leiden) gezeigt hat und selbst besitzt, und durch die er die Gemeinde jetzt tragen möchte[595]. Auch andere Varianten werden erwogen.[596]

Beide Möglichkeiten (Gen.obj. oder subj.) ergeben guten Sinn. Die Entscheidung ist eine Ermessensfrage. Dafür muß der spezifisch paulinische Gebrauch nicht als nächste Orientierung dienen, wie es weithin geschieht, entsprechend dem Ansatz in diesem Kommentar. Auch muß die Aussage möglichst einfach, ohne komplizierte Zwischengedanken und Hilfskonstruktionen, zu erfassen sein. Welche Anhaltspunkte ergeben sich dann? Zunächst dieser: Sprachlich ist die Parallelismen-Bildung in 2Thess zu bedenken. Auch hier liegt ein Parallelismus vor. Näherhin sind parallele Genitivverbindungen in Betracht zu ziehen, die am Satzende vorkommen (2,12.13b.16b, auch 17 ἐν παντὶ ἔργῳ καὶ λόγῳ). In diesen Fällen zeigt sich, daß grammatische Stringenz und logische Folgerichtigkeit nicht ausschlaggebend sind, sondern daß einzelne Heils- und Wunschgüter locker zueinander gefügt werden. Strenge grammatische Konstruktion muß auch in V 5 nicht gefordert werden. Wir können mit einer gewissen Unschärfe rechnen.

Zweitens ist der Duktus von VV 1–5 und der ganzen Paränese 2,15–3,16 einzubeziehen. Die Gesamtintention ist auf das Verhalten und Tun der Adressaten gerichtet. Die Mahnungen, Bitten und Wünsche sollen zu christlicher Verwirklichung »in jedem guten Werk und Wort« (V 17) anspornen. Außer dem Schlußwort 3,16 haben die kleinen Einheiten am Ende diesen Ausblick (2,17; 3,12). Das gleiche legt sich auch hier nahe.

Von beiden Anhaltspunkten bietet sich folgende Auffassung an. Der Verfasser wünscht, daß die Herzen seiner Leser zur Liebe *zu* Gott hingelenkt werden möchten, zu dem, der sie zuvor geliebt hat (2,16b). Und er wünscht dazu, daß ihre schon erwiesene und bewährte »Geduld« auf Christus gerichtet sei. Dabei ist weder speziell an die Parusie Christi noch an Christi eigene vorbildliche »Geduld« zu denken, sondern der Gedanke allgemein und weiträumig zu

---

591 So scharf kontrastiert von Bornemann 391.
592 Friedrich 271.
593 So Dobschütz 309; Friedrich 271f.
594 Vgl. mit ὑπομένειν Hebr 12,2; Barn 5,5; 2Cl 1,2.

595 Vgl. von Gott Röm 15,4f; Best 330f; doch hält Best 331 mit Recht die Möglichkeit offen, daß beide Gen-Bedeutungen vorliegen können.
596 Vgl. Rigaux 699f; Best 330f.

lassen. Das unverdrossene Durchstehen in Bedrängnis und Wirren ist nicht ziellos und uneinsichtig, sondern auf den gerichtet, in dem ihr christliches Leben gründet und in dessen Herrlichkeit es auch vollendet wird (1,10).

3. Zurechtweisung der »Unordentlichen« (3,6–12)

6 Wir befehlen euch aber, Brüder, im Namen des Herrn Jesus Christus, euch fernzuhalten von jedem Bruder, der einen faulen Lebenswandel führt, und nicht gemäß der Überlieferung, die sie von uns empfangen haben (oder: die ihr von uns empfangen habt). 7 Denn ihr selbst wißt, wie man uns nachahmen muß, denn wir haben unter euch nicht gefaulenzt, 8 noch haben wir umsonst jemandes Brot gegessen, sondern (wir haben) in Mühe und Anstrengung Nacht und Tag gearbeitet, um niemandem von euch zur Last zu fallen. 9 Nicht, weil wir kein Recht (dazu gehabt) hätten, sondern um uns euch als ein Vorbild zu geben, wie man uns nachahmen muß. 10 Denn auch als wir bei euch waren, haben wir euch dies befohlen, daß einer, der nicht arbeiten will, auch nicht essen soll. 11 Denn wir hören, daß einige unter euch einen faulen Lebenswandel führen, indem sie nicht arbeiten, sondern Unnützes treiben. 12 Diesen (Leuten) befehlen wir, und wir ermahnen sie im Herrn Jesus Christus, daß sie in Ruhe arbeiten und ihr eigenes Brot essen sollen.

Analyse Der Abschnitt ist nach 2,1–12 der für die Situationserhellung charakteristische zweite Teil des Briefes.[597] Die Paränese zielt im Unterschied zum Vorhergehenden (2,15–3,5) auf einen bestimmten Mißstand. Auch hier wird die ganze Gemeinde bzw. Adressatenschaft angesprochen. Worum es sich genau handelt, ist dennoch schwer zu erkennen, da sich der Verfasser recht allgemein äußert. *Sicher ist nur,* daß sich das mahnende Wort auf Leute bezieht, die nicht von eigener Hände Arbeit leben, sondern einen »faulen Lebenswandel führen« und »Unnützes treiben« (V 11). Alles Weitere darüber, vor allem die Ursache dieser Erscheinung, muß erschlossen bzw. hypothetisch rekonstruiert werden. Weder ist angedeutet, daß die in 1Thess 5,14 (4,11) gerügten Mißstände schlimmer geworden seien, was die schärfere Tonart und die größere Ausführlichkeit in 2Thess erklären könnte, noch auch, daß diese Erscheinung mit der eschatologischen Verwirrung von 2,2 ursächlich zusammenhängt.[598]

---

597 Vgl. Einleitung S. 26 f.
598 So die fast einhellige Annahme seit F.

Chr. Baur. – Vgl. dazu kritisch schon Dobschütz 309; neuerdings Laub, Verkündigung 145 f.

1. Literarkritik

Das Stichwort für diese Ausführungen hatte auch 1Thess 5,14 geliefert, nämlich das (adj) ἄτακτος, das »unordentlich«, »zügellos« oder auch »lässig«, »faul« heißt.[599] Solche Leute, die wohl auch 1Thess 4,10b.11 f im Blick hatte, sollte die Gemeinde »zurechtweisen«, »ermahnen«.[600] Das eher beiläufig erwähnte, in einer Reihe von Einzelmahnungen stehende Stichwort in 1Thess 5,14 greift unser Autor auf und macht es zu einem eigenen Thema.

In dem Abschnitt finden sich Berührungen mit und z. T. Anleihen aus 1Thess in großer Zahl. Die überraschendste Parallele ist die Folge »in Mühe und Anstrengung Nacht und Tag arbeitend, um niemandem von euch zur Last zu fallen« (1Thess 2,9). Von »Nacht und Tag« an stimmen die Fassungen wörtlich überein, obgleich die Intentionen je nach Kontext verschieden sind. Außerdem sind für den Abschnitt vor allem 1Thess 1,6; 2,7; 3,4; 4,10b.11; 5,14 heranzuziehen (s. die Einzelerklärung). Dieser Teil bietet den sichersten Anhaltspunkt für die These einer *literarischen* Abhängigkeit des zweiten vom ersten Briefe.[601]

2. Formkritik

Unter formkritischer Rücksicht sind zwei Beobachtungen wichtig. Die erste betrifft den paränetischen Stil, die zweite das »apostolische« Beispiel.

a) Von dem Hintergrund des zu 2,15–3,16 Ausgeführten[602] hebt sich dieser Teil durch seinen *autoritativ-anordnenden Charakter* deutlich ab. In den anderen Stücken ist dieses Element zwar auch vorhanden (vgl. 2,15: »haltet fest an den Überlieferungen«, 3,4: »was wir angeordnet haben«, 3,14: »wenn einer nicht gehorcht«), aber hier ist es das dominierende Merkmal. Einmal ist auch von »ermahnen« die Rede (V 12), aber mit »anordnen« verbunden und ihm nachgestellt, und vermutlich durch die fast gleichlautende Stelle 1Thess 4,1 veranlaßt. Im übrigen beherrscht der anordnende, befehlende Ton und Stil den Abschnitt vom Anfang bis zum Schluß. Anfang und Schluß sind noch durch »im Namen unseres Herrn Jesus Christus« (V 6) und »im Herrn Jesus Christus« (V 12) mit Nachdruck versehen. Angesprochen ist durchgehend die Gemeinde, nicht die Schar der »Unordentlichen« selbst.[603] Formkritisch ist der Text keine Paränese, sondern eine »apostolische Anordnung«. Seine Eigenart stellt ihn näher zu Kirchenordnungstexten als zu paulinischen Paränesen oder auch paulinischen Einzelentscheidungen, die Fragen der Gemeindedisziplin betreffen (vgl. 1Kor 5,1–13; 2Kor 2,5-11). Merkwürdig ist allerdings, daß sich die Anordnung auf einen einzigen Inhalt bezieht, nämlich auf die Pflicht zur Arbeit, die auch in dem pragmatischen Grundsatz formuliert ist: Wer nicht

---

[599] ἀτακτεῖν, ἄτακτος, ἀτάκτως kommt im NT nur in 1/2Thess vor, ἀτακτεῖν nur an unserer Stelle; vgl. noch Anm. 619; zu 1Thess Dobschütz 178–182; G. Delling, ThWNT VIII, 48 f.

[600] Zu νουθετεῖν vgl. 1Thess 5,12.14; 2Thess 3,15.

[601] Vgl. als letzte ausführliche Erörterung dazu Laub, Verkündigung 142–152.154 f.

[602] Vgl. S. 124 f.

[603] Zu V 12 vgl. S. 151.

arbeiten will, der soll auch nicht essen (V 10b). Man fragt sich, warum *dafür* solch schweres Geschütz aufgefahren wird.

b) Bedeutsamer als diese Beobachtung ist die zweite, die Verquickung der Problematik der »Unordentlichen« mit dem Beispiel des Apostels und der von ihm begründeten »Überlieferung«. Für das Letztere bot 1Thess in 4,1f.10b.11 einen Anhalt durch die Verbindung zwischen der jetzt im Brief ergehenden Mahnung zum rechten Lebenswandel mit den früheren Anweisungen (4,11), die sie »kennen« (4,2 ; vgl. 2Thess 3,10b) und an die sie erinnert werden sollen. Dies wird in 2Thess verfestigt zu der schon formelhaften Wendung »gemäß der Überlieferung, die ihr von uns empfangen habt« (V 6b). Nun kommt das ganz Seltsame, daß als *Inhalt* der Überlieferung nicht nur die entsprechenden Weisungen für die Lebensführung (VV 6b.10ab), sondern auch die Verpflichtung auf das *Beispiel des Apostels* genannt wird. Das Hauptmotiv für seine eigene Handarbeit sei gewesen, ihnen ein Vorbild zu vermitteln, das der Nachahmung dienen sollte (VV 7.9). Paulus habe seinen Lebensunterhalt aus *diesem Grund* selbst verdient und nicht, um die Evangeliumsverkündigung vom Verdacht eigenen Gewinnstrebens freizuhalten oder um der Gemeinde nicht zur Last zu fallen (V 8b, entsprechend 1Thess 2,9b). Das Beispiel des Apostels gehört zum Inhalt der »Überlieferungen«, es ist in diese eingegangen und partizipiert als »apostolische Lebensform« an deren verpflichtendem, verbindlichen Charakter.[604] Das Beispiel gehört mit dem richtungsweisenden Wort zusammen, wie gerade unsere Stelle erweist (V 10a), aber es ist eben auch als solches wichtig für die Orientierung der Späteren an der apostolischen Frühzeit. Die Überlieferungstexte 2,15 ; 3,6b ergänzen einander.

Formkritisch kommt daher zum Charakter einer »apostolischen Anordnung« das Moment der »apostolischen Überlieferung« hinzu. Beides wird so miteinander verbunden, daß es sich gegenseitig stützt und erläutert. Was »der Apostel« jetzt in diesem Brief anordnet, das entspricht seinen früheren Weisungen, und beides entspricht auch seinem eigenen zur Nachahmung gegebenen Vorbild. Diese Verbindung findet sich weder in 1Thess noch in einem anderen Paulusbrief. Der Verfasser des zweiten Briefs hat sie selbst vorgenommen. Die Nahtstelle liegt zwischen V 6b und V 7, das Mittelstück VV 7–9 handelt allein von dem »Beispiel« des Apostels.

Beide Elemente konstituieren eine eigene »Gattung« und sind Ausdruck einer neuen Stufe ekklesiologischer Reflexion. Die in der Echtheitsdebatte auch für diesen Fall öfter geäußerten Fragen, ob man diese oder jene Formulierung Paulus nicht »zutrauen« oder bei ihm »für möglich« halten könne, verschieben die Problematik. Es geht darum, auf welche Weise man der *Eigenart* des Textes am besten gerecht zu werden sucht. Das dürfte auf dem vorgeschlagenen Wege sachgemäßer als auf anderen gelingen.

---

[604] Vgl. dazu Trilling, Untersuchungen 118–121.

Das herbe und autoritative Verbum »anordnen«, »befehlen« verwendet Paulus Erklärung
außer in 1Thess nur noch zweimal (1Kor 7,10; 11,17), das Substantiv
»Anordnung« gar nicht mehr.[605] Der Stil einer »Anordnung« wird noch durch 6
das wuchtige »im Namen unseres Herrn Jesus Christus« verstärkt.[606] Im
Namen wird Christus selbst angerufen und seine Autorität als Grund und
Legitimation für des Apostels Weisung beansprucht. »In« der Macht dieses
Namens, der ja der Name des »Kyrios« ist (vgl. 1,12), soll unanfechtbar sicher
und gültig sein, was nun verordnet wird. »Im Herrn Jesus Christus« (V 12)
dient dem gleichen Ziel der autorisierenden Verstärkung, ist aber durch »im«
(ἐν) anders nuanciert.

Adressat ist die Gesamtheit, die als »Brüder« angesprochen ist und die zum
Handeln aufgefordert wird. Sie soll sich von jedem »Bruder«, der »unordentlich lebt«, fernhalten. Die Bruder-Anrede wird den Zurechtgewiesenen
zugebilligt. Sie sind Gemeindeglieder und bleiben es wohl auch in der
Beurteilung des Verfassers. Dennoch sollen sie nicht (zunächst) zurechtgewiesen, mit freundlicheren oder strengeren Worten ermahnt werden. Das
geschieht in 1Thess 5,14, es entspräche der ersten Instanz der Disziplinregel
von Mt 18,15. Es wird auch nicht in V 12 gleichsam nachgeholt. Vielmehr
ergeht gleich die strikte Anweisung, den Umgang mit ihnen zu meiden und den
Verkehr abzubrechen.[607]

Gewöhnlich wird diese Weisung als milde angesehen, weil sie nicht den
Gemeindeausschluß verfügt. Dies wäre eine Steigerung der Maßnahme, die
aber nicht ausgesprochen wird. Aber ist sie milde? Angesichts der Art des
»Vergehens«? Herrscht nicht ein grobes Mißverhältnis zwischen Vergehen
und Ahndung? Es liegt weder eine schlimme sittliche Entgleisung oder ein
gravierendes anderes Delikt vor noch auch Verdacht auf oder Tatsache von
»Irrlehre«. Hinzu kommt noch, daß der Vorwurf genau präzisiert ist, im
Unterschied zu 1Thess 4,11 f; 5,14, wo er viel weitergreift, mehr Elemente
umfaßt und auch zwei wichtige Motive mit sich führt, nämlich die Rücksicht
auf das Urteil der Nichtchristen und die Sorge, niemandem zur Last zu
fallen.[608]

Hier ist aber nur von Faulheit die Rede, von der Tatsache, daß einige ihre Arbeit
nicht ausführen, um sich vom eigenen Erwerb ernähren zu können. Dieses Bild

---

[605] In 1Thess 4,2 kommt das Subst παραγγελία, in 4,11 das Verbum παραγγέλλειν vor,
und zwar dort im gleichen Zusammenhang mit
Arbeitsscheuen. – »παραγγέλλω ist ein sehr
scharfer Begriff, der nur äußerst selten in der
Briefliteratur Anwendung findet, in den Edik-
ten aber gebraucht werden kann (P. Princ. Univ
20 2. Jh. p. Chr.), aber eigentlich in die
Militärsprache gehört«: Bjerkelund, Parakalō
138; vgl. 213, Anm. 36.

[606] ἡμῶν fehlt in BD* Cyp; mit Rigaux 703
dürfte seine Auslassung leichter als die Zufügung in einer so breiten Überlieferung erklär-

bar sein; so auch Zimmer, Textkritik 333; bei
Nestle, GNT nicht im Text.

[607] στέλλειν ἀπό τινος (med.) in dieser
Bedeutung nur hier im NT: »sich von jeman-
dem zurückziehen«; vgl. Polyb 8,22,4; Mal 2,5
LXX; ὑποστέλλειν Gal 2,12; Pr-Bauer s.v.;
(anders 2Kor 8,20); in diesem Sinn Dobschütz
310; Schrage, Einzelgebote 158 f; zu 1Kor
5,9 ff vgl. J. Weiß, Der erste Korintherbrief,
1910 (KEK 5), 138 f; Rigaux 704.

[608] Vgl. Dobschütz 178–181; vgl. zu 1Thess
4,12 und Paulus Schrage, Einzelgebote 215 f.

geht aus VV 10b–12 klar hervor und wird auch nicht durch das Partizip
»Unnützes treibend« (περιεργαζομένους) in V 11 ergänzt. Weder ist ein
Grund für die Arbeitsscheu angedeutet noch gesagt, daß diese Leute Ärgernis
nach außen gegeben hätten oder verarmt wären und anderen Gemeindeglie-
dern auf der Tasche gelegen hätten. Letzteres ist nur beim Beispiel des Apostels
einbezogen (V 8ab). Auch fehlt ein Hinweis darauf, daß die Maßnahme zeitlich
begrenzt und zur Besserung verordnet sei. Es bleibt wohl dabei: Der einzige
präzise faßbare Vorwurf ist Arbeitsscheu.[609] Hat der Verfasser Mißstände in
einer oder in mehreren Gemeinden vor Augen, dann wirkte allerdings die
Anweisung, den Verkehr abzubrechen, recht unrealistisch. »Sich zurückziehen
von«, das heißt doch praktisch, den Umgang zu meiden, von den aktuellen
Kontakten untereinander, evtl. auch von den Veranstaltungen der Gemeinde
auszuschließen. Die einzelnen und die Gemeinde sollen nichts mehr mit ihnen
zu tun haben. Ist das bei dieser Art von Vergehen sinnvoll praktikabel und auch
für eine damalige Gemeinde vorstellbar? Hier bleiben Fragen, die am Schluß
nochmals aufgegriffen werden müssen.[610]

Die Arbeitsscheuen handeln nicht »gemäß der Überlieferung«, die sie von
Paulus empfangen haben.[611] Im Zusammenhang von 1Thess 4,11 war auch auf
frühere Anweisungen des Paulus verwiesen worden (vgl. 4,2). Hier ist dies
unter Verwendung der technischen Traditionsterminologie zur »Überlieferung«, die sie »empfangen« haben, ausgebaut (vgl. 1Kor 11,2). Die Überlieferung enthält des Apostels Beispiel (VV 7–9) und mündliche Anweisung (V 10).
Beides läßt sich aus 1Thess herleiten und könnte dem Autor als besonders
geeignet erschienen sein, diese konkrete Anordnung zu untermauern und an
diesem Beispiel das »Prinzip« und die Dignität apostolischer Tradition auch
formal zu demonstrieren. Setzen wir einmal diese Optik des Verfassers ein,
ergibt sich die Möglichkeit, beides lückenlos aus der Folge von 1Thess zu
2Thess zu erkennen. Die Stationen des Weges wären: 1. mündliche Predigt
und Weisungen zur christlichen Lebensführung bei der Gemeindegründung in
Thessalonich, 2. Erinnerung daran und erneute Bekräftigung in 1Thess, 3.
nochmalige Erinnerung an die mündlichen Weisungen in der Zeit der
Gemeindegründung, vermehrt durch Einbeziehung des Vorbildes des Apostels
und dessen Qualifizierung als einer »Überlieferung, die sie empfangen haben«
(2Thess). Das wäre Überlieferungstheologie im Werden, im Prozeß. Ob hier
überhaupt das Hauptgewicht des ganzen Abschnitts liegt, in dem Sinn, daß
dieses »Prinzip« am Beispiel der »Unordentlichen« entwickelt werden sollte?

---

[609] So empfindet auch Schrage, Einzelgebote
159, wenn er es als »auffallenden Tatbestand«
bezeichnet, daß hier Kirchenzucht nicht gegenüber Häretikern oder Libertinisten, sondern
»gegenüber einer unserer Meinung nach vielleicht noch zu den Adiaphora zu zählenden
Verhaltensweise, nämlich der Arbeitsscheu
oder ›vielgeschäftigen Nichtstuerei‹« geübt
werde; vgl. ebd. 160.

[610] Vgl. S. 151–153.
[611] Der Text weist 5 Varianten auf; Dobschütz 310f, Anm. 5, Dibelius 54, Rigaux 703,
GNT und viele andere entscheiden für παρε-
λάβοσαν; Metzger, Commentary 637 mit der
Begründung, daß sich von dieser Lesart aus die
anderen am leichtesten erklären ließen; zur
Form s. Bl-Debr 84,2.

Im Sinn des Dargelegten appelliert der Verfasser an das »Wissen« der 7
Empfänger, an das nur »erinnert« werden muß (vgl. 2,5), paulinischem Brauch
entsprechend.[612] Ebenso ist Paulus der Gedanke vertraut, daß die Gemeinden
sein Beispiel befolgen, ihn als Vorbild »nachahmen« sollen.[613]

Je nach Kontext steht der Gedanke der Nachahmung in unterschiedlichen Bezügen, was
im einzelnen hier nicht aufgerollt werden kann. In 1 Thess wird im Rückblick
festgestellt, daß die Gemeinde »sein und des Herrn Nachahmer geworden« sei, wie es
mit dieser wiederum für die Gemeinden Makedoniens geschehen sei (1 Thess 1,6 f).
Auch in 1 Kor 11,1 sind Christus *und* der Apostel in der Aufforderung zur Nachahmung
miteinander verbunden: »Werdet meine Nachahmer, wie auch ich Christi (Nachahmer
bin)!« Die beiden Stellen mit ihrer Rückbindung an Christus bzw. der Verknüpfung mit
ihm sind als »der Schlüssel für ein sachgemäßes Verständnis aller anderen Zeugnisse«
anzusehen, so daß dieses »wie auch ich Christi« an den anderen Stellen mitzudenken
ist.[614] Wie die Relationen von Apostel/Christus und von Christus/Apostel/Gemeinde
den Nachahmungsgedanken prägen, so werden in einigen Texten auch die Relationen
von Gemeinde zu Gemeinde oder das Beispiel einzelner Christen in ihrer Wirkung auf
Gemeinden ausgedrückt. So geschieht es in 1 Thess 1,6 f (s. o.), in 1 Thess 2,14 in bezug
auf die Gemeinden in Judäa und in Phil 3,17 hinsichtlich anderer Christen, die auch
neben Paulus zur Orientierung empfohlen werden.[615] Das ergibt ein Geflecht von
Beziehungen, innerhalb dessen der Apostel als Vermittler der Botschaft eine
hervorragende Stellung einnimmt. Er bleibt jedoch in dieses Geflecht verknüpft und
steht nicht isoliert der Gemeinde gegenüber. Sein Wort und sein Beispiel gehören
zusammen, Lehre und Vorbild ergänzen einander nach Phil 4,9a, jener Stelle, die
unserem Text am nächsten steht.

Unser Text und V 9 unterscheiden sich von den genannten charakteristisch.
Kaum ins Gewicht fällt, daß nur an diesen beiden Stellen im Neuen Testament
das Verbum »nachahmen«[616] in bezug auf Personen vorkommt. Aber daß die
Nachahmung verpflichtend ist, daß man den Apostel nachahmen »muß«, das
ergibt einen neuen Akzent. Das konnte zwar bei Paulus als vorbereitet
angesehen werden, es ist aber von ihm nie in dieser Weise ausgesprochen
worden.[617] Damit ist auch der Bedeutungsgehalt von »Nachahmung Pauli«
verengt und festgelegt. An den authentischen Stellen ergibt sich außer dem
aufgezeigten Geflecht gegenseitiger Vorbild-Beziehungen auch eine Varia-
tionsbreite zwischen »Beispiel« zur Illustration des gemeinsam Verpflichtenden (Phil 4,9), »Vorbild« in bezug auf den Glaubensweg und die Bindung an

---

[612] οἴδατε auffallend häufig in 1 Thess, vgl.
1,4.5 ; 2,1.2.5.11 ; 3,3.4 ; 4,2.4 ; 5,2.
[613] Vgl. Schulz, Nachfolgen 270–289.308–
331 mit Besprechung der paulinischen Texte ;
W. Michaelis, ThWNT IV, 661–678 ; vgl.
Pr-Bauer 1032 f ; weitere Lit bei Rigaux 706.
[614] Schulz, Nachfolgen 308 f ; ebenso für Phil
3,17 J. Gnilka, Der Philipperbrief, 1968 (HThK
X/3), 204.
[615] Vgl. noch zu τύπος 1 Tim 4,12 ; Tit 2,7 ;

1 Petr 5,3 ; IgnMg 4,2 ; zu μιμητής 1 Kor 4,16 ;
Eph 5,1 ; Hebr 6,12 ; vgl. Gnilka, Philipperbrief
(Anm. 614) 204, Anm. 3.
[616] μιμέομαι med. dep. ; vgl. Pr-Bauer s. v. ;
vgl. IgnMg 10,1 ; Sm 12,1. Anderer Sinn in
Hebr 13,7 ; 3 Joh 11.
[617] Vgl. aber die Verwandtschaft mit πῶς δεῖ
1 Thess 4,1 ; πῶς δεῖ nur hier bei Paulus und
noch in Kol 4,6 ; 1 Tim 3,15.

Christus (1Kor 11,1), von freundlicher Aufforderung, Bitte und väterlich-
strenger Ermahnung (Phil 3,17 f). Hier aber ist »Nachahmung des Apostels«
zum verbindlichen Richtmaß geworden, in dessen Befolgung die Treue zur
»Überlieferung« realisiert wird und werden muß. »Die Verschiebung des
Vorbildgedankens gegenüber paulinischen Aussagen ist beachtlich.«[618] »Der
Apostel« als Mann der Frühzeit, der Gründung, des authentischen Zeugnisses
und der evangelischen Lebensführung ist zum Maß christlicher Verwirklichung geworden.

Die Vorbildlichkeit ist hier auf den behandelten »Fall« bezogen. Der Verfasser
verbindet mit der Frage der »Unordentlichen« die Äußerungen des Apostels
über seine Erwerbstätigkeit aus 1Thess und verwendet als Bindeglied den
ungewöhnlichen Ausdruck »sich drücken«, »faulenzen«.[619]

8 Steigernd (»und auch nicht«, οὐδέ) fährt der Satz fort und gibt genauer an, was
eine betrübliche Folge des »Faulenzens« wäre, was jedoch schon im Blick auf
das Folgende gesagt sein dürfte: Wir haben uns auch von anderen nicht
umsonst aushalten lassen. »Brot essen« (vgl. V 12) ist ein Hebraismus, der
soviel besagt wie »eine Mahlzeit zu sich nehmen« oder im weiteren Sinne »von
jemand den Lebensunterhalt empfangen«[620], wobei »Brot« für Nahrung
überhaupt steht. Das δωρεάν (»umsonst«) gebraucht Paulus 2Kor 11,7 im
Zusammenhang der Evangeliumsverkündigung. Der Satz ist wie der vorhergehende verallgemeinert und prinzipiell gefaßt. Die konkrete Füllung folgt nach.
»Umsonst« dürfte es kaum heißen, um eine Unterscheidung historisch
zutreffend auszudrücken, nämlich, daß Paulus zwar »Kost und Logis bei irgend
jemand« (z. B. nach Apg 17,5 bei Jason) erhielt, aber eben nicht umsonst,
sondern mit Gegenleistungen verbunden.[621] Vielmehr wird schon im voraus
auf die vorbildliche Gesinnung und mühevolle Arbeit verwiesen, die der
nächste Satz schildert. Paulus hat sich nicht durchfüttern und verwöhnen
lassen, sondern seinen Lebensunterhalt selbst verdient. Darin ist, zusammen

---

[618] Dautzenberg, Theologie 99; der Eigenart
von VV 6–12 wird Schulz, Nachfolgen 312 f
nicht gerecht, obgleich er sagen kann: des
Apostels »eigenes Vorbild erscheint an der
vorliegenden Stelle als ein Teil der apostolischen παράδοσις« (312); ähnliches gilt für W.
Michaelis, ThWNT IV, 669.

[619] ἀτακτεῖν nur hier im NT und im bibl
Griech; vgl. Frame 301; Milligan, Note G,
152–154; ἄτακτος ist im klass Griech auf die
militärische Ordnung bezogen (Xenoph Oec
8,4), nimmt auch übertr moralische Bedeutung
an (Plat Leg II, 660 B; VII, 806 c); in den LXX
findet sich nur das Subst ἀταξία (Weish
14,26), das Adj 3 Makk 1,19 im wörtlichen
Sinn. Für ἀτάκτως gilt Entsprechendes. Auch
ἀτακτεῖν ist zunächst für die soldatische Ordnung gebräuchlich (Xenoph Oec 5,15): für

einen, der seine Pflicht nicht erfüllt), im
späteren Griech wird es häufig im ethischen/
übertr Gebrauch angewendet, z. B. für Kinder,
die etwas verloren haben, und für andere Arten
von Liederlichkeit. Vgl. G. Milligan, Here and
There among the Papyri, London 1933, 74 f.
Dieser weite Bedeutungsgehalt gestattet für
2Thess nach den Angaben 3,8.10.11 die oben
gegebene Präzisierung auf die *Arbeit*. Vgl. die
Belege bei Dibelius 53 f und dieselbe Entscheidung: es sind »Leute, die ihre Arbeit versäu-
men« (54); viel Material bei Spicq, Thessaloniciens; Spicq versteht mehr formal und allgemein als »gegen die Ordnung (jeder Art)
stehend«.

[620] 2Sam 9,7; vgl. Did 11,6 mit λαμβάνειν;
vgl. Pr-Bauer s. v. ἄρτος; Dobschütz 311.

[621] So Dobschütz 311.

mit V 12, vielleicht ein indirekter Hinweis auf das Verhalten der »Unordentlichen« gegeben.

Das folgende deckt sich fast total mit Formulierungen aus 1Thess 2,9, der schlagendsten Parallele, die der Brief aufweist. Die geringen Abweichungen ändern daran nichts, daß diese Stelle nur durch literarische Abhängigkeit einsichtig gemacht werden kann.[622] Gegen paulinische Verfasserschaft müßte eine solche Parallele nicht notwendig sprechen, da durchaus angenommen werden könnte, daß der Apostel die gleichen Ausdrücke kurz hintereinander zweimal verwendete. Entscheidendes Gewicht gegen die Authentizität gewinnt die Parallele erst im Zusammenhang des ganzen Abschnitts mit seiner Theologie und seiner Transformation paulinischer Gedanken.[623]

In 1Thess 2,9 ist es die Evangeliumsverkündigung, der diese Praxis des Paulus zugeordnet ist[624]: »Nacht und Tag arbeitend, um niemandem von euch zur Last zu fallen, haben wir euch das Evangelium Gottes verkündet.« Hier ist die Äußerung von diesem Kontext abgelöst. Es verbleibt das Motiv, dadurch niemanden zu belasten, in Entsprechung zu V 8a. Dieses Motiv wird in den Dienst des Vorbild- und Nachahmungsgedankens gestellt.

Das formuliert V 9 denn auch theoretisch. Der Apostel besitzt das Recht, von 9 den Gemeinden unterhalten zu werden, vom Evangelium zu leben. Paulus hatte von sich aus darauf verzichtet und dies eingehend in 1Kor 9 erörtert. 1Kor 9,6 spricht vom »Recht, nicht zu arbeiten«, das Paulus und Barnabas wie den anderen Aposteln und Herrenbrüdern zustehe, und von dem »Recht, zu essen und zu trinken«, d. h. verpflegt zu werden (1Kor 9,4; vgl. 9,18). Der Verfasser muß diese Stellen oder zumindest die Sonderpraxis des Paulus gekannt haben, da er sie genau wiedergibt.[625] Seine Absicht ist allerdings nicht, die Missionsarbeit des Apostels von dem Verdacht eigener Bereicherung freizuhalten, sondern den Vorbildgedanken herauszustellen. Das wird in fast gleichlinigen Ausdrücken dargetan: »um uns selbst euch«[626] als »ein Vorbild zu geben«, »zu unserer Nachahmung«. Mimesis- und Vorbildgedanke stehen auch in 1Thess 1,6.7 dicht beieinander. Die Thessalonicher haben den Apostel nachgeahmt, und sie sind selbst zum »Typos«, zum Vorbild für die Gläubigen in Makedonien und Achaia geworden. Der Vorbildgedanke gewinnt in Spätzeugnissen des Neuen Testaments an Raum. Nach 1Petr 5,3 sollen die Presbyter zum Vorbild der Gemeinden werden, ebenso Timotheus und Titus in christlichen Tugenden nach 1Tim 4,12; Tit 2,7.

---

[622] Vgl. Wrede, Echtheit 27 f. »Es dürfte sich in den echten Briefen des Paulus (abgesehen etwa von Formeln oder einem Sprichworte wie 1Kor 5,6; Gal 5,9) überhaupt eine so buchstäblich genaue Übereinstimmung zwischen zwei Stellen nirgends nachweisen lassen, selbst so ähnliche wie Gal 3,28 und Kol 3,11, Gal 5,14 und Röm 13,9 nicht ausgenommen« (ebd. 28); πρὸς τό nur 12mal im NT, bei Paulus nur noch 2Kor 3,13; häufiger εἰς τό; vgl. Bl-Debr 402,5.

[623] Vgl. Sevenster, Paul and Seneca 211–213.
[624] So stets bei Paulus, vgl. 1Kor 9,12.18; 2Kor 11,7 ff; 12,13 ff (vgl. 1Kor 4,12).
[625] οὐχ ὅτι und ἀλλ' ἵνα sind »gebräuchliche elliptische Wendungen«, Dobschütz 312; vgl. Bl-Debr 480,3a und 448,7; Verben sind nicht zu ergänzen, da der Sinn des ἐξουσίαν ἔχειν durch den Kontext gesichert ist.
[626] Zum emphatischen ἑαυτούς vgl. 1Thess 2,8 τὰς ἑαυτῶν ψυχάς.

10 Der Ausdruck »denn ihr wißt selbst« (V 7) hatte bereits die Zeit der
   Anwesenheit des Apostels bei der Gemeinde ins Auge gefaßt und sein
   damaliges Verhalten erwähnt, das dann in VV 7–9 beschrieben wurde. Um so
   verwunderlicher ist der erneute Hinweis auf die Zeit, »als wir bei euch waren«.
   Die Wendung hat ihre wörtliche Parallele, nur mit Umstellung des Verbums, in
   1Thess 3,4. Sie wurde sinngemäß auch in 2Thess 2,5 verwendet, um die
   Zeitebenen zu trennen.[627] Der hier künstlich wirkende Hinweis auf das
   »damals« steht vermutlich im Dienst der Anschauung von der Überlieferung.
   Er betont nochmals, daß sie um all dies »wissen« (V 7), da sie »die
   Überlieferungen empfangen« hatten (V 6b). Als jetzt neu erwähnter Bestand
   dieser Traditionen wird der Satz V 10b erinnert, eine Anweisung, die Paulus
   schon damals erlassen haben soll. Das Verbum »befehlen« stellt wiederum den
   verpflichtenden Charakter heraus.

   »Wenn einer nicht arbeiten will, soll er auch nicht essen«, heißt der
   Traditions-Satz. Noch verwunderlicher als die Voraussetzung, daß Paulus
   schon bei seinem ersten Aufenthalt so energisch gesprochen haben soll, sind
   der Gehalt des Spruches selbst und die Qualifizierung als »apostolische
   Paradosis«. Es ist ein Stück Spruchweisheit, aber kein Zitat aus uns bekannter
   Literatur. Die Schätzung der (Hand-)Arbeit teilt er, im Unterschied zu
   genereller griechischer Mißachtung[628], mit dem Alten Testament und jüdischer
   Spruchliteratur.[629] Liegt auch der Ton auf dem »wollen«, so ist der Gehalt doch
   ernüchternd hausbacken (»Alltagsmoral«[630]). Die Sentenz könnte vom Verfasser selbst stammen oder auch von ihm als sprichwörtliche Redensart
   aufgenommen worden sein.[631] Im Zusammenhang wirkt sie handfest volks-
   tümlich und kann beim Leser Einverständnis und vielleicht auch ein
   Schmunzeln hervorrufen. Um so stärker empfindet man den Kontrast zur
   hochbefrachteten, geradezu feierlichen »Zitation« als bedeutsames Apostelwort. Doch hatte dieser Spruch als ein »autoritatives Wort, als ein Bibelwort«
   eine große Wirkung in der Väterzeit, besonders in der »höheren Mönchslitera-
   tur«[632], bis in die christliche Sozialethik der Moderne.[633]

   In der Alten Kirche, in ihren sich herausbildenden Lebens- und Gemeindeordnungen
   spielen Arbeit, Unterhalt durchreisender Christen und Wohltätigkeit gegen jedermann

---

[627] Vgl. S. 87 f. – καὶ γάρ dient der Hervorhe-
bung von ὅτε ἦμεν πρὸς ὑμᾶς wie 1Thess 3,4,
hat hier aber sachliche Bedeutung im Sinne des
Dargelegten: »ja, auch damals (haben wir)
schon...«
[628] Vgl. Hauck, Stellung 38–62; ders., »Arbeit«, RAC I, 585–590.
[629] Vgl. Rabbinisches bei Bill. II, 10 f. 745 f;
III, 338. 604. 641 f; Hauck, Stellung 10–37.
[630] Friedrich 273.
[631] ἐργάζεσθαι ταῖς (ἰδίαις) χερσίν fungiert schon bei Paulus als stehende Wendung;

vgl. 1Thess 4,11; 1Kor 4,12; dann Eph 4,28:
dazu J. Gnilka, Der Epheserbrief, 1971 (HThK
X/2), 236 f; vgl. zur Arbeit im geistesge-
schichtlichen und schöpfungstheologischen
Zusammenhang G. Bertram, ThWNT II,
631–649, bes. 631–633. 645–647.
[632] Dobschütz 313, bes. Anm. 5; vgl. W.
Schwer, »Beruf«, RAC II, 141–156.
[633] Vgl. A. Auer, Christsein im Beruf.
Grundsätzliches und Geschichtliches zum
christlichen Berufsethos, Düsseldorf 1966,
zum NT und Vätern 38–46 (Lit).

eine beachtliche Rolle.[634] Bereits die Didache kennt Regeln für von auswärts kommende Christen und läßt ein Arbeitsethos erkennen.[635] In der Apostolischen Kirchenordnung ist der Bezug auf unsere Stelle deutlicher als in Did: »All ihr Gläubigen nun sollt an jedem Tage und zu jeder Zeit, sooft ihr nicht in der Kirche seid, fleißig bei eurer Arbeit sein, so daß ihr die ganze Zeit eures Lebens ... niemals müßig seid. Denn der Herr hat gesagt ... [folgt Spr 6,6–11]. Seid also allezeit tätig, denn eine Schande, die nicht wieder gut zu machen ist, ist der Müßiggang. So aber jemand bei euch nicht arbeitet, der soll auch nicht essen; denn die Faulen haßt auch Gott der Herr; ein Fauler nämlich kann nicht ein Gläubiger werden« (Const Ap 13,1).[636] In den »Großen Regeln« des Basilius lesen wir die schöne Passage: »Da unser Herr Jesus Christus sagt: ›der Arbeiter‹ – nicht einfach jeder, auch nicht der erste beste – ›ist seiner Nahrung wert‹ (Mt 10,10), und auch der Apostel zu arbeiten und mit den eigenen Händen Gutes zu tun befiehlt, damit wir den Notleidenden mitzuteilen hätten, so geht daraus klar hervor, daß man fleißig arbeiten muß. Wir dürfen nicht glauben, daß das Ziel des frommen Lebens der Trägheit und Arbeitsscheu Vorschub leiste. Im Gegenteil, es ist ein Leben des Kampfes, größerer Bemühungen und der Geduld in der Trübsal. – Was brauche ich noch zu sagen, wie groß das Übel der Trägheit ist, da der Apostel ausdrücklich befiehlt, daß wer nicht arbeite, auch nicht essen solle? (2 Thess 3,10). ›Wir haben von keinem umsonst Brot gegessen, sondern in Mühsal und Elend Tag und Nacht gearbeitet‹ (ebd. 8), obwohl ihm als Verkünder des Evangeliums gestattet war, vom Evangelium zu leben.«[637] Augustinus widmet der »Handarbeit der Mönche« sogar eine eigene Schrift, um »quietistische« Tendenzen in den Klöstern Nordafrikas zu bekämpfen (De opere monachorum). Sie stellt den wichtigsten patristischen Beitrag zur Arbeit dar.[638]

In der Mönchsregel des hl. Benedikt von Nursia wird das Kapitel über die tägliche Handarbeit mit dem Satz eingeleitet: »Müßiggang ist ein Feind der Seele.« Apostolische Überlieferung klingt in der Begründung zur Handarbeit an: »Denn dann sind sie ja in Wahrheit Mönche, wenn sie von ihrer Handarbeit leben, nach dem Beispiel unserer Väter und der Apostel.«[639]

Auch christliches Arbeits- und Berufsethos kann sich auf dieses Wort berufen und damit zum Ausdruck bringen, »daß auch die Ordnungen und Gegebenhei-

---

[634] Vgl. Harnack, Mission 170–220; J. Leipoldt, Der soziale Gedanke in der altchristlichen Kirche, Leipzig 1952, bes. 168–195; Beispiele zur Arbeit ebd. 167 f.

[635] Did 12,2–5; vgl. dazu S. 152 und R. Knopf, Die Apostolischen Väter, HNT, Erg.-Band 33 f; Knopf denkt an wandernde Charismatiker; Hauck, Stellung 116–119 nur an durchreisende Christen; vgl. Barn 10,4; 19,10.

[636] Übers. nach Harnack, Mission 199, Anm. 1; dort weitere Beispiele griech und lat Väter; vgl. Hauck, Stellung 122–165; vgl. auch Dobschütz 313 f, Anm. 5; H. Holzapfel, Die sittliche Wertung der körperlichen Arbeit im christlichen Altertum, Würzburg 1941; M. Hengel, Eigentum und Reichtum in der frühen Kirche. Aspekte einer frühchristlichen Sozialgeschichte, Stuttgart 1973, 43 f. 65–68; Lit 92–96.

[637] Text nach H. U. von Balthasar (Hrsg.), Die großen Ordensregeln, Einsiedeln ³1974 (Nachdruck Leipzig 1976), 148; vgl. Weiteres ebd. 148–154 und bei Holzapfel, Wertung (Anm. 636), passim; vgl. auch die erste Regel des hl. Franz von Assisi Kap. 7 »Von der Weise zu dienen und zu arbeiten« mit Zitat von 2 Thess 3,10; ebd. 377.

[638] A. Augustinus, Die Handarbeit der Mönche, übertr u. erl. von R. Arbesmann, Würzburg 1972; instruktive Einleitung mit vielen Informationen IX–XXXVI; Register mit häufigen Verweisen auf 2 Thess 3,6–12.

[639] Die Regel des hl. Benedikt, Kap. 48 übertr von F. Faeßler, in: Die großen Ordensregeln (Anm. 637) 301.

ten dieses vom Schöpfer empfangenen und erhaltenen Lebens nicht voreilig übersprungen und aufgegeben werden dürfen«.[640] Doch kann damit allein noch nicht christliches Ethos in nahtloser Übereinstimmung mit einem natürlichen Sittengesetz gesehen werden. Die Gebrochenheit unserer Existenz-Verfassung kommt auch in der Last, der Sinnlosigkeit, der niederdrückenden Mühe, der Erfolglosigkeit von Arbeit usw. zum Ausdruck, wie es biblischem Denken seit Gen 3,17–19 entspricht.

Wie wenig dieser Spruch gepreßt und zu einem ethischen Grund-Satz gemacht werden darf, erkennt man sofort, wenn man ihn auch nach seiner einseitigen, ja gefährlichen Seite hin befragt: Sollten dann die Arbeitsunfähigen, die Kranken, die Invaliden, die geistig Behinderten nicht »essen« dürfen? Das zu denken, wäre absurd, und die frühe Geschichte der christlichen Fürsorge und Wohltätigkeit belegt das Gegenteil davon.[641] Doch zeigt dieses Exempel, daß die Wirkung von Schriftworten weit über das hinauszuwachsen vermag, was der Wortlaut wirklich hergibt. Diese Gefahr war in unserem Falle deshalb besonders groß, weil sich im Neuen Testament nur sporadische Anhaltspunkte für den so wichtigen Fragenkomplex von »Arbeit und Beruf« finden.

11 Fast verschämt und wie ein Nachtrag wirkend kommt jetzt erst in dem blassen »denn wir hören«[642] ein Anhaltspunkt für den *Anlaß* der ganzen Abhandlung. Handelte es sich um einen so bestürzenden Mißstand in einer bestimmten Gemeinde, wie es die Register, die gezogen werden, vermuten lassen, möchte man einen solchen Hinweis gleich am Anfang erwarten. Es fehlt nicht nur ein Bezug auf die Äußerungen in 1 Thess 4,10b.11; 5,14 – ein für die Annahme der Echtheit von 2 Thess kaum verkraftbarer Mangel –, sondern auch jeder Anhaltspunkt, der eine konkrete Vorstellung von den Verhältnissen vermitteln könnte. Auch hier ist alles allgemein und farblos gehalten wie bisher.

Oder ist ein solcher Hinweis in dem Verbum »Unnützes treiben« zu erkennen, der als Gegensatz zu »arbeiten« fungiert? Das zu erschließen, wurde öfter versucht: Es seien Leute, die ihre freie Zeit mit allerlei törichten und nutzlosen Beschäftigungen anfüllten und damit auch die Gemeinde in Verruf und in schlechtes Licht brächten. Vor allem wurde vermutet, daß diese Geschäftigkeit mit der eschatologischen Verwirrung von 2,2 ursächlich zusammenhänge. Die Arbeitsscheu resultiere aus der Überzeugung von der Nähe des Endes. Es lohne nicht mehr, sich intensiv mit Broterwerb und Zukunftsplanung zu befassen. – Wir müssen auf die Fragen nochmals eingehen.[643]

Zunächst jedoch muß gesagt werden, daß der Text selbst solche Interpretationen nicht hergibt. Die Wendung »einen unordentlichen Lebenswandel führen« (περιπατοῦντας ... ἀτάκτως) wird durch die ebenso farblose griechische Sprachfigur »arbeiten/Unnützes treiben« erläutert.[644] Die Sprachfigur ist

---

[640] Schrage, Einzelgebote 217, zu 1 Thess 4,11 f; 2 Thess 3,6–12.

[641] Vgl. die Lit in Anm. 634 und Anm. 636.

[642] Zum perfektischen Sinn des Praes vgl. Bl-Debr 322,1.

[643] Vgl. S. 151–153.

[644] ἐργάζεσθαι / περιεργάζεσθαι ist eine geläufige Paronomasie; vgl. Bl-Debr 488,3; Pr-Bauer s. v., Belege bei Rigaux 711.

rhetorisch zu nehmen und inhaltlich nicht zu pressen. Vor allem ist das zweite
Verbum so allgemein, daß aus ihm nichts Bestimmtes zu gewinnen ist. »Nichts
schaffend, aber vielgeschäftig«, sagt von Dobschütz.[645] Das alles weist in die
eingeschlagene Richtung einer »Alltagsmoral« und ergibt keine Anzeichen für
religiöse Motivation oder für typisch »schwärmerische« Phänomene.

Vielleicht ist das aber im folgenden Vers der Fall? Er ist als abschließende   12
Anweisung geformt und spricht die Betroffenen selbst an, wenn auch indirekt
in der dritten Person. Neben »befehlen« tritt mildernd »ermahnen«,
entsprechend 1Thess 4,10b.11. Beides geschieht, im Unterschied zu V 6, »*im
Herrn Jesus Christus*« (vgl. 1Thess 4,1). Es ist neben 1,1 die zweite Stelle in
dem kurzen Brief, an der das paulinische »im Herrn« bewahrt ist. Beide Stellen
weisen auf 1Thess zurück und sind kein Spezifikum des 2Thess wie die
dominierende Verbindung von »Jesus Christus« mit dem Kyrios-Titel.[646] In die
Mahnung zur Arbeit nimmt der Verfasser das auf, was im Vorbild des Apostels
schon angelegt war (V 8a). Sie sollen ihr eigenes »Brot essen«, das heißt, sich
von dem ernähren und ihren Lebensunterhalt bestreiten, was sie selbst redlich
erarbeitet haben.

Neu kommt hinzu, daß sie »in Ruhe« arbeiten sollen. Steckt darin vielleicht
eine Andeutung auf eine durch eschatologische Erregung verursachte Unruhe?
Auch das ist dem Text kaum zu entlocken, da sich »in Ruhe« (μετὰ ἡσυχίας)
nächstliegend von dem »Unnützes treiben« (V 11) herleitet und im Gegensatz
dazu steht.[647] Hinzu kommt, daß das Stichwort für »Ruhe« schon durch das
Verbum in 1Thess 4,11 (ἡσυχάζειν) nahelag, und schließlich die zweimalige
Erwähnung des »Arbeitens« (V 11.12).[648] Der weitere Kontext, der sich auch
aus anderen spätneutestamentlichen Stellen nahelegt, ist das Bild eines
ruhig-geordneten, den täglichen Pflichten zugewandten, arbeitsamen, »bürgerlichen« Lebens.[649] Auch das Schlußwort dürfte bestätigen, daß das Thema
der Anweisung VV 6–12 die Verpflichtung zur Arbeit im Rahmen einer
christlich-»bürgerlichen« Lebensanschauung ist.

Für eine Beurteilung des Abschnitts seien folgende Gesichtspunkte genannt: Zusammen-
1. Der Mißstand, den die VV 6–12 behandeln, ist die *Arbeitsscheu* einiger   fassung
Gemeindeglieder. Sie gehen keinem geordneten Broterwerb nach, sondern
»faulenzen« und verbringen nutzlos ihre Zeit. Es geht unserem Autor um
Bürgerfleiß und Arbeitsethos, die auch als christliche Tugenden gewertet und
energisch eingemahnt werden. Es ist zwar in dem Tadel nicht klar erkennbar,
aber doch vielleicht durch die VV 8a.12 angedeutet, daß solche Leute andere
Gemeindeglieder oder Bürger ausnützen und ihre Gebefreudigkeit mißbrau-

---

645   Dobschütz 314, mit Verweis auf περίεργος 1Tim 5,13: es bezeichne jemanden, »der
sich mit Dingen zu schaffen macht, die ihn
nichts angehen«. Dort neben φλύαρος, »ge-
schwätzig«, »albern«; περίεργος heißt auch
»neugierig«, »vorwitzig«, vgl. Herm v 4,3,1;
»Zauberei treiben« in Apg 19,19.
646   Vgl. S. 57.

647   Vgl. auch Dobschütz 314 so; ferner Trilling, Untersuchungen 100 f.
648   Die Wortgruppe ἡσυχ- kommt bei Paulus
sonst nicht vor.
649   Vgl. 1Tim 2,2 ἵνα … ἡσύχιον βίον
διάγωμεν; vgl. 2,11.12; 1Petr 3,4; profane
Belege bei Pr-Bauer, s. v.

chen.[650] Anderseits können Motive, die mit der eschatologischen Verwirrung in Zusammenhang stehen, aus dem Text nicht ersehen werden. Daß ein »Mißstand« vorliegt und die ganze Passage nicht durchwegs fingiert ist (wozu ich eine Zeit lang neigte), kann wohl schwerlich bezweifelt werden. Ausführlichkeit und Engagement bei der Behandlung der Frage sprechen dafür. Dennoch scheinen Anlaß und Maßnahme in keinem ausgewogenen Verhältnis zueinander zu stehen. Man wird das Gefühl nicht los, daß die Situation überzogen dargestellt ist. Das trifft auch mit der Beobachtung zusammen, daß sich zu VV 14 f eine Differenz im Verfahren ergibt. Unter denjenigen, die »dem Wort in diesem Brief nicht gehorchen« (V 14) wären ja die von VV 6–12 Betroffenen mitzudenken. Tut man dies, wird der Unterschied in der Behandlungsweise deutlich (vgl. Erklärung zu V 14).

2. Damit muß die Frage einer *historischen Einordnung* gestellt werden. Da ich keine tragfähige Kombination mit 2,1 f für möglich halte[651], kommt dafür wohl nur die Problematik von Arbeit und Beruf in christlichen Gemeinden der späteren Zeit, von ca. 80 nChr an, in Betracht.

Da finden sich Hinweise, die auch die Situation in 2Thess erhellen können, vor allem die Regel für die zuwandernden Brüder in Did 12. Ein »Im Namen des Herrn« Zureisender soll aufgenommen und »geprüft« werden (δοκιμάσαντες αὐτόν). Reist er nur durch, kann er, wenn nötig, zwei bis drei Tage bleiben. Will er bleiben, etwa als Handwerker, »dann soll er arbeiten und sich so ernähren (ἐργαζέσθω καὶ φαγέτω, vgl. 2Thess 3,12). Kann er kein Handwerk, dann sollt ihr nach eurer Einsicht Vorsorge treffen, daß ein Christ nicht müßig bei euch lebe. Will er sich indes nicht danach richten, dann ist es einer, der mit Christus Schacher treibt (χριστέμπορος). Hütet euch vor solchen (προσέχετε ἀπὸ τῶν τοιούτων)!«[652] Hier wird offenbar aus Erfahrung gesprochen. Das Motiv, den Christennamen hochzuhalten, ist spürbar. Spätere Beispiele, welche die Achtung des Arbeitsethos unter den Christen bezeugen, lassen auch die Frage stellen, ob die Einschärfung der Arbeitspflicht nicht da und dort nötig war. Und selbst die temperamentvolle Verteidigung der Arbeitsamkeit der Christen durch Tertullian[653] schließt nicht aus, daß an dem heidnischen Vorwurf, sie seien »unfruchtbar in Handel und Arbeit«, etwas dran war.[654]

3. Mit der apostolischen Anordnung ist das *Vorbild des Apostels Paulus* so verknüpft worden, daß es das Mittelstück des Teiles ausmacht und als Element der »Überlieferung« ausweist. Das Vorbild ist zur »Nachahmung« gegeben, die

---

650 Dobschütz 182 f lehnt »inertia vulgaris« für die Erklärung von 1Thess 4,11 f; 5,14 vielleicht zu Recht ab. Kann sie nicht für 2Thess angenommen werden, eine andere Situation vorausgesetzt? Ausdrücklich für »schlichte Faulheit« aber Wrede, Echtheit 52.

651 So jedoch erneut Friedrich 272–275.

652 Übers nach Knopf, HNT, Erg.-Bd. 33 f; die Wortbildung χριστέμπορος wird später öfter aufgenommen, vgl. Belege ebd. 34.

653 Tertullian, Apol 42.

654 Vgl. Harnack, Mission I, 197–200 mit Belegen u. a. aus: Pseudoclem. Brief De virginitate I, 11: Warnung gegen die »otiosi«; allgemein Dobschütz 182 f; G. Dautzenberg, in: Handbuch der christlichen Ethik, Freiburg/Gütersloh 1978, 351 f.

alle bindet, besonders natürlich die betroffenen Faulenzer. Der Verfasser benützte die Gelegenheit, eine entwickelte Auffassung von der paulinischen (»apostolischen«) Überlieferung anzubringen. Auch dafür boten sich die Äußerungen aus 1Thess, die in VV 7–9 verarbeitet sind, an. Hier vor allem dürfte das über 1Thess Hinausführende des Abschnitts zu sehen sein. Innerhalb des paränetischen Teils ergab sich die Möglichkeit, an einem *Beispiel* das auszuführen, was mit den »Überlieferungen, die euch gelehrt worden sind« (2,15) und mit den »Anordnungen« des Apostels (3,4) vorher angesprochen worden war.[655]

4. *Abschließende Weisungen (3,13–16)*

13 Ihr aber, Brüder, laßt nicht nach, Gutes zu tun. 14 Wenn aber jemand unserem Wort durch den Brief nicht gehorcht, den merkt euch (dafür an), nicht mit ihm zu verkehren, damit er beschämt werde. 15 Aber haltet ihn nicht für einen Feind, sondern weist ihn als Bruder zurecht. 16 Er aber, der Herr des Friedens, gebe euch den Frieden immerdar in jeder Weise. Der Herr sei mit euch allen.

Der kleine Abschnitt kann mit etlichen Gründen[656] als eigene Einheit begriffen **Analyse** werden. Er besteht aus drei nur lose verbundenen Komplexen. Der erste ist eine Ermunterung an alle zum Gutestun (V 13), der zweite bringt eine »Regel« für den Umgang mit Unfolgsamen (VV 14f) und der dritte einen zweigliedrigen Gebetswunsch an den Herrn. Für den ersten Satz ist eine inhaltliche, aber nicht literarische Nähe zu 1Thess 5,15b erkennbar, während der zweite Teil nur sporadische Anklänge aufweist, im ganzen aber selbständig formuliert ist. Im dritten Teil findet sich der charakteristische Beginn »er aber, der Herr des Friedens«, bis auf »Herr« gleichlautend mit 1Thess 5,23. Das bisher gefundene Bild von der Art der Abhängigkeit bestätigt sich auch hier.

Formkritisch ist die in VV 14f enthaltene Regel hervorzuheben. Sie kann nicht auf eine Stufe mit anderen ausgeformten Disziplin-Texten des Neuen Testaments gestellt werden (vgl. Mt 18,15–17; Joh 20,23; Tit 3,10f), da sie 1. stark kontextabhängig ist und 2. mehr eine Mentalität als ein fixiertes Verfahren kundgibt. Die Kontextbezogenheit ergibt sich aus der Einschränkung, daß *auf jene* die Regel angewendet werden soll, die »diesem Brief« nicht gehorchen, ein Moment, das häufig übersehen wird. Das zweite Merkmal wird darin offenkundig, daß das Pragmatische recht knapp gehalten (V 14b),

655   In dieser Richtung dürfte auch Dautzenberg, Theologie 98 denken: »Im ... Abschnitt 3,6–16 begegnen wir einer Häufung von Ausdrücken und Wendungen, die allerdings im Zusammenhang mit einem konkreten Einzelgebot ... den Normcharakter der Paulusüberlieferung betonen« (vgl. 98f). Dautzenberg sieht die »Orientierung an der Autorität und an der Überlieferung des Paulus« als »die tragende Schicht« im ganzen Brief; ebd. 100; vgl. 104.
656   Aufgeführt bei Trilling, Untersuchungen 98f, dort noch ohne Einbeziehung von V 16.

daneben aber eigens erwähnt ist, daß man den Unbotmäßigen als Bruder und nicht als einen »Feind« ansehen solle. Von einem bestimmten Modell altkirchlicher Gemeindedisziplin kann man schwerlich sprechen. Es handelt sich um ein Wort, das paränetisch gerichtet ist, das aber auch die Verbindlichkeit der Weisungen des *ganzen* Briefes unterstreicht. Es zeigt eine pastorale Denkweise, die sich von der Art der Behandlung in VV 6–12 unterscheidet. Beide Textstücke, VV 14f und VV 6–12, sind jedoch in »dem in den Haustafeln des Kol, Eph, 1Petr und der Pastoralbriefe nachweisbaren Bemühen um die Konsolidierung des Lebens der einzelnen Christen wie der Gemeinden in nachapostolischer Zeit«[657], begründet zu sehen.

Erklärung   Der Neueinsatz mit »ihr aber« und die Bruderanrede sind ein Indiz dafür, an dieser Stelle einen neuen kleinen Abschnitt beginnen zu lassen.[658] Die

13   Bedeutung des zweiten Verbums καλοποιεῖν wird häufig als »wohltun« aufgefaßt, und daraus der Sinn der Mahnung abgeleitet, anderen Gutes zu erweisen, sie zu unterstützen, weil man einen engeren Zusammenhang mit dem Vorausgegangenen zu erkennen meint: Die Gemeinde solle caritatives Verhalten auch dann nicht vernachlässigen, wenn sie durch gewissenlose Ausnützung von seiten der »Unordentlichen« enttäuscht worden ist.[659] Dieser Zusammenhang ist durch gedankliche Zwischenglieder herzustellen, vom Text her aber nicht erfordert. Auch das Verbum heißt zunächst »Gutes tun« im weitesten Sinne und ist in dieser Allgemeinheit dem Stil des Briefes gemäß.[660] Macht man eine Zäsur zwischen V 12 und V 13, werden die oft künstlichen Verknüpfungsversuche überflüssig.[661] Nach dem beschwerlichen »Fall« von VV 6–12 folgt ein aufmunterndes, die gleichbleibende Richtung christlichen Verhaltens aufzeigendes Wort, das allerdings im Horizont ethischer Allgemeinheit verbleibt (vgl. anders 1Thess 5,14f).

14   Die Aufforderung an alle (V13) geschieht in der Annahme, daß der größere Teil der Adressaten in dieser Linie steht und daß sich der Verfasser darin mit ihnen eins weiß. Für den Fall jedoch, daß dies bei einzelnen nicht zutrifft, wird noch ein Wort hinzugefügt. Der Autor geht davon aus, in seinem Brief an die Grundlagen christlichen Glaubens und einer entsprechenden Lebensführung erinnert und sie neu vorgelegt zu haben. »Unser Wort durch den Brief« ist ohne Zweifel auf den vorliegenden Brief zu beziehen, was auch fast allgemein anerkannt ist. Aber es ist vom *Inhalt* des *ganzen Briefes* zu verstehen, was in der Auslegung umstritten ist. Vielfach wird die Regel von VV 14f noch im Kontext von VV 6–12 gesehen und auf den Fall der Unordentlichen bezogen.[662]

[657] Dautzenberg, Theologie 102f.

[658] Das tut auch – nach meiner Kenntnis als einziger Kommentator – Milligan 84.116f; vgl. aber auch Rigaux 712; vgl. Trilling, Untersuchungen 99f, Anm. 100.

[659] So Dobschütz 315; Best 341f; wie oben Wohlenberg 171f.

[660] καλοποιεῖν, Hapaxlegomenon, als Gegenstück zu κακοποιεῖν »kann ... das sittliche Handeln ganz im allgemeinen bedeuten«, Dob-

schütz 315; nur in dieser Bedeutung Pr-Bauer s.v.; ἐγκακήσετε καλοποιοῦντες ist ein Wortspiel, das im Deutschen nicht wiederzugeben ist; Bornemann 397.

[661] Zur Konstruktion vgl. Bl-Debr 414,8; zur Textkritik Zimmer, Textkritik 338ff.

[662] Lünemann 244; Frame 309 (beide auf V 12 bezogen); auch Friedrich 274f; dagegen mit Recht Kemmler, Faith 191, Anm. 124.

Der Unterschied zum Verfahren von VV 6.12 wird dabei eingeebnet. Einleuchtender dürfte sein, »das Wort« des Briefes auf dessen ganzen Inhalt zu beziehen, zumal auf die Klärungen, die 2,1–12 brachte und auf die Mahnungen, an den Überlieferungen festzuhalten, die sie empfangen haben (vgl. 2,5.15, 3,4.6b.10). Das Substantiv »Wort« wird häufig für geschriebene Worte und Reden verwendet.[663] Das »Wort durch den Brief«, das sind Lehre, Botschaft, Unterweisung, Ermutigung, Mahnung und Anordnung, die mit dem Schreiben vermittelt werden.

Es ist die dritte Stelle des 2Thess, an der vom »Brief« gesprochen wird (vgl. 2,2b.15). Die erste Stelle meinte sehr wahrscheinlich den 1Thess, die zweite den »Paulusbrief« allgemein als Träger von »Überlieferung«. Unsere Stelle bezieht sich auf den zweiten Brief an die gleiche Gemeinde, der sich damit selbst als quasi-»kanonisch« deklariert und neben den ersten stellt. Seine »Lehre« verlangt Gehorsam und Annahme, wie es für ein »apostolisches« Schreiben gefordert ist. Die Stelle ist ein weiteres Glied in der Kette der »Schriftwerdung« und kanonischen Schätzung von Paulusbriefen.[664] Gegenüber dem Gewicht, das der Lehre des 2Thess zugemessen wird, erscheint die anschließende Regel zur Behandlung der Ungehorsamen fast bescheiden und zurückhaltend. Der Unterschied zu 3,6, aber auch zu 2,2.3a.15, ist offenkundig. Kam es dem Autor gar nicht so sehr auf das »Verfahren« mit den Ungehorsamen an als vielmehr auf die Einschärfung des Gehorsams gegenüber dem Brief?

Nicht ganz deutlich ist der Sinn des ersten Zeitwortes »sich anmerken« oder auch »sich aufzeichnen« (σημειοῦν).[665] Da an einen Vermerk am »schwarzen Brett« o. ä. zu denken[666] abwegig ist, kommt nur eine vage Bedeutung in Betracht, wie »den merkt euch«, »den macht (als einen solchen unter euch) bekannt«, »den seht dafür vor, daß . . .« Dies empfiehlt sich im Hinblick auf den angeschlossenen Infinitiv der Absicht, »nicht mit ihm zu verkehren«.[667] Auch das ist dehnbar formuliert. Weder ist an den präzisen Gehalt von 1Kor 5,9.11, den Verkehr mit Unzüchtigen zu meiden, noch an eine Aufkündigung des Umgangs miteinander wie in 3,6 (vgl. 2Joh 10f) oder gar an Exkommunikation zu denken. Die Anweisung hält wohl eine schwebende Mitte, die von der Absicht, »damit er beschämt werde« (ἵνα ἐντραπῇ) geleitet ist.[668] Dieses Ziel ist nicht ohne weiteres identisch mit Reue, Umkehr und Besserung als Voraussetzung für die Wiederherstellung der vollen Gemeinschaft, also mit einer disziplinarischen Bußmaßnahme oder Besserungsstrafe. Eher ist daran

---

663   Pr-Bauer s. v. λόγος Ia (Lit); τῷ λόγῳ . . . ἐπιστολῆς ist ein einheitlicher Begriff, also nicht durch Komma hinter ἡμῶν zu trennen, wie ältere Ausleger, auch M. Luther, verstanden: Bornemann 395f.

664   Vgl. S. 129–131 dazu.

665   Die primäre Bedeutung von σημειοῦν ist: in einer schriftlichen Aufzeichnung anmerken, festhalten; vgl. Frame 309 (Belege); Rigaux 715; Moult-Mill s. v.

666   So Wohlenberg 173f.

667   Zur textkritischen Lage, bes. zur Differenz zwischen dem Imp συναναμίγνυσθε und dem Inf συναναμίγνυσθαι (wie 1Kor 5,9.11) vgl. Rigaux 714; anders Dobschütz 316f, Anm. 5, der den Imp bevorzugt.

668   ἐντρέπειν pass »beschämt werden« wie Tit 2,8 (ἵνα ἐντραπῇ); vgl. 1Kor 4,14 (akt); 6,5; 15,34 (Subst ἐντροπή); vgl. A. Bonhöffer, Epiktet und das NT, Gießen 1911, 113f.

zu denken, daß die Gemeinde einen solchen durch Distanz, Reduzierung der Kommunikation, durch Isolierung zur Einsicht bringen und zum »Gehorsam« zurückrufen soll.

Verräterisch ist die Absicht, »ihn zu beschämen«. Läßt man die Beziehung auf VV 6–12 fallen, was m. E. nötig ist, dann bleibt vollends offen, welcher Aussage oder Weisung des Briefes man dann ungehorsam werden und auf welche Weise das festgestellt werden könne. Diese Unklarheit, der moralische Einschlag und die Undeutlichkeit des ganzen empfohlenen Verfahrens machen die »Regel« für die Praxis unbrauchbar. Ich vermute, daß sie auch nie praktiziert worden ist[669], sondern daß sie vom Verfasser ad hoc entwickelt wurde, vor allem, um die Autorität des Schreibens zu stützen.

15   Die Mahnung, einen solchen nicht als Feind, sondern als Bruder zu sehen und zu behandeln, klingt versöhnlich.[670] Auch den »Unordentlichen« wurde die Bruder-Anrede nicht entzogen. Sie bleiben Glieder der Gemeinde und sollen freundschaftlich-ernst zurechtgewiesen werden. Eine »correctio fraterna« wäre also das eigentliche Ziel und die Intention des Verfahrens? Wie paßt das aber zur Anweisung, sich einen solchen – offenbar doch *ohne* mit ihm Rücksprache zu nehmen – dafür vorzumerken, den Umgang abzubrechen? Soll man mit ihm reden oder nicht? Muß nicht das eine oder das andere gelten? Gewiß kann man den Text paraphrasieren und etwa so interpretieren: Ihr sollt ihn zunächst merken lassen, daß er sich außerhalb der Gruppe stellt, indem ihr ihn meidet und die Kontakte reduziert oder aufgebt. Dann wird er zur Besinnung kommen und beschämt werden. Aber er soll keinesfalls als ein »Feind« in dieser Zeit angesehen werden, sondern einige Leute möchten diesen Zwischenstatus von Drinnen- und Draußensein benützen, ihm die Leviten zu lesen. Dann mag es gelingen, daß er sich wieder ganz einfügt ... o. ä. Wieviel muß bei solcher Rekonstruktion ergänzt werden!

Nimmt man den Text beim Wort und vergleicht die VV 6.14.15 miteinander, so wirkt er unausgeglichen und eins paßt nicht zum anderen, oder anders: Auch wenn man nicht so strenge Logik anwendet, machen die Anweisungen einen unausgewogenen und künstlichen Eindruck. Es sind einige allgemeine »gute Worte«, die letztlich von der Verfasser-Fiktion diktiert sein dürften. Wirkt doch auch der Kontrast von »Feind« und »Bruder« künstlich und gesucht. Aufgrund dieser Beurteilung des Textes ist es m. E. nicht möglich, historische Folgerungen auf eine bestimmte Stufe in der Entwicklung der urchristlichen »Kirchendisziplin« zu ziehen.[671]

16   Ein Segenswunsch beschließt den Abschnitt. Er ist an den »Herrn des Friedens« gerichtet, in typischer Abwandlung von 1Thess 5,23, wo »Gott des

---

[669] Anders noch Trilling, Untersuchungen 99.
[670] Pol 11,4 zeigt Verwandtschaft mit dem Text: et non sicut inimicos tales existimetis; vgl. dazu Einleitung S. 27 f.

[671] Dobschütz 317 behandelt den Text im Rahmen der »paulinischen ›Kirchenzucht‹« (Exkurs); auch Masson 114 f; vgl. A. Kirchgäßner, Erlösung und Sünde im NT, Freiburg 1950, 45 f.

Friedens« steht (wie Röm 15,33; [16,20]; 2Kor 13,11; Phil 4,9; vgl. Kol 3,15).[672] Der Anfang »er aber, der Herr« gleicht 2,16a, er gehört zum stilistischen und theologischen Relief des Briefes. Ungeschickt wirkt die Doppelung von »Herr des Friedens« und »gebe euch den Frieden«. Volltönend klingen die zugefügten Bestimmungen »immerdar, in jeder Weise«.[673]

Sinnvoll wird zum Ende, besonders nach den beschwerlichen Fragen, die in den VV 6–12.14f zur Sprache kamen, der Wunsch für den Frieden. Ist dies zwar allgemein und weit zu fassen wie im Präskript (1,2) (Friede als eschatologische Heilsgabe), so könnte hier speziell auch an den Frieden der Gemeinde und ihrer Glieder untereinander gedacht werden. Dafür spricht auch der bestimmte Artikel. Geber des Friedens ist der »Herr«, der auch in dieser Funktion an Gottes Stelle gerückt und damit der Gemeinde stärker entrückt ist.

Ein zweiter, noch weiter ausgreifender Segenswunsch ist angefügt: »Der Herr sei mit euch allen«. Das ist eine von Paulus nie gebrauchte Formulierung, die direkt als unpaulinisch gelten muß.[674] Mit dem Gnaden-Wunsch in V 18 ergibt das eine auffallende Häufung von verwandten Sprüchen mit teils gleichlautenden Wendungen (vgl. V 16b.18) auf engstem Raum, ein Zeichen für den Mangel an der für Paulus charakteristischen Variation.[675] Der Gebetswunsch in V 16b könnte schon als Überleitung zu den folgenden Versen angesehen werden. Doch sind beide Sätze wohl besser als kräftiger Schlußpunkt unter die letzten Ausführungen und auch unter den ganzen paränetischen Teil zu verstehen. Die prägnante Formel von V 16 ist in den liturgischen Gebrauch der Kirche eingegangen: »Der Herr sei mit euch (allen)« (vgl. 2Tim 4,22). Der Segensgruß »gehört fortan zum Urgestein des Gottesdienstes der Kirche«.[676]

[672] Vgl. G. Delling, Die Bezeichnung »Gott des Friedens« und ähnliche Wendungen in den Paulusbriefen, in: Jesus und Paulus (FS W. G. Kümmel), Göttingen 1975, 76–84. Delling zeigt, daß sich solche Wendungen besonders betont in den Anfängen und in den Schlüssen der Paulusbriefe finden, daß »Gnade« und »Frieden« als eng verwandte Gaben verstanden werden und daher »Friede« im weiten Sinn Gottes in der Gegenwart wirksames »Heil« meint. Die auffällige Verbindung mit κύριος in 3,16 wird nicht speziell behandelt, obgleich Delling die Aussagen der »umstrittenen Briefe« 2Thess, Kol nur bedingt für Paulus heranzieht (vgl. 81, Anm. 16). – Jüdisch begegnet das Gottesprädikat »Gott des Friedens« nur Test D 5,2; vgl. Deichgräber, Gotteshymnus 94f.179; Baumgarten, Apokalyptik 213ff, bes. zu Röm 16,20; Harder, Paulus und das Gebet 86–88. – Schon Zahn empfand die Ersetzung des paulinisch geläufigen Ausdrucks »der Gott des Friedens« durch »der Herr des Friedens« als »unerhört«: ders., Einleitung 182f.

[673] Paulus weist solche Plerophorien reichlich auf; vgl. 2Kor 9,8; Phil 1,3f; Dobschütz 63f.

[674] »Mit euch« ist mit »Gott des Friedens« (Phil 4,9) und mit »Gott der Liebe und des Friedens« (2Kor 13,11) verbunden; vgl. Röm 15,33; das sind die einzigen Stellen bei Paulus, an denen das at.liche »mit euch sein« von einem Subjekt, und zwar stets von Gott, ausgesagt wird. Häufiger ist der mit der χάρις, ἀγάπη, κοινωνία des κύριος u. a. verbundene Gebetswunsch, daß diese »mit euch« seien; vgl. 1Thess 5,28; Gal 6,18 usw. Vgl. zum Ganzen W. C. van Unnik, Dominus vobiscum: The Background of a Liturgical Formular, in: New Testament Essais, hrsg. A. J. B. Higgins (FS T. W. Manson), Manchester 1959, 270–305.

[675] Vgl. dazu Trilling, Untersuchungen 101–108; dort ist V 16 schon zum Briefschluß gerechnet. Die Auslegung hier differenziert stärker und ist als Korrektur anzusehen.

[676] Schulz 263.

V.   Briefschluß (3,17–18)

17 Der Gruß mit meiner, des Paulus, Hand (geschrieben), das ist das Zeichen in jedem Brief: so schreibe ich. 18 Die Gnade unseres Herrn Jesus Christus sei mit euch allen.

Analyse   Der Briefschluß ist ungewöhnlich kurz, ja karg gehalten. Völlig fehlen Namen, Grüße, persönliche Mitteilungen, wie sie bei Paulus üblich sind und wie sie auch in neutestamentlichen Pseudepigrapha angewendet werden.[677] Um so auffälliger wirken die Beifügungen zum eigenhändigen Gruß, die in der Echtheitsdebatte eine entscheidende Rolle spielen. Seit der umfassenderen Kenntnis der antiken pseudepigraphischen Literatur und Technik ist der Anstoß daran insofern vermindert worden, als auch eine solche massive Fingierung eines beglaubigenden Echtheitszeichens tatsächlich belegt ist.[678] Das Für und Wider zu 2Thess soll hier nicht dargestellt werden, es ist nach allen Seiten über lange Zeit hin erwogen worden.[679]

Formkritisch ist nur anzumerken, daß sich die *Funktion* eines eigenhändigen Grußes gegenüber Paulus verändert hat. Ein solcher angefügter Gruß wird auch von Paulus praktiziert, für uns sicher erkennbar in 1Kor 16,21 ; Gal 6,11 ; Phlm 19.[680] Er dient der persönlichen Verbundenheit, dem unmittelbaren Kontakt bei diktierten, von einem Schreiber ausgefertigten Briefen. Hier ist der eigenhändige Gruß allein als Echtheitszeichen eingesetzt, mit dem die Herkunft von Paulus sozusagen endgültig sichergestellt werden soll – eine Deutung, die explizit durch »das ist das Zeichen in jedem Brief« ausgesprochen ist, die aber wegen ihrer Massivität auch zum »Verräter« wurde.[681]

Erklärung   Der Gruß des Apostels deckt sich wörtlich mit dem in 1Kor 16,21, der vielleicht als direkte Vorlage gedient hat. Trifft dies zu, was die nächstliegende Erklärung
17   ist, dann müßte der Verfasser auch mit 1Kor bekannt gewesen sein.[682] Jedenfalls konnte er an einen derartigen Gruß in überlieferten Paulusbriefen anknüpfen und ihn für seinen Zweck imitieren. Daß damit nach unserer Einschätzung der Tatbestand einer »Fälschung« erfüllt ist, kann nicht

---

[677] Vgl. Brox, Verfasserangaben 19–24.57–62.

[678] Vgl. Speyer, Fälschung 57–59 ; Siegel und eigenhändige Unterschrift dienen zur Echtheitsbeglaubigung. »In jüngeren Fassungen des Briefes an den Fürsten Abgar von Edessa sagt Jesus: ›Daher ist die geschriebene Rede geschrieben mit meiner eigenen Hand...‹« Am Ende des »Testamentes unseres Herrn Jesus Christus« bezeugen die Apostel: »Dieses Testament haben mit ihrer Unterschrift Johannes, Petrus und Matthäus gezeichnet« (ebd. 58).

[679] Vgl. Wrede, Echtheit 54–65.87–90 ; Wrozł, Echtheit 69–73 u. a.

[680] Möglich ist die persönliche Abfassung anderer Schlußpassagen ; Dobschütz 319 erwägt das für 1Thess 5,(26-)28 ; 2Kor 13,(12-)13 ; Gal 6,11–18 ; Phil 4,(21-)23 ; zu Papyri-Briefen vgl. Frame 312.

[681] Wrede, Echtheit 65 ; auch schon Kern, Über 2Thess 209 ; Trilling, Untersuchungen 105–108 : Dort ist noch der Versuch gemacht, 3,17 nicht als »Echtheitszeichen« für den Brief, sondern als Legitimierungszeichen für den rechten »apostolischen« Inhalt des Briefes auszulegen. Das kann ich nicht mehr aufrechthalten ; vgl. auch kritisch dazu Lindemann, Abfassungszweck 39, Anm. 15 ; 46, Anm. 45.

[682] Vgl. auch die Einzelerklärung zu 3,9.14.

geleugnet werden.[683] Die Frage lautet aber zunächst, wie diese Praxis in der
Antike gehandhabt und beurteilt wurde. Die Antwort darauf ist nicht mit
einem Satz zu geben. Das Phänomen der antiken Pseudepigraphie ist
vielschichtig, und die Urteile darüber lauteten auch damals verschieden. Weder
trifft zu, daß es sich um einen allgemeinen Brauch handelt, der nicht als
anstößig empfunden, sondern als gängige literarische Gepflogenheit akzeptiert
worden sei, noch auch, daß unsere Vorstellungen vom geistigen Eigentum, von
Betrug und moralischer Bewertung ohne weiteres vorausgesetzt werden
könnten. Dafür muß auf die entsprechenden Forschungen verwiesen werden.[684] Ist der Kolosserbrief, wie wahrscheinlich, auch als pseudepigraphisch zu
bewerten[685], muß der dortige Gruß des Apostels (4,18a) ebenso wie hier
beurteilt werden.

Die Bemerkung, daß der Gruß als »Zeichen in jedem Brief« (V 17b) zu gelten
habe, ist in jeder Hinsicht fatal. Gehen wir von dem folgenden Sätzchen »so
schreibe ich« aus, legt sich dafür nahe, an Gal 6,11 zu denken, die »großen
Buchstaben« im eigenhändigen Gruß.[686] Beide Merkmale nutzte der Verfasser
für seinen Zweck, die Tatsache einer persönlichen Nachricht als »Zeichen« *und*
die Schriftzüge des Apostels als Beweis für die Echtheit der Unterschrift. Und
beides wird mit dem Gruß (V 17a) zusammen fingiert. Das ist, wie man seit
Beginn der Echtheitskontroverse um 2Thess empfand, nun doch ein »harter
Brocken«. Zumal zu der Auffälligkeit noch die Tatsache hinzukommt, daß sich
dieses »Zeichen« nicht in allen Paulusbriefen findet, sondern nur genau
entsprechend in 1Kor. Auch ist die Verwendung als Authentizitätszeichen bei
Paulus nicht anzutreffen. Die Schwierigkeit, vor allem des οὕτως γράφω (»so
schreibe ich«), würde etwas gemildert, wenn man ἀσπασμός (»Gruß«) auf
V 16 bezöge[687], oder auch annähme, daß (nur) der nachfolgende Gnadenwunsch (V 18) damit gemeint sei[688]. Beides wird der Härte des οὕτως γράφω
nicht gerecht.

Eher könnte erwogen werden, ob sich V 17 gegen vermutete oder tatsächliche
»Fälschungen« von Paulusbriefen richte. Das wird von Vertretern der

683 Vgl. Speyer, Religiöse Pseudepigraphie
249, Anm. 192: »Von Fälschungen im NT zu
sprechen, ist nicht weniger zulässig, als zu
behaupten, daß in der Apostelgeschichte Le-
genden, d. h. Berichte über angebliche, niemals
geschehene Wunder, eingefügt sind.« Vgl. ebd.
das Zitat aus Gregor I., Praef. in Job 1,2 (MPL
75, 517); in Trilling, Untersuchungen 133–155
habe ich noch nicht einfachhin von »Fälschung« gesprochen; doch die 151–155 ekklesialen und theologischen Gesichtspunkte sind
m. E. auch weiterhin zu bedenken.
684 Vgl. Brox, Pseudepigraphie (Lit); ders.,
Verfasserangaben; dort reichlich Material und
wichtige Überlegungen zu den Fragen der
Motive, der Praktiken und der moralischen
Bewertung (81–110 u. ö.), und der abschlie-

ßenden Feststellung, daß es sich trotz aller
Unterschiede im Wahrheitsverständnis doch
um »Manipulation«, um »eine Trivialform der
Literatur« handle (119).
685 So E. Schweizer, Der Brief an die Kolosser, 1976 (EKK), 23, doch mit Einschränkungen, vgl. 23–27; zur Verwandtschaft von 3,17
mit (der Interpolation?) 1Kor 14,37f vgl.
Dautzenberg, Prophetie 297f.
686 Daß mit οὕτως γράφω die Schriftzüge
gemeint sind, kann nicht bezweifelt werden,
wenn σημεῖον einen Sinn geben soll; so auch
Bornemann 400; Frame 312; Rigaux 718;
anders Best 347.
687 Erwogen von Schmiedel 46.
688 Schaefer 179 mit vielen Älteren seit
Chrysostomus.

Authentizität wie auch der Unechtheit von 2Thess behauptet und jeweils in Verbindung mit 2,2 gesehen. Geht man von Paulus aus, wird angenommen, daß der Apostel ein sicheres Merkmal für die Echtheit dieses Briefes anfüge, zur Unterscheidung von angeblichen oder wirklichen Falsifikaten (2,2).[689] Nimmt man ein Pseudepigraphon an, dann sieht man in der Notiz den Tatbestand der »Gegenfälschung« erfüllt, der allerdings wohl der gravierendste Fall pseudepigraphischen Verfahrens sein dürfte. Ein gefälschtes Dokument soll durch eine eigene Fälschung bekämpft und aus dem Felde geschlagen werden. Auch dieses Phänomen ist bezeugt und wird für 2Thess angenommen.[690]

Beide Erklärungen scheinen mir, auch wenn die zweite als möglich erwogen werden muß, durch 2,2b nicht gedeckt zu sein.[691] Im Fall der »Gegenfälschung« müßte der Bezug von 2,2b auf 1Thess aufgegeben werden. Hier handelt es sich eher um ein massives Echtheits-Merkmal, mit dem der Autor sein Schreiben legitimieren wollte.[692] Dessen Massivität bewirkte auf die Dauer das Gegenteil von dem, was er beabsichtigte, sie wurde zum Verdachtsmoment. Beispiellos im Neuen Testament ist die Kühnheit, mit der der Verfasser zu Werke ging – wenn auch gewiß »guten Glaubens« und in der Überzeugung, die Sache des Apostels in dessen Sinn zu vertreten.[693]

18 Am Ende des Briefes steht der bei Paulus regelmäßig gesetzte Gnadenzuspruch. Dessen Formulierung variiert im einzelnen, folgt aufs Ganze gesehen aber drei ziemlich stabilen Modellen, von denen sich unser Autor für das entschied, das wiederum bis auf πάντων (»allen«) wörtlich mit 1Thess 5,28 übereinstimmt. Unsere Schlußformel deckt sich unter allen anderen damit am genauesten (vgl. 1Kor 16,23; Tit 3,15; Hebr 13,25 als nächstverwandte), so daß auch vom letzten Satz die literarische Verwandtschaft mit 1Thess nochmals bestätigt wird.[694]

Das letzte Wort weist auf den Grund allen christlichen Glaubens und Seins, wie es vor allem Paulus unverlierbar dem christlichen Denken und Erfahren eingeprägt hat: alles ist Gnade. Eingang (1,2) und Ende entsprechen darin einander, daß diese Gnade, der alles Heil und alle Hoffnung entstammen, zugewünscht und erbeten wird.

---

[689] Bornemann 399 u. a.

[690] Besonders von Brox, Verfasserangaben 24f.34f.58.82.98; vgl. Speyer, Religiöse Pseudepigraphie 252f.256, Anm. 214; ders., Fälschung 180.278–285.

[691] Gegen Speyer, Religiöse Pseudepigraphie 252.

[692] Vgl. Schweizer, Kolosser (Anm. 685) 23, bes. Anm. 16.25.

[693] Seltsam Friedrich 275: trotz Annahme eines Pseudepigraphons (vgl. 252–257) wird zu 3,17 nur der unpersönliche, amtliche Charakter betont (276), dann aber auch gesagt: »Paulus (!) will sich dagegen absichern, daß man sich auf Briefe beruft, die nicht von ihm stammen« (275f). Das Ärgernis von 3,17 wird nicht erwähnt.

[694] Vgl. das textkritisch unsichere Röm 16,24; eine andere Gruppe führt statt μεθ' ὑμῶν ein: μετὰ τοῦ πνεύματος ὑμῶν: Gal 6,18; Phil 4,23; Phlm 25; vgl. 2Tim 4,22 σου; vgl. Rigaux 606; ferner Trilling, Untersuchungen 108.

C. Ausblick

Über die Eigenart und auch den formal wie inhaltlich wenig befriedigenden Charakter des paränetischen Teils wurde das Wichtigste in der Analyse und in der Zusammenfassung zu 3,6–12 gesagt.[695] Von 3,17 her und den Erläuterungen dazu legt es sich nahe, noch einige Gedanken und vor allem Fragen zum pseudepigraphischen Verfahren anzufügen. Im Lauf der Ausarbeitung des Kommentars war ich genötigt und habe versucht, mich in diesen Pseudo-Paulus zu versetzen und seine Mentalität und schriftstellerische Praxis zu erkunden. Ich gestehe, daß mir vieles davon undurchdringlich, ja teilweise rätselhaft geblieben ist. Am leichtesten ist es, sich damit abzufinden, daß das Schreiben gattungskritisch kein »Brief«, sondern ein »Lehr- und Mahnschreiben« ist, »das apostolische Autorität beansprucht«.[696] Der Autor hat das Modell »paulinischer Brief« verwendet, um bestimmte Gedanken vorzutragen, die ihm in seiner Situation wichtig waren. Diese Ausführungen beschränken sich auf 2,1–10a. Alles andere ist wenig spezifisch und dient in der Hauptsache der »Auffüllung«, die für das Vorhaben eines unverdächtigen Paulusbriefes nötig war, mit einer gewissen Ausnahme von 3,6–12.

Als Vorlage verwendet der Verfasser den 1Thess im ganzen und im einzelnen. Seine Hauptintention dafür war offenkundig, eine zweite Stufe eschatologischer Belehrung der ersten, in 1Thess vorliegenden, folgen zu lassen, bzw. sein Unternehmen so erscheinen zu lassen. Er hoffte wohl, auf diese Weise seinem literarischen Produkt am leichtesten Aufnahme und Anerkennung sichern zu können. Auch diese Beobachtung mag noch einleuchtend sein, da es sich hier um neue Erkenntnisse und Mitteilungen handelt, die sich in 1Thess und bei Paulus nicht finden. Das könnte noch allenfalls als eine Fortentwicklung innerhalb einer Paulus-Tradition angesehen werden, die ihre Legitimität aus der gemeinsamen Wurzel herleitet und in einer ideellen Kontinuität mit dem Ursprung steht, so wie es weithin für Kol, Eph und die Past angenommen wird. Doch reicht dies für die Beurteilung noch nicht aus. Als gravierendes Moment kommt die *Imitation* des 1Thess hinzu, ein Moment, das noch nicht, soweit ich sehe, hermeneutisch reflektiert worden ist. Der Autor hat in einer durchaus geschickten Weise 1Thess wie einen Steinbruch benutzt und die Steine ein wenig behauen – entsprechend seinem Kirchen- und Lehrverständnis späterer

---

695 Vgl. S. 124–127 und 151–153.
696 Trilling, Untersuchungen 108.

Zeit. Er hat die persönlichen Abschnitte (vgl. 1Thess 2,1–3,10 [außer 2,9] ; vgl. 5,12–22), die auf gemeinsam Erfahrenes zurückblicken und des Apostels Vertrautheit mit den Gemeindeverhältnissen bekunden, geradezu peinlich ausgespart. Dafür hat er einige Besonderheiten, wie die beiden Ansätze zu Danksagungen (1Thess 1,2 ; 2,13) und abschlußartige Wendungen (3,11 ; [4,1] ; 5,23) übernommen. Er hat innerhalb der verwendeten Abschnitte die Texte fast – sit venia verbo – wie Würfel geschüttelt und ausgeworfen, so daß sich Entlehnung allenthalben aufzeigen läßt, aber das Ganze doch ein neues und anderes Muster ergibt. Dabei ging nicht alles auf. Unstimmigkeiten, Ungenauigkeiten, Spannungen verbleiben (vgl. etwa zu 3,6–12.13–15). Doch das Ganze konnte sich, ohne Verdacht zu erwecken, im Unterschied zu anderen Pseudopaulinen durchsetzen.

Wie ist eine solche Imitation zu beurteilen?[697] Es ist ein im Neuen Testament einmaliger Fall, der auch nicht mit dem Verhältnis von Jud/2Petr und Kol/Eph verglichen werden kann. Auch die Aufnahme der Quellenschriften und die bewundernswerte Redaktion durch Mattäus und Lukas sind formal weit davon entfernt. Es gibt m. E. im ganzen 2Thess außer 2,3–9 keinen einzigen selbständigen, weiterführenden, originellen Gedanken, in dem eine wirkliche Transformation paulinischer Theologie und Pastoral erkennbar wäre. Dort, wo kraftvolle Religiosität und Theologie anklingen, steht entweder das Alte Testament Pate oder schimmern Paulus und sein 1Thess durch. Die Imitation ist eine technisch gekonnte, aber doch keine wirklich selbständige Nacharbeit des 1Thess.

Wie kommen wir damit zurecht, wenn diese Schrift »arglos« in den Kanon aufgenommen worden ist? Diese letzte Frage rührt an Grundfragen des kirchlichen Selbstverständnisses. Am beschwerlichsten ist unter dieser Rücksicht der Vermerk in 3,17, der den Brief nun direkt als »Fälschung« erkennen ließ, und der zu dem Zweck angebracht wurde, Paulus ausdrücklich als Verfasser zu benennen. Auch dafür gibt es im Neuen Testament keine Parallele.[698] Die Verfasserfiktion insgesamt, die Fortführung des 1Thess in einem zweiten Brief, der Vermerk in 3,17 und der im ganzen unverdächtige, jedenfalls nicht häretisch angehauchte Inhalt des Schreibens werden ihm problemlos Aufnahme in die Listen der Paulusbriefe verschafft haben. So wurde er durch die Jahrhunderte unangefochten bewahrt und als authentisch paulinische Stimme geachtet und ausgelegt. Welche »Wirkungen« davon, besonders von 2,1–10a, ausgingen, wurde im Kommentar wenigstens angedeutet. Sind die Wirkungen nicht *auch* durch Täuschung und Irreführung

---

[697] Die Motive, die für Salvian von Marseille (ca. 400–480), der entdeckt und zur Rede gestellt wurde und über seine pseudepigraphische Handlungsweise im 9. Brief Auskunft gibt, versagen hier; vgl. Näheres dazu Brox, Verfasserangaben 101–104; A. E. Haefner, Eine einzigartige Quelle für die Erforschung der antiken Pseudonymität (1934), in: Brox, Pseudepigraphie 154–162.

[698] Wohl ebenso massiv oder noch stärker in apokryphen Apostelgeschichten, Kirchenordnungen usw.; vgl. Speyer, Religiöse Pseudepigraphie 257f; Brox, Verfasserangaben 31–36.

zustande gekommen, da jene Aussagen von der einzigartigen Autorität des Völkerapostels getragen waren? Gewiß trifft dies in spezifischer Weise auch für die anderen Deuteropaulinen und für einen Teil der apokryphen Literatur zu. Hier aber dürfte im Unterschied dazu ein gravierender Fall vorliegen.

Der Theologe und die Theologie sind der Wahrheit und der Wahrhaftigkeit verpflichtet. Es ist m. E. kein gutes Zeichen, daß diese neutestamentliche Schrift weithin faktisch ignoriert wird, da doch ganze Epochen der Geschichte des Christentums in ihrem Bann standen, und da die Fragen nach dem »authentisch Christlichen« weiterhin virulent sind. Dabei braucht nicht bestritten zu werden, daß von ihm *auch* segensreiche Wirkungen ausgegangen sind. Obgleich die Frage anscheinend müßig ist und für die Kirchen und für die Theologie auch kaum existiert, kann man doch Zweifel anmelden, ob dieser Brief, hätte man über seine Entstehungsverhältnisse genauere Vorstellungen oder Kenntnisse gehabt, als »kanonwürdig« anerkannt worden wäre.

Stellenregister zum 2. Thessalonicherbrief

(A = Anmerkungen)

DATE DUE

HIGHSMITH   # 45220